John Rawls: Politischer Liberalismus

KA

Klassiker Auslegen

Herausgegeben von
Otfried Höffe

Band 49

John Rawls: Politischer Liberalismus

Herausgegeben von
Otfried Höffe

DE GRUYTER

ISBN 978-3-11-037602-9
e-ISBN (PDF) 978-3-11-037610-4
e-ISBN (EPUB) 978-3-11-039284-5
ISSN 2192-4554

Library of Congress Cataloging-in-Publication Data
A CIP catalog record for this book has been applied for at the Library of Congress.

Bibliografische Information der Deutschen Nationalbibliothek
Die Deutsche Nationalbibliothek verzeichnet diese Publikation in der Deutschen Nationalbibliografie; detaillierte bibliografische Daten sind im Internet über http://dnb.dnb.de abrufbar.

Druck und Bindung: Hubert & Co. GmbH & Co. KG, Göttingen
♾ Gedruckt auf säurefreiem Papier
Printed in Germany

www.degruyter.com

Inhalt

Zitierweise

Auf die Monographien von John Rawls wird in diesem Band mit Siglen und Seitenzahlen verwiesen. Dabei bezeichnet die erste Seitenzahl die Seite der deutschen Übersetzung, die zweite Seitenzahl die des englischen Originals.

Als englische Referenzausgabe von *Political Liberalism* wurde die erweiterte Taschenbuchausgabe verwendet (New York 2005), die aber bis auf die neu hinzugefügten zusätzlichen Texte („Reply to Habermas“ und „The Idea of Public Reason Revisited“) seitengleich mit früheren Ausgaben ist. Werden diese zusätzlichen Texte zitiert, so wird die Seite der deutschen Übersetzung angegeben, dann die Seite der englischen Ausgabe von *Political Liberalism.*

Als englische Referenzausgabe der *Theory of Justice* dient in diesem Band die „Revised Edition“, die zwar erst 1999 auf englisch erschienen ist, aber bereits die Textgrundlage für die deutsche Übersetzung (1975) bildete.

Auf andere Schriften von John Rawls sowie auf sonstige Literatur wird durch den Namen des Autors und das Erscheinungsjahr Bezug genommen. Eine Auflistung aller Texte von John Rawls und deren deutschen Übersetzungen findet sich in der Auswahlbibliographie am Ende des Bandes.

Folgende Siglen werden verwendet:

PL *Political Liberalism* (expanded edition, New York 2005)
dt. *Politischer Liberalismus* (übers. v. W. Hinsch, Frankfurt/M. 1998)

JaF *Justice as Fairness. A Restatement* (Cambridge, Mass 2001)
dt. *Gerechtigkeit als Fairneß. Ein Neuentwurf* (übers. v. J. Schulte, Frankfurt/M. 2003)

LH *Lectures on the History of Moral Philosophy* (Cambridge, Mass 2000)
dt. *Geschichte der Moralphilosophie* (übers. v. J. Schulte, Frankfurt/M. 2002)

LP *The Law of Peoples* (Cambridge, Mass 2001)
dt. *Das Recht der Völker* (übers. v. W. Hinsch, Berlin 2002)

TJ *A Theory of Justice* (revised edition, Cambridge, Mass 1999)
dt. *Eine Theorie der Gerechtigkeit* (übers. v. H. Vetter, Frankfurt/M. 1975)

Vorwort

Der Wunsch, dass in der Welt Gerechtigkeit herrsche, eint die Menschen verschiedenster Kulturen und Epochen. Trotzdem war das Thema selbst in der Philosophie lange Zeit verpönt. Dass sich diese Situation grundlegend geändert hat, dass seit drei Jahrzehnten Moral- und Rechtsphilosophen, auch Wirtschafts- und Sozialwissenschaftler, überdies Theologen über Gerechtigkeit debattieren, dass nicht zuletzt öffentliche Diskurse sich auf Gerechtigkeit berufen, ohne sich den Vorwurf eines naiven Moralisierens zuzuziehen, verdanken wir einem einzigen Autor und einem einzigen Werk: John Rawls' *Eine Theorie der Gerechtigkeit* (1971, auf Deutsch 1975).

Zwei Jahrzehnte nach der *Theorie* legt Rawls, der wohl bedeutendste politische Philosoph der zweiten Hälfte des 20. Jahrhunderts, ein zweites Hauptwerk vor. In ihm, dem *Politischen Liberalismus* (1993, auf Deutsch 1998) kulminieren die verschiedenen Aspekte, unter denen Rawls nach der Veröffentlichung der *Theorie* in zahlreichen Beiträgen seine Gerechtigkeitstheorie modifiziert, ergänzt und in Teilen argumentativ revidiert hat. Im Mittelpunkt steht jetzt das Interesse an einer ethisch-politischen Theorie, die der in den westlichen Demokratien vorherrschenden Wirklichkeit, einem facettenreichen Pluralismus, gerecht wird. Im Unterschied zur *Theorie* geht der *Politische Liberalismus* daher nicht mehr von einer allen Menschen gemeinsamen Gerechtigkeitsvorstellung aus. Er setzt vielmehr bei einer Vielzahl von vernünftigen, gleichwohl miteinander unvereinbaren umfassenden Lehren an und sucht für sie einen übergreifenden Konsens.

Obwohl Rawls immer noch vornehmlich für seine *Theorie der Gerechtigkeit* bekannt ist und geschätzt wird, behandelt er auch in der neuen Studie, dem *Politischen Liberalismus*, weitreichende Fragen, die auf zahlreiche Diskussionen der politischen Philosophie und benachbarter Debatten einen maßgeblichen Einfluss genommen haben. Überdies ist diese zweite Monographie für ein angemessenes Verständnis von Rawls' Gesamtwerk nötig. Während in der von mir herausgegebenen Reihe „Klassiker auslegen" schon ein kooperativer Kommentar zur *Theorie* vorliegt (1998, 3. Aufl. 2013), gibt es für den *Politischen Liberalismus* noch keine Entsprechung. Dieser Aufgabe widmet sich der hier vorgelegte Kommentar- und Diskussionsband. Erste Fassungen der Beiträge wurden im Rahmen eines schon zur Tradition gewordenen Tübinger Symposiums im Februar 2014 diskutiert. Danach gründlich überarbeitet, werden sie hier als Originalbeiträge veröffentlicht.

Mein erster Dank gilt allen Autoren. Weiterhin danke ich für die engagierte Hilfe bei der Vorbereitung und Durchführung des Symposiums und bei der Redaktion des Bandes meinen Mitarbeitern, diesmal besonders Moritz Hildt, M.A. und Karoline Reinhardt, M.A. Nicht zuletzt gebührt der Fritz-Thyssen-Stiftung Dank für die erneut großzügige finanzielle Unterstützung.

Tübingen, im Herbst 2014 Otfried Höffe

Otfried Höffe

1 Einführung

Auf den ersten Blick ist der Ruhm des in Baltimore geborenen und später an der Havard University lehrenden Philosophen John Rawls (1921–2002) erstaunlich. Sein gesamtes Werk besteht nämlich aus einem einzigen Grundgedanken. Denn mit Ausnahme der mehrfach gehaltenen Vorlesung zu Hume, Leibniz, Kant und Hegel, der *Geschichte der Moralphilosophie* (2000, dt. 2002), dient die einflussreichste politische Ethik der letzten Jahrzehnte nichts anderem als der Ausarbeitung der „Gerechtigkeit als Fairness". Ihr widmet Rawls seit den 60er Jahren in einer schon monomanischen Beharrlichkeit sein so gut wie gesamtes philosophisches Leben. Selbst die nach seinem Tod herausgegebenen *Vorlesungen zur Geschichte der Politischen Philosophie* (2007, dt. 2008) zählen durchaus zu diesem Lebenswerk, einer zunehmend detaillierten, aber auch von Modifikationen nicht freien Gerechtigkeitstheorie. Bei näherer Betrachtung erweist sich aber der Ruhm als berechtigt. Denn sechs Dinge zeichnen Rawls aus und verdienen als Hintergrund des hier zu kommentierenden Werkes, des *Politischen Liberalismus*, erwähnt zu werden.

1.1 Das Bezugswerk: *Eine Theorie der Gerechtigkeit*

Der englische Sprachraum verdankt Rawls erstens den bedeutendsten Beitrag zur politischen Ethik, das im Jahre 1971 erschienene monumentale Werk *A Theory of Justice*, *Eine Theorie der Gerechtigkeit* (kurz: *Theorie*). Die zunächst ins Deutsche (1975), später in alle wichtigen europäischen und außereuropäischen Sprachen übersetzte Schrift bildet den entscheidenden Ausgangs- und Bezugspunkt für den *Politischen Liberalismus*. Dieses zweite Hauptwerk erscheint im Jahr 1993 (2. Auflage 1996, dt. 1998; Expanded Edition 2005), also nach einem mehr als zwanzigjährigen Prozess der Überarbeitung und Erweiterung.

Lange Zeit vernachlässigt, erfährt die praktische Philosophie seit Mitte des 20. Jahrhunderts eine Renaissance. Innerhalb ihrer verdankt die internationale Debatte Rawls, darin liegt seine zweite Leistung, eine doppelte Wende. Unser Harvard-Philosoph zieht dem philosophiegeschichtlichen einen systematischen Diskurs und dem metaethischen einen normativethischen und zugleich politischen Diskurs vor. (In der anglophonen Debatte schieben sich aber mittlerweile die metaethischen Überlegungen wieder in den Vordergrund.) Mit dem Argument, dass die Antworten der personalen Gerechtigkeit, der Gerechtigkeit als Tugend, den Problemen moderner Gesellschaften immer weniger gerecht würden, widmet sich Rawls hauptsächlich der Gerechtigkeit von politischen, wirtschaftlichen und sozialen Institutionen, näherhin der Grundstruktur einer Gesellschaft.

Schon mit diesem Thema, das man „politische Gerechtigkeit" nennen kann, richtet sich Rawls, drittens, gegen den vorher im englischen Sprachraum vorherrschenden Utilitarismus, der die Gesellschaft auf den kollektiven Vorteil, auf das nach Bentham „größte Glück der größten Zahl", verpflichtet. Statt dessen öffnet er sich der kontinentaleuropäischen Tradition des Gesellschaftsvertrages eines Jean-Jacques Rousseau. Noch weit stärker orientiert Rawls sich aber an der Philosophie Immanuel Kants, im Gegensatz zu seinem politischen Interesse aber mehr an Kants Grundlegungsschriften zur Moralphilosophie als an dessen einschlägigen rechts- und staatstheoretischen Texten. Bezeichnenderweise hält Rawls seine *Theorie* für einen Beitrag zur Moralphilosophie (deutlich in § 9). Fragen von Herrschaft, Macht und zwangsbefugtem Recht spielen höchstens eine marginale Rolle. Dadurch findet eine gewisse Moralisierung, zugleich Entpolitisierung der politischen Philosophie statt.

Das zweite Hauptwerk will zwar eine genuine politische Philosophie entwickeln und setzt sich zu diesem Zweck nachdrücklich gegen eine Moralphilosophie ab. Eine empfindliche Verkürzung der politischen Philosophie wird aber nicht zurückgenommen. Rawls reduziert die politische Philosophie auf eine Rechtfertigung normativer, des näheren: moralischer Prinzipien für die Politik. Die für die klassische politische Philosophie zentrale Frage nach der Herrschaftslegitimation dagegen bleibt aus dem Aufgabenbereich der politischen Philosophie gestrichen. Rawls führt zwar ein Prinzip der Legitimität ein, das er im Rahmen seines politischen Liberalismus zu Recht als ein „liberales" Prinzip versteht, das wiederum die staatliche Zwangsmacht als „kollektive Macht des Bürgers" begreift (PL, 222/136). Warum aber Menschen über Menschen überhaupt eine Herrschaft ausüben dürfen, diese grundlegende Frage wird nicht aufgeworfen.

Weil sich Rawls bei der Begründung von Gerechtigkeitsprinzipien der schon damals internationalen Sprache der Wirtschafts- und Sozialwissenschaften, der Theorien rationaler Wahl bzw. Entscheidungstheorien, bedient, gewinnt er, viertens, auf diese Wissenschaften weltweit großen Einfluss. Denn seitdem befassen sich diese wieder intensiv mit den lange vernachlässigten Gerechtigkeitsfragen. Zusätzlich wirkt Rawls auf die Rechts- und Politikwissenschaften, selbstverständlich auf die politische Philosophie, nicht zuletzt auf die Theologie, namentlich ihre Sozialethik, ein.

Das Gewicht, das Rawls, selber eine sehr bescheidene Person, binnen kurzem erhält, ist außergewöhnlich. Die von seinem monumentalen Werk ausgelösten Debatten nehmen geradezu industrielle Ausmaße an. (Zur Kommentierung der *Theorie* und für einen Einblick in die Literatur s. Freeman 1998 und Höffe ^{3}2013.)

Zweifellos ist diese Resonanz berechtigt. Denn die *Theorie* betrifft nicht bloß, sondern trifft auch, so ihre fünfte Bedeutung, den Kern der modernen Gemeinwesen, ihre konstitutionellen, mit den zentrifugalen Kräften eines facettenreichen Pluralismus ringenden Demokratien.

Abgesehen von einer Art „moralischer Geometrie" (vgl. TJ, § 20), die Rawls, der Enkel-Schüler von Quine, mit seinem Rückgriff auf die Theorien rationaler Wahl erreichen will, verfolgt er noch ein weiteres, sogar vorrangiges methodisches Interesse. Er will wohlüberlegte Gerechtigkeitsurteile mittels allgemeiner Grundsätze, der Gerechtigkeitsprinzipien, in einen widerspruchsfreien Zusammenhang, in das Überlegungsgleichgewicht (*reflective equilibrium*), bringen. Allerdings kommt es nicht auf beliebige Gerechtigkeitsurteile an, sondern lediglich auf die von Bürgern westlicher Demokratien, genauer: auf die von Bürgern demokratischer Rechts- und Verfassungsstaaten bzw. konstitutioneller Demokratien. Im *Politischen Liberalismus* übernimmt Rawls eine schon früher getroffene Unterscheidung und spricht von drei Stufen, dem engen, dem weiten und dem vollen Überlegungsgleichgewicht (PL, 9. Vorl., FN 16).

Mit dem Gedanken des Überlegungsgleichgewichts führt Rawls übrigens in seiner Gerechtigkeitstheorie die drei wichtigsten Wahrheitstheorien stillschweigend zu einer Einheit: Wegen des widerspruchsfreien Zusammenhangs, den er sucht, legt er, immer in Bezug auf die Gerechtigkeit, eine Theorie der inneren Übereinstimmung, eine Kohärenztheorie, vor. Da er hinsichtlich der Gerechtigkeitsprinzipien vor allem im zweiten Hauptwerk einen übergreifenden Konsens annimmt, beläuft sich seine Theorie auf eine Konsenstheorie. Und da das Richtigkeitskriterium seiner Theorie in einer Entsprechung, also Korrespondenz, besteht, nämlich in der Korrespondenz mit den wohlüberlegten Gerechtigkeitsurteilen liberaler Bürger, liegt Rawls' Theorie schließlich auch die dritte, die Korrespondenztheorie zugrunde.

Auf den ersten Blick scheint Rawls' methodischer Ansatz dem substantiellen Interesse zu widersprechen. Nach dem Grundgedanken der rationalen Wahl verfolgt man nämlich das Gegenteil von Gerechtigkeit, ein maximales Selbstinteresse. Durch einen Kunstgriff nimmt Rawls diesem rationalen Egoismus aber die Möglichkeit, sich zu entfalten. Er führt in seiner Vertragstheorie den Kern der elementaren Gerechtigkeit, die Unparteilichkeit, ein, indem er sich des von den Justitia-Darstellungen bekannten Attributs, der verbundenen Augen, bedient: Bei der in einem Urzustand (*original position*) stattfindenden Wahl von Grundsätzen, die die Gesellschaft strukturieren, befindet man sich unter einem Schleier des Nichtwissens (*veil of ignorance*). Seinetwegen ist man zwar im Besitz allen sozialwissenschaftlichen Wissens, kennt aber weder seine eigene Lage und seine eigenen Fähigkeiten noch die Art der Gesellschaft, in der man lebt. Auf diese Weise wird eine Unparteilichkeit methodisch erzwungen, und man entscheidet sich notgedrungen für gerechte Grundsätze, nämlich für Prinzipien, die jedem zugute kommen.

Nach Rawls' intuitivem Grundgedanken und zugleich der Bezeichnung der ausgearbeiteten Theorie, der „Gerechtigkeit als Fairness", gilt die Gesellschaft als ein System der Zusammenarbeit, dessen Gewinne, aber auch Lasten so zu verteilen sind, dass per Saldo jeder einzelne einen möglichst großen Vorteil erhält. In diesem Sinn ist die Gerechtigkeit für Rawls eine Aufgabe der Verteilung und nur der Verteilung. Dabei tritt in den Hintergrund, dass das Zu-Verteilende nicht wie das Manna vom Himmel fällt, sondern allererst zu erarbeiten ist. Überdies spricht Rawls weit mehr über die Vorteile als über Lasten.

Zur Verteilung kommen auf der positiven Seite nicht die üblichen Güter, etwa Waren oder Dienstleistungen, sondern jene Grundgüter (*primary goods*), auf die als Bedingungen unterschiedlichster Lebenspläne niemand verzichten kann. Weil es nur auf den gesellschaftlich bedingten Anteil dieser Güter ankommt („*social*" *primary goods*), behandelt Rawls nicht etwa biologisch unverzichtbare Güter wie Luft, Wasser und Nahrung, auch nicht das Bindungsbedürfnis von Neugeborenen. Vielmehr kommt es auf Rechte und Freiheiten sowie auf Einkommen und Wohlstand an, also auf „Güter", die in der Tat in hohem Maße gesellschaftlich bedingt sind. Grundlegender und neutraler wäre es allerdings, nicht von (gesellschaftlichen) Grundgütern zu sprechen, sondern von transzendentalen Interessen, nämlich (gesellschaftlichen) Bedingungen der Möglichkeit von Handlungsfähigkeit, auf Englisch: conditions of agency (Höffe [2]2002, Kap. 2.5).

Erstaunlicherweise legt Rawls auch auf die Selbstachtung wert, die zweifellos ein überragendes Gewicht hat, aber nur in engen Grenzen als gesellschaftlich bedingt gelten kann.

Die beiden Grundsätze, die im Zentrum der *Theorie* stehen, lauten nun (TJ, § 46):

1. Jedermann hat gleiches Recht auf das umfangreichste Gesamtsystem gleicher Grundfreiheiten, das für alle möglich ist.
2. Soziale und wirtschaftliche Ungleichheiten müssen (a) unter der Einschränkung des gerechten Spargrundsatzes dem am wenigsten Begünstigten den größtmöglichen Vorteil bringen und (b) mit Ämtern und Positionen verbunden sein, die allen gemäß fairer Chancengleichheit offenstehen.

Das erste Gerechtigkeitsprinzip ist gemäß Rawls' Gedanken der lexikalischen Ordnung absolut vorrangig („Erste Vorrangregel: Vorrang der Freiheit"). Es enthält sowohl die liberalen Freiheitsrechte als auch die demokratischen Mitwirkungsrechte, mithin beide Freiheitstraditionen, die sogenannten „Freiheiten der Moderne" und die „Freiheiten der Alten" (vgl. PL, 9. Vorl., 3.1). Mit seinem zweiten Gerechtigkeitsprinzip votiert nun Rawls, so seine sechste Leistung, für etwas, das für die nordamerikanische Politik ein enormes kritisches Potenzial erhält, in Kontinentaleuropa dagegen schon weithin anerkannt ist. Er plädiert für ein hohes

Maß an Sozialstaatlichkeit, das er durch eine zweite Vorrangregel präzisiert, den „Vorrang der Gerechtigkeit vor Leistungsfähigkeit und Lebensstandard".

Nicht zuletzt erweist sich unser Philosoph, jetzt in der genannten *Geschichte der Moralphilosophie*, als intimer Kenner der neuzeitlichen Moralphilosophie, bezeichnenderweise aber der Philosophie der Moral und nicht der von Recht, Staat und Politik. Im Mittelpunkt steht dabei Immanuel Kant. Nicht zufällig gibt Rawls in der *Theorie* seinem Grundgedanken der Gerechtigkeit als Fairness ausdrücklich eine Kantische Deutung. Er hält sein Gleichheitsverständnis für eine Kantische Konzeption (Rawls 1975, dt. 1979) und seinen Urzustand für eine Verfahrensdeutung der Kantischen Ethik, was er später (1980, dt. 1992) zu einem „Kantischen Konstruktivismus in der Moraltheorie" fortbildet und in der Vorlesung III des hier kommentierten Werkes aufgreift:

Rawls versteht die Gerechtigkeitsgrundsätze als kategorische Imperative im kantischen Sinn. Erstaunlicherweise bezieht er sich aber auch hier nicht auf den für eine Gerechtigkeitstheorie von Institutionen einschlägigen Text, auf den ersten Teil von Kants *Metaphysik der Sitten*, auf die *Metaphysischen Anfangsgründe der Rechtslehre*. Besonders einschlägig wäre „§ B Was ist Recht?". Dort sucht Kant „das allgemeine Kriterium, woran man überhaupt Recht sowohl als Unrecht (iustum et iniustum) erkennen könne". Seine Antwort besteht in einem Prinzip, dem der allgemein vertraglichen Freiheit, das den Rang eines kategorischen Rechtsimperativs hat (vgl. Höffe ³1995, bes. Kap. 5). Hätte Rawls es getan, so hätte der Grundgedanke des politischen Liberalismus schon in die *Theorie* eingehen können.

Rawls' Grundgedanke verfügt über ein hohes Maß an Überzeugungskraft. Dabei klingt die Qualifizierung der Gerechtigkeit als „Fairness" zweifellos schön, sie ist aber wenig aussagekräftig. Der erklärende Ausdruck „Fairness" ist nämlich für sich genommen noch unklarer als die zu erklärende „Gerechtigkeit". Denn beim zweiten Ausdruck denkt man sogleich an zwei unstrittige Momente: an die Gleichheit mit dem Willkürverbot als negativem Kern und an die Wechselseitigkeit. Beim ersten Ausdruck dagegen, bei der Fairness, sieht man sich zwar an den Sport verwiesen, ohne auf Anhieb sagen zu können, was der Ausdruck dort genau bedeutet. Dass man sich bei einem Spiel an die Regeln zu halten hat, ist nämlich ebensowenig gemeint wie die Strategien, mit denen man zu siegen hofft.

Bei Rawls geht es zwar um Regeln. In seiner Fairnessgerechtigkeit wird aber nicht innerhalb von Regeln, sondern um Regeln gespielt, genauer um höher-, sogar um höchststufige Regeln. Es sind die Prinzipien, in denen sich die Grundverfasstheit einer Gesellschaft ausspricht. Mit der Maßgabe, dieses Spiel unter „fairen" Bedingungen zu spielen, dreht sich nun die Argumentation im Kreis: Um sich auf die Gerechtigkeitsprinzipien einigen zu können, muss das Spiel schon selber gerecht strukturiert sein. Das Gerechtigkeitsergebnis des Spiels spiegelt also die Gerechtigkeit der Spielbedingungen wider. In ihnen spricht sich eine Vorab- oder Proto-Gerechtigkeit (vgl. zu diesem Begriff Höffe ²2002, Kap. 3.5) aus. Bei Rawls nun wird nicht klar genug, dass diese Proto-Gerechtigkeit die letztentscheidende Prämisse bildet und als solche den eigentlichen, zumindest den primären Gegenstand einer philosophischen Gerechtigkeitstheorie bildet.

Rawls selber gibt sich erstaunlich bescheiden. Die gesuchten Fairness-Prinzipien sollen nicht für jedwede Gesellschaft gelten, sondern lediglich für eine konstitutionelle Demokratie. Darunter versteht er ein faires System der Kooperation von Bürgern, die sich gegenseitig als freie und gleiche Personen anerkennen. In dieser Wechselseitigkeit, die an Aristoteles' Bestimmung der Polis als „Gemeinschaft von Freien und Gleichen", also an einen Gedanken „der Alten", erinnert (z. B. *Nikomachische Ethik* V 10, 1134a 26 f.), aber auch die gegenseitig gewährten subjektiven Ansprüche jedes Menschen beinhaltet, mithin auf die Freiheiten „der Moderne" anspielt, liegt die von Rawls gemeinte Fairness.

Im Urzustand zeigt sich diese Fairness in zwei Grundmerkmalen der die Gerechtigkeitsprinzipien wählenden Personen. Sie sind (1) vollständig gleichberechtigt, was dem Grundsatz „one person one vote" („eine Person eine Stimme") entspricht; und (2) sie sind alle gleichermaßen und gleicherweise dem Schleier des Nichtwissens unterworfen.

Zu dieser inhaltlichen Bescheidenheit kommt einige Jahre später eine legitimatorische hinzu. In der später veröffentlichten Studie *Das Recht der Völker*, in § 12.2, betont Rawls noch einmal seine Verbundenheit mit Kantischen Gedanken. Er legt aber auf folgende Klarstellung wert, weil seine Ausführung im *Politischen Liberalismus* irreführend sei: „An keiner Stelle werden die Grundsätze des Rechtes und der Gerechtigkeit aus einer zugrunde liegenden Konzeption der praktischen Vernunft hergeleitet" (LP, 106/86). Vielmehr erhielten die Idee der praktischen Vernunft und drei ihrer Bestandteile, die Ideen der Vernünftigkeit, Achtbarkeit und Rationalität, nur einen konkreten Inhalt.

1.2 „Gerechtigkeit als Fairneß. Ein Neuentwurf"

Das neue Hauptwerk, der *Politische Liberalismus*, unterscheidet sich, folgt man Rawls' Einleitung, vom ersten Hauptwerk wesentlich. Nach Ansicht einiger Kritiker (zum Beispiel Kersting 2006) gibt es sogar einen systematischen Bruch. Die nähere Lektüre widerspricht aber der These vom Bruch und relativiert Rawls' Selbsteinschätzung. Es gibt durchaus Veränderungen, denen aber nicht das Gewicht eines Bruchs zukommt. Das neue Werk bleibt nämlich dem Leitthema des ersten Hauptwerkes, der Gerechtigkeit als Fairness, treu. Es orientiert sich weiterhin an einer konstitutionellen Demokratie, hält an der Vertragstheorie fest und bekräftigt die Liste der Grundgüter und die zwei Gerechtigkeitsprinzipien. Nicht zuletzt folgt es der Methode des Überlegungsgleichgewichts.

Dass Rawls mit seinem zweiten Hauptwerk, wie er erklärt, das Thema zu einer relativ endgültigen Klarheit gebracht hat, wird er allerdings später, knapp ein Jahrzehnt danach, durch eine weitere Veröffentlichung dementieren: *Gerechtigkeit als Fairneß. Ein Neuentwurf*. Im Original trägt dieser Text freilich einen bescheideneren, zugleich treffenderen Untertitel: *Justice as Fairness. A Restatement* (2001, dt. 2003). Denn der aus Vorlesungen hervorgegangene Text soll lediglich Mängel der *Theorie*, freilich „gravierend" genannte Mängel, beheben und die seither erschienenen, teils ergänzenden, teils korrigierenden Veröffentlichungen zu einer einheitlichen Theorie verbinden.

Fassen wir die im wesentlichen schon im zweiten Hauptwerk, dem *Politischen Liberalismus*, enthaltenen Gedanken des „Neuentwurfs" zusammen: Wie schon in den vorangehenden Schriften, so geht Rawls auch hier bescheidenerweise von einer Wirklichkeit aus, den konstitutionellen Demokratien, namentlich deren „Modell", den USA. In diesem Sinn hat Rawls' Theorie nicht bloß den beanspruchten konstruktiven Charakter. Gemäß der genannten Korrespondenz und Kohärenz leistet sie auch eine Selbstaufklärung der konstitutionellen Demokratie, mithin eine Re-Konstruktion, und diese betrifft beide Seiten. Rekonstruiert wird sowohl die institutionelle, gewissermaßen objektive Seite, die Anerkennung der Gerechtigkeitsgrundsätze in der sozialen Grundstruktur und ihr Sediment in der Verfassung, als auch die subjektive Seite, die Anerkennung im Gerechtigkeitsbewusstsein der Bürger.

In den konstitutionellen Demokratien, diagnostiziert Rawls, herrscht ein Pluralismus von durchaus vernünftigen, aber so grundlegend einander widerstreitenden „Weltanschauungen", dass sich deren Streit vor dem „Richterstuhl der Vernunft" nicht schlichten lässt. Nur in Klammern: Hier wäre ein Blick auf die antike Polis spannend. Denn wenn man an die Gerechtigkeitsansichten denkt, die etwa Platon in der *Politeia* gegeneinander auftreten lässt, darf man sich die damalige Gesellschaft nicht als „weltanschaulich" schlicht homogen vorstellen. Der weltanschauliche Pluralismus, den Rawls in den modernen Demokratien findet, ist also kein schlechthin neues Faktum. Das (zu präzisierende) Neue des modernen Pluralismus könnte in zwei Sachverhalten liegen, zum einen in einem höheren Maß an Vielschichtigkeit und vor allem in unterschiedlichen Religionen, Konfessionen und politischen Weltanschauungen, zum anderen, dass Platon annimmt, was Rawls bestreitet, nämlich die Möglichkeit, den Pluralismus mittels guter Argumente zu überwinden.

Rawls spricht von „umfassenden Lehren" (*comprehensive doctrines*); sachgerechter wäre es freilich, von „umfassenden Ansichten" zu sprechen. Unter den

Lehren versteht Rawls überraschenderweise nicht nur Religionen und Weltanschauungen. Er schließt auch die Philosophie ein, obwohl sie, selbst wenn sie umfassende Lehren vertritt, ihrem argumentativen Anspruch nach universell gültig sein will und zu diesem Zweck eine ständige Bereitschaft zur Selbstkritik pflegt. Schließlich trifft auf sie nicht zu, was für Religionen und Weltanschauungen gilt: dass ihre Lehren ein von den Anhängern relativ unabhängiges Leben führen und in den Eigenarten der jeweiligen Gemeinschaft verwurzelt sind (vgl. PL, 9. Vorl., 2.1).

Wie schon in dem früheren Aufsatz „Justice as Fairness: Political not Metaphysical" (1985) qualifiziert Rawls sein leitendes Theorieinteresse als „politisch, nicht metaphysisch". Im „negativen" Teil dieser Klarstellung „nicht metaphysisch" klingt der Verzicht auf eine umfassende Lehre an. Allerdings bleibt dabei der Ausdruck des Metaphysischen plakativ. Dass Metaphysiker wie Aristoteles eine so gut wie metaphysikfreie Ethik und politische Philosophie entwickeln (s. Kap. 6.2 dieses Bandes), dass Kants „Metaphysik" der Sitten lediglich eine vor- und überpositive Theorie meint, was bei einer nichtempirischen Disziplin wie der Philosophie zum Wesen gehört, und dass man später, teilweise in Unkenntnis dieser zwei Modelle, von einem nachmetaphysischen Denken spricht – derlei Unterschiede werden von Rawls stillschweigend entweder eingezogen oder für unerheblich erklärt.

Rawls' positive Qualifizierung „politisch" meint dagegen weder schlicht die Angelegenheiten öffentlichen Interesses oder die gemeinsamen Überzeugungen der Bürger, obwohl diese beiden Bedeutungen mitschwingen. Vor allem geht es nicht etwa um jene Politisierung, die die Gerechtigkeit dem politischen Diskurs überantwortet. Rawls sucht vielmehr eine Gerechtigkeitskonzeption, die jeder vernünftige politische Diskurs schon voraussetzt. Sie entspricht also jenen „Präjudizien des Diskurses", die nach meiner Analyse Habermas in seiner Diskurstheorie im Gegensatz zum eigenen Anspruch schon als gerechtfertigt unterstellt (s. Höffe [3]1995, Kap. 13.3).

Mit dem Stichwort „politisch" verweist Rawls auf eine zur konstitutionellen Demokratie funktionale, eben ihr „korrespondierende" Theorie. Die politische Philosophie habe nämlich vier Aufgaben zu erfüllen, die allesamt im Dienst dieser Demokratie stehen: Sie soll konkurrierende Ansprüche wie Freiheit und Gleichheit gegeneinander abwägen; sie soll über Ziele und Zwecke einer historisch gewachsenen Gesellschaft orientieren, ferner mit der prima facie enttäuschenden Wirklichkeit versöhnen, nicht zuletzt eine realistische Utopie entwerfen. (Da der Ausdruck der Utopie ein Nirgendwo bedeutet, wäre es treffender, von einer realistischen Vision zu sprechen.)

Auf den ersten Blick erstaunlich fehlt eine fünfte Aufgabe, obwohl sie dem Selbstverständnis konstitutioneller Demokratien und darüber hinaus ihrer Herkunft aus der europäischen Aufklärung entspricht: Konstitutionelle Demokratien beanspruchen für ihre Kernelemente eine kulturübergreifende, sogar universale Gültigkeit. Insbesondere in den Gedanken der Menschenrechte und der Volkssouveränität meinen sie, ihrem universalistischen Anspruch auch gerecht zu werden. Als überzeugender erscheint daher ein (partieller) Gegenentwurf zu Rawls, der universalistische Kernelemente herausarbeitet, diese aber mit einem Recht auf Besonderheit verbindet: Von den Menschenrechten und der Volkssouveränität darf sich kein Gemeinwesen, das gerecht sein will, entbinden. Gemäß einem ausdrücklichen Recht auf Besonderheit, auf Differenz, darf aber das Gemeinwesen diese Grundgedanken in seine eigene Kultur einverleiben und ihnen dabei eine kulturspezifische Gestalt geben (vgl. Höffe ²2002, Kap. 4.4). Rawls dagegen zieht eine ebenso politische wie methodische Bescheidenheit vor, die zwar weder zu den Menschenrechten noch der Volkssouveränität eine Alternative für erwägenswert hält, für seinen „politischen" Liberalismus aber auf die Begründung von deren Alternativlosigkeit bewusst verzichtet.

Trotz dieser Bescheidenheit enthält Rawls' Fairnesstheorie ein beträchtliches Maß an kritischer Kompetenz. Auf die vielerörterte Frage beispielsweise, was unter jene Grundgüter fällt, für die ein Gemeinwesen verantwortlich ist, antwortet Rawls mit all dem, was seines Erachtens freie und gleiche Personen als Bürger brauchen und sie darüber hinaus befähigt, für zulässige Vorstellungen eines lebenswerten Lebens sich einzusetzen. Dass seine Antwort rundum befriedigt, kann man infrage stellen. Plausibel ist jedoch, dass sie sich, was im Ausdruck des Politischen mitschwingt, gegen eine primär materiell-ökonomische Bestimmung wendet. Statt dessen lässt Rawls die Liste der Grundgüter mit den institutionellen Rechten und Freiheiten der Bürger beginnen (Erstes Prinzip), worauf faire Chancen folgen (Prinzip 2b). In systematischer Hinsicht kommen erst danach Einkommen und Vermögen hinzu, aber auch dann nicht sie selbst, sondern die vernünftigen Aussichten auf sie (Prinzip 2a). Zugleich wird der Einwand des Nobelpreisträgers für Wirtschaftswissenschaften Amartya Sen (1985) entkräftet, Rawls' Gerechtigkeitsprinzipien samt Grundgüterkatalog seien notgedrungen zu unflexibel.

Eine andere klärende Veränderung, die der *Neuentwurf* hervorhebt, eine Neuformulierung des ersten Gerechtigkeitsprinzips, wurde durch Einwände des britischen Rechtsphilosophen H. L. A. Hart (1973, dt. 1977) erforderlich. Hart hatte Rawls' *Theorie* zwei ernsthafte Lücken vorgeworfen. Zum einen würde nicht klar, aus welchen Gründen die Parteien im Urzustand sich für die Grundfreiheiten und für deren Vorrang entschieden. Zum anderen gäbe es kein befriedigendes Kriterium für die Aufgabe, nach dem Lüften des Schleiers, also nach Bekanntwerden der konkreten gesellschaftlichen Lebensbedingungen, die Grundfreiheiten im einzelnen auszugestalten und dabei miteinander abzustimmen. Rawls begegnet

Harts Einwänden mit einer „Revision der Darstellung der Grundfreiheiten“ (PL, „Einleitung 1995“, 46/xlvi).

Gegen die missverständliche Annahme, der Freiheit als solcher werde ein Vorrang eingeräumt, „deduziert“ Rawls die gleichen Grundfreiheiten nicht, sondern bestimmt sie ausdrücklich nur mithilfe einer Liste. Diese soll die aus der Geschichte der Demokratie bekannten verfassungsmäßigen Garantien enthalten, also etwa Gedanken- und Gewissensfreiheit, politische Freiheiten, das Versammlungsrecht und die physische und psychische Unverletzlichkeit der Person. Weil die Liste aber nicht ideen- und verfassungsgeschichtlich, sondern „analytisch“, aus gewissen Vorgaben, gewonnen wird, stellt sich erneut die Frage nach einer Vorab- oder Proto-Gerechtigkeit: Was sind die politischen und sozialen Bedingungen für die Entwicklung und den Einsatz jener zwei moralischen Vermögen, die für freie und gleiche Personen als wesentlich gelten, für die Anlage zum Gerechtigkeitssinn und für die Fähigkeit, sich eine Vorstellung vom Guten zu machen?

Eine dritte Klarstellung liegt in der Zuständigkeit der Gerechtigkeitsprinzipien für das Innenleben von Organisationen und Verbänden. Nicht nur in der mittelalterlichen Rechts- und Friedensordnung, sondern bis weit in die Neuzeit, mancherorts noch heute sind gewisse Institutionen, insbesondere Religionsgemeinschaften, lange Zeit auch der Adel staatlichen Eingriffen entzogen. Rawls nimmt dazu dezidiert Stellung. Während andere politische Philosophen zu dem Thema lieber schweigen, scheut er sich im *Neuentwurf* nicht, jenen „fundamentalistischen“ Strömungen in Kirchen, Synagogen oder Moscheen entgegenzutreten, die eine tätige Intoleranz praktizieren, die namentlich nicht-orthodoxe Ansichten, eine sogenannte Ketzerei, als Verbrechen behandeln und die ihren Mitgliedern unter Androhung von Strafen den Austritt verbieten (Apostasie-Verbot).

Nicht bloß für Religionsgemeinschaften gelten nach Rawls die Gerechtigkeitsprinzipien, sondern ebenso für die Basisinstitution der Gesellschaft, die Familie. Die Gleichheit beispielsweise, die den Frauen zu gewähren sei, verlange bei einer Scheidung, der Ehefrau als Ausgleich für das „Gebären, Erziehen und Versorgen der Kinder“ (man muss ergänzen: wenn es die Kinder denn gibt) die Hälfte des während der Ehe angefallenen Vermögenszuwachses zuzusprechen.

Eine vierte Veränderung nimmt Rawls nur unter der Hand vor. Er erkennt zwar das Herrschaftsmoment jedes Gemeinwesens, seine Zwangsmacht, an, begnügt sich aber mit der Forderung, die Zwangsmacht im Einklang mit einer Verfassung auszuüben, die von allen Bürgern gutgeheißen werden könne. Wie schon in der *Theorie* so wird auch jetzt die philosophisch vorrangige Frage, warum es überhaupt eine Herrschaft von Menschen über Menschen geben darf, nicht gestellt.

Zieht man Bilanz, so muss man bei der *Gerechtigkeit als Fairneß* dem englischen Untertitel gegenüber dessen deutscher Übersetzung, wie gesagt, Recht geben: Die eher kleineren Veränderungen, die man hier findet, belaufen sich nicht auf einen angeblichen Neuentwurf, sondern auf nicht mehr als ein „Restatement", also eine „Neuformulierung", geschrieben in Rawls' Stil: ohne literarische Ambitionen außer dem Ehrgeiz zu einer klaren, differenzierten, oft scharfsinnigen Argumentation, wobei der Autor in Kauf nimmt, gelegentlich pedantisch-skrupulös zu werden.

1.3 Vernünftiger Pluralismus

Beim ersten Hauptwerk, der *Theorie*, konnte man den Eindruck gewinnen, Rawls' Lebensthema sei eine Moralphilosophie von (politischer) Gerechtigkeit überhaupt. Das neue Hauptwerk, der *Politische Liberalismus*, hebt in den Vordergrund, was man bei einer oberflächlichen Lektüre der *Theorie* überlesen konnte (s. aber TJ, § 36 u. a.): dass es nicht um die (politische) Gerechtigkeit schlechthin, sondern nur um die konstitutionelle Demokratie bzw., wie es in der deutschen Staatsrechtslehre heißt, um den demokratischen Verfassungsstaat geht. Für ihn ist die Gerechtigkeit zwar wesentlich, man habe sie aber nicht zeitunabhängig, sondern, Rawls jetzt, in einem charakteristischen Kontext zu bestimmen, und dieser bestehe in einem vernünftigen Pluralismus.

Rawls' *Theorie* gliederte sich in drei in etwa gleich umfangreiche Teile: in die „Theorie", die „Institutionen" und die „Ziele"; und alle drei Teile bestanden jeweils aus drei Kapiteln. Dabei begann das mittlere Kapitel des dritten und letzten Teiles, „Der Gerechtigkeitssinn", mit dem schon zu Beginn der *Theorie*, im allerersten Paragrafen, skizzierten Begriff der wohlgeordneten Gesellschaft (TJ, § 69: „The Concept of a Well-Ordered Society").

Laut *Politischem Liberalismus* (PL, 1. Vorl., § 6.1, vgl. TJ, §§ 1 und 69) zeichnet sich die wohlgeordnete Gesellschaft durch drei Eigenschaften aus. Erstens zielt sie auf das Wohl (*good*) ihrer Mitglieder ab. Zweitens ist in ihr eine öffentliche Gerechtigkeitsvorstellung maßgeblich wirksam, was nach § 1 eine (Staats-)Bürgerfreundschaft (*civic friendship*) schafft. Gemäß dieser Eigenschaft „erkennt also jeder die gleichen Gerechtigkeitsgrundsätze an und weiß das von allen anderen, und die grundlegenden gesellschaftlichen Institutionen entsprechen diesen Grundsätzen, was ebenfalls allgemein bekannt ist" (TJ, 493/397). Nach der dritten Eigenschaft befolgen die Bürger dank eines „normal wirksamen Gerechtigkeitssinnes im allgemeinen die Regeln der als gerecht betrachteten grundlegenden gesellschaftlichen Institutionen" (TJ, 105/35). Schon in der *Theorie* kommt noch eine vierte Eigenschaft hinzu: dass man für die Begründung der Grundsätze keine theologischen oder metaphysischen Lehren braucht, auch kein Jenseits, in dem die von den beiden Grundsätzen im Diesseits zugelassenen Ungleichheiten ausgeglichen würden.

Der *Politische Liberalismus* behält nun diese vierte Bedingung bei, bekräftigt sogar ihr Gewicht. Die Voraussetzung einer wohlgeordneten Gesellschaft gilt dagegen als unzulässig, denn sie sei der politischen Wirklichkeit fremd und in diesem Sinn zu anspruchsvoll. Trotzdem bleibt die erste Eigenschaft anerkannt, vor allem der antiutilitaristische Begriff des Wohls. Gemäß dem Untertitel des erwähnten Aufsatzes „Justice as Fairness" (1985), „Political not Metaphysical", bleibt Rawls auch der letzten Eigenschaft, der begrifflich etwas vagen theologie- und metaphysikfreien Begründung, treu. Weil liberale Gemeinwesen schon wegen ihrer Liberalität sich durch ein hohes Maß an Pluralismus auszeichnen, verwirft Rawls „nur" die dem widersprechende zweite Annahme. Wegen des „Faktums des Pluralismus", näherhin eines „vernünftigen" Pluralismus, kann eine der politischen Wirklichkeit angemessene Gerechtigkeitstheorie nicht länger von der Anerkennung der gleichen Gerechtigkeitsgrundsätze ausgehen.

Wie aber soll man dann noch eine für liberale Gemeinwesen gemeinsame Grundordnung samt gemeinsamen Gerechtigkeitsprinzipien und Gerechtigkeitssinn begründen? Diese Frage liegt dem zweiten Hauptwerk, dem *Politischen Liberalismus*, als Leitfrage und zugleich Leitfaden zugrunde. Rawls beantwortet die Frage mit dem neuen, zugleich titelgebenden Begriff, dem politischen Liberalismus, und mit zwei dafür wesentlichen Gedanken (*ideas*): dem sich übergreifenden, überlappenden Konsens (*overlapping consensus*) und einer freien öffentlichen Vernunft (*public reason*).

1.4 Der neue Leitbegriff: vernünftige politische Lehren

Üblicherweise will man Probleme, die sich stellen, lösen. Rawls reagiert auf das Faktum des vernünftigen Pluralismus anders, ungewöhnlich anders, in der Schlichtheit der Reaktion sogar genial: Auf viele Probleme braucht man sich nicht einzulassen, denn sie sind gar nicht einschlägig. Dieses Sich-nicht-Einlassen-Müssen zeichnet nun den neuen, jetzt mit Emphase als „politisch" qualifizierten Liberalismus aus.

Schon das erste Hauptwerk war insofern liberal, als es sich den Prinzipien der Freiheit und Gleichheit verpflichtete. Die neue Qualifizierung richtet sich gegen zwei andere Qualifizierungen, gegen einen umfassenden, dabei auch gegen einen moralischen Liberalismus. Und diese Ablehnung fordert die politische Philosophie und die politische Ethik zu einer grundsätzlichen Bescheidenheit auf. Rawls plädiert nämlich für eine Theorie der bewussten und freiwilligen Einengung, für eine Theorie des ebenso ausdrücklichen wie nachdrücklichen Verzichts.

Beide Gesichtspunkte, den Verzicht und die Bescheidenheit, würde man missverstehen, wenn man in ihnen eine inhaltliche Einschränkung des Liberalismus sähe und annähme, ein „umfassender" Liberalismus würde die Prinzipien der Freiheit und Gleichheit thematisch umfassend, also nicht nur für die politischen, sondern auch für die wirtschaftlichen und sozialen Institutionen einer Gesellschaft einfordern. Ein „bloß politischer" Liberalismus begnüge sich dagegen mit dem Politischen im engeren Sinn, nähme folglich Wirtschaft und Gesellschaft von den Freiheits- und Gleichheitsforderungen aus. Diese inhaltliche Bescheidung meint Rawls aber nicht. Im Gegenteil versteht er den von ihm vertretenen politischen Liberalismus hinsichtlich der Reichweite durchaus umfassend; keineswegs gibt er sich mit den im engeren Sinn politischen Institutionen zufrieden.

Die „politisch" genannte Qualifizierung betrifft also nicht die inhaltliche Reichweite des Liberalismus, sondern allein dessen Begründung. Wer diese Unterscheidung übersieht, erliegt einem basalen Missverständnis. Rawls' Liberalismus ist inhaltlich umfassend, nur begründungstheoretisch, von den zur Legitimation herangezogenen Ansichten bzw. Lehren ist er es nicht.

Rawls zählt den von ihm abgelehnten „umfassenden" Liberalismus zu den zwar „vernünftigen", aber „umfassenden Lehren" (*reasonable comprehensive doctrines*). Als Beispiele nennt er gern die liberalen Theorien von Kant und Mill (auch an den Liberalismus Humes mag man denken); für die Gegenwart führt er gelegentlich Dworkin an. Für Rawls sind es Autoren, die sich zwar in der moralischen Lehre unterscheiden, hinsichtlich der politischen Konzeption aber eine wesentliche Gemeinsamkeit haben: Sie zeichnen sich durch einen übergreifenden Konsens aus (z. B. PL, 35/xxxvii; 2. Vorl., § 6.1; 4. Vorl., § 3.2).

Der für das neue Werk wesentliche Begriff des Vernünftigen (*reasonable*) – in der *Theorie* erscheint er nicht einmal im Index – kommt kaum zu einer letzten Klarheit. Hinsichtlich des Gegenstandes charakterisiert er nicht nur gewisse Lehren, sondern auch den für Rawls entscheidenden Pluralismus, ferner die öffentliche Vernunft und die Grundsätze politischer Gerechtigkeit. Rawls selbst spricht von einem „bewußt vagen" Begriff (PL, 2. Vorl., § 3.1). Immerhin nennt er aber drei Hauptmerkmale: „Vernünftig" ist erstens „ein Ergebnis des Gebrauchs unserer theoretischen Vernunft", der zu einer gewissen Kohärenz unserer „wichtigsten religiösen, philosophischen und moralischen Aspekte des menschlichen Lebens" führt (PL, 133/59). „Vernünftig" ist zweitens „ein Ergebnis unseres Gebrauchs der praktischen Vernunft", indem diese beispielsweise „bestimmten Werten einen besonderen Vorrang" zuspricht (PL, 133/59). Schließlich zeichnet sich eine vernünftige Lehre durch eine gewisse Stabilität „über die Zeit hinweg" aus, verbunden mit der Bereitschaft, sie im Licht guter Gründe fortzuentwickeln (PL, 133/59). Rawls entzieht sich also der verbreiteten Alternative von entweder theoretischer oder aber praktischer Vernunft. Er gibt beiden Seiten ein Recht und komplettiert die praktische Seite noch durch den Gedanken einer gewissen, aber nicht veränderungsresistenten Festigkeit, nämlich einer generationenübergreifenden und doch flexiblen Kontinuität.

Zwei weitere Gesichtspunkte kommen hinzu. Einerseits nimmt Rawls mit dem Kriterium des Vernünftigen innerhalb der umfassenden Lehren eine Vorab-Selektion vor, die alle unvernünftigen und irrationalen, sogar irrsinnigen Lehren („unreasonable and irrational, and even mad"; PL, 13/xvi f.) von vornherein ausschließt. Andererseits kommt es bei den vernünftigen Lehren ihrer Funktion nach nicht auf alle, sondern lediglich auf die politischen Werte an; lediglich für sie ist „eine öffentliche Rechtfertigungsgrundlage" geboten. Darüber hinaus erhält das zweite Hauptmerkmal ein zusätzliches Gewicht. Die vernünftigen Lehren folgen nämlich aus „Grundsätzen der praktischen Vernunft und den mit ihnen verbundenen Konzeptionen der Person und der Gesellschaft" (PL, 17/xx). Auf diese komplexe Weise gelingt ihnen, worauf es Rawls ankommt; sie vermögen eine konstitutionelle Demokratie zu begründen.

Als umfassend gelten jene thematisch weniger bescheidenen Lehren, die sich nicht mit Fragen einer konstitutionellen Demokratie begnügen. Sie lassen sich vielmehr beispielsweise auf die Wahrheitsfrage bei moralischen Urteilen ein oder vertreten eine Säkularisierungsthese, derzufolge in der modernen, nach Rawls durch drei Gesichtspunkte, durch Reformation, den modernen Staat und die modernen Wissenschaften, bestimmten Welt die Religion ihre Autorität verloren habe. Nach einer entgegengesetzten umfassenden Lehre ist die Religion auch in der modernen Welt zulässig, nach einer anderen umfassenden Lehre sogar unverzichtbar.

Zu dem damit angedeuteten Theorien-Streit nimmt Rawls nicht etwa Stellung, sondern er lehnt im Namen strenger Unparteilichkeit eine Stellungnahme ausdrücklich ab. Sein Argument ist zweiteilig. Zum einen beruft er sich auf „das natürliche Ergebnis" der Vernunft in einer freiheitlichen, konstitutionellen Demokratie, dessentwegen es „eine Pluralität vernünftiger und dennoch einander ausschließender umfassender Lehren", eben das Faktum des vernünftigen Pluralismus, gibt (PL, 13/xvi; vgl. 4. Vorl., § 3.1 u. ö.). Zum anderen braucht man zur Begründung eben dieser Demokratie nicht die Frage, welche der umfassenden Lehren denn wahr sei. Denn statt sich mit allen Werten in einer Gesellschaft zu befassen, gehe man lediglich auf einen kleinen Teil, die politischen Werte, ein. Diese dürfen allerdings nicht beliebig, sie haben vielmehr vernünftig zu sein und dafür zwei Kriterien zu erfüllen: Sie müssen eine öffentliche Rechtfertigungsgrundlage bieten und den Grundsätzen der praktischen Vernunft genügen.

Daraus folgt nun die Leitfrage des *Politischen Liberalismus*: „Wie kann eine stabile und gerechte Gesellschaft freier und gleicher Bürger, die durch vernünftige und gleichwohl einander ausschließende religiöse, philosophische und moralische Lehren einschneidend voneinander getrennt sind, dauerhaft bestehen?" (PL, 14/xviii). Nur in Klammern: Überraschenderweise stellt Rawls hier – anders als zu Beginn der 1. Vorlesung (vgl. PL, 67/4) – „stabil" vor „gerecht" und betont das Stabilitätsmerkmal noch durch ein fast gleichbedeutendes „dauerhaft" (*over times*), wobei man überdies das genannte Veränderungspozential vermisst.

Rawls' Grundaufgabe erhält noch eine zweite Formulierung: „Wie können einander zutiefst entgegengesetzte, aber vernünftige umfassende Lehren zusammen bestehen und alle dieselbe politische Konzeption einer konstitutionellen Demokratie bejahen?" (PL, 14/xviii).

1.5 Zur Tragweite

In der deutschen Politikdebatte herrscht eine These vor, die man auf den Staatsrechtslehrer und Verfassungsrichter Ernst-Wolfgang Böckenförde (1991, 112 f.) zurückzuführen pflegt: „*Der freiheitliche, säkularisierte Staat lebt von Voraussetzungen, die er selbst nicht garantieren kann.* Das ist das große Wagnis, das er, um der Freiheit willen, eingegangen ist."

Nach einem der dafür sprechenden Argumente kann der freiheitliche Staat „nur bestehen, wenn sich die Freiheit, die er seinen Bürgern gewährt, von innen her, aus der moralischen Substanz des einzelnen und der Homogenität der Gesellschaft, reguliert." Im Fortgang der Argumentation fragt Böckenförde mit Hegel, „ob nicht auch der säkularisierte weltliche Staat letztlich aus jenen inneren Antrieben und Bindungskräften leben muß, die der religiöse Glaube seiner Bürger vermittelt". Die Frage ist allerdings rhetorisch gemeint, denn nach Böckenförde ist das moderne Gemeinwesen ein säkularisierter Staat, der sich deshalb, wegen seines säkularisierten Charakters, in einem Dilemma befindet: Für seine unverzichtbare moralische Substanz bedürfe die konstitutionelle Demokratie, was ihre weltanschauliche Neutralität behindere, vielleicht sogar verhindere, eines religionsgeprägten Fundaments.

Ohne Böckenförde zu kennen, bezweifelt Rawls der Sache nach das behauptete Dilemma und vertritt eine klare Gegenthese, die teils bescheidener, teils anspruchsvoller ausfällt. Nach ihrem bescheideneren Anteil besteht die Gegenthese nicht in der Behauptung, das Christentum habe, anders als Böckenförde erklärt, für den modernen Staat keine, nämlich entweder überhaupt keine oder aber keine motivationale Bedeutung. Im politischen Liberalismus gehört vielmehr schon die Frage nach einer etwaigen Bedeutung in eine umfassende Lehre, spielt daher keine Rolle.

Nach ihrem anspruchsvolleren Anteil bestreitet die Gegenthese nicht, was Böckenförde in Bezug auf die Christen verlangt: „diesen Staat nicht länger als etwas Fremdes, ihrem Glauben Feindliches [zu] erkennen, sondern als die Chance der Freiheit, die zu erhalten und zu realisieren auch ihre Aufgabe ist" (1991, 114). Sie lässt jedoch die Möglichkeit zu, dass manche Bürger aus einem religiösen Glauben leben, was die Säkularisierungsthese relativiert. Nun dürfte Böckenförde die Säkularisierungsthese nur verfassungsrechtlich, nicht empirisch gemeint haben. Dann aber gehört auch sie zu einer umfassenden Lehre, auf die eine sachgerechte Theorie konstitutioneller Demokratie nicht etwa aus kontingenten Gründen oder nur in diesem Fall, sondern prinzipiell und in allen Fällen sowohl verzichten darf als auch verzichten sollte, es sogar muss: (1) Die Theorie *darf* darauf verzichten, weil sie die religiös vermittelten Ansichten und Antriebe nicht braucht, da ihr der Rückgriff auf Grundsätze der theoretischen und besonders der praktischen Vernunft genügt. Infolgedessen haben Bürger einer konstitutionellen Demokratie auch ohne eine religiöse Vermittlung einen hinreichenden Antrieb zu einem von Fairness bestimmten Verhalten. (2) Weil man also ohne die genannten Ansichten und Antriebe auskommt, *sollte* eine politisch sachgerechte Theorie – mit Ockhams, von Rawls freilich nicht aufgeführtem Rasiermesser – darauf verzichten. (3) Rawls' eigene These geht sogar noch weiter. Sie erklärt den *notwendigen* Verzicht und beruft sich für ihn auf einen theorieinternen, insofern argumentativ weit stärkeren, in sich noch zweigeteilten Grund:

Nach dem einen Teilgrund braucht es wegen des vernünftigen Pluralismus im Gegensatz zur Böckenförde-These keine religiös vermittelten inneren Antriebe. Nach dem anderen Teilgrund kann – hier im doppelten Sinn von „vermag" und „darf" – eine konstitutionelle Demokratie als solche den daraus resultierenden Streit nicht schlichten. Denn aus sich heraus ist sie weder fähig noch berechtigt, zum einschlägigen Streit Stellung zu nehmen. Ihr ist nur erlaubt, sie auf ihre fehlende Fähigkeit und Berechtigung hinzuweisen. Berühmt ist Rawls' pointierte These, „daß die liberalistische Antwort nicht besagt, die Lehre *extra ecclesiam nulla salus* [kein Heil außerhalb der Kirche] sei unwahr, vielmehr sagt sie, daß es unvernünftig ist, die öffentlich politische Macht einzusetzen, um diese Lehre mit Zwang durchzusetzen" (PL, 224 f./138).

Nach einem postum, im Jahr 2009 veröffentlichten Text hat sich Rawls bereits in frühen Jahren mit dem Eigensinn und Eigenrecht der Religion vertraut gemacht. Auch später, schon während seiner College-Zeit, will er keineswegs die Religion aus der Gesellschaft verbannen. Er, der nach eigenem Bekunden als Student zu einem „orthodoxen" Christen wird, verlangt im *Politischen Liberalismus* nicht einmal von der Religion, sie solle sich möglichst unsichtbar machen. Im Gegenteil darf sie nicht bloß präsent bleiben; sie hat sogar das Recht, ihre Stimme zu erheben. Sobald sie den innerreligiösen Kontext verlässt und in den öffentlichen Diskurs eintritt, stehen ihr aber nur zwei Optionen offen. Entweder greift sie aus ihrer umfassenden Lehre die Argumente oder Argumentationsweisen heraus, die den Rang der öffentlichen Vernunft erreichen. Oder sie „übersetzt" ihre eigenen, mit anderen umfassenden Lehren konkurrierenden Argumente in gesamtgesellschaftlich tragbare Argumente, womit die einer umfassenden Lehre entspringenden Werte auf allgemein überzeugungsfähige politische Werte zurückgeführt und eben diese und nur diese Werte in die Debatte geworfen werden.

Rawls nimmt eine starke, vielleicht auch optimistische Gegenposition zu Böckenförde ein. Danach sind pluralistische Gesellschaften durchaus in der Lage, sich ihrer eigenen normativen Voraussetzungen, also der in Hegelschen Worten „moralischen Substanz", zu vergewissern, ohne auf strittige religiöse oder weltanschauliche Ansichten zurückzugreifen. Die im Pluralismus vorherrschenden Ansichten müssen sich allerdings schon einer Vorabprüfung unterziehen und sich dabei als im genannten Sinn vernünftig erweisen. Tauchen hingegen unvernünftige, irrationale oder sogar irrsinnige Lehren auf, so bleibt dem Gemeinwesen nichts anderes übrig, als „sie so einzudämmen, daß sie nicht die Einheit und die Gerechtigkeit der Gesellschaft untergraben" (PL, 13, xvii). Auch wer der Böckenförde-These folgt, hat zur letztgenannten Behauptung kaum eine tragbare Alternative.

1.6 Folge für die Gerechtigkeitstheorie 1: Übergreifender Konsens

Das den *Politischen Liberalismus* motivierende Argument, die Veränderung in der Idee der wohlgeordneten Gesellschaft, erscheint im Verhältnis zu vielen anderen Elementen von Rawls' *Theorie* als relativ geringfügig. Rawls bestreitet das nicht. Überraschenderweise ziehe diese Veränderung, die Berücksichtigung des Faktums eines vernünftigen Pluralismus, viele andere Veränderungen nach sich, was die Theorie mehr als nur geringfügig verändere. Im Verlauf dieses Kommentars werden die einschlägigen Modifikationen im Einzelnen genannt und untersucht. In dieser Einführung seien nur die zwei wichtigsten erwähnt: die Idee eines übergreifenden Konsenses und die der öffentlichen Vernunft.

Nach der Idee des übergreifenden, wörtlich: überlappenden (*overlapping*) Konsenses soll es zwischen den konkurrierenden umfassenden Lehren eine gemeinsame Schnittmenge geben. Der Grundgedanke ist einfach, vielleicht sogar zu einfach: Lässt man bei den miteinander konkurrierenden umfassenden Lehren alle konkurrierenden Elemente beiseite, so bleiben selbstverständlich, nämlich per definitionem, nur noch konkurrenzfreie Elemente übrig. Diese Gemeinsamkeiten, eben die Schnittmenge, nennt Rawls den übergreifenden Konsens. Und weil seinetwegen eine politische Gerechtigkeitstheorie auf keiner einzigen Weltanschauung beruht, qualifiziert er seine Theorie als „freistehend".

Bei diesem Vorgehen sind trivialerweise zwei Aspekte, der Weg und das Ziel, zu unterscheiden. Der erste Aspekt, der Weg, hat emanzipatorischen und reinigenden Charakter, denn die umfassenden Lehren werden von ihren Konkurrenzanteilen freigesetzt. Der zweite Aspekt, das Ziel, besteht in den Gemeinsamkeiten, die nach der Emanzipation übrigbleiben. Was aber, wenn nichts übrigbleibt, die Schnittmenge also leer bleibt?

Rawls erwartet zwar nicht, dass dieses desaströse Ergebnis – weder Konkurrenz noch Gemeinsamkeit – eintritt. Was jedoch berechtigt ihn zu dieser optimistischen Erwartung? Umfassende Lehren können mit Rawls im Wesentlichen vier Anteile enthalten: religiöse, philosophische und moralische sowie genuin politische Überzeugungen. Von den ersten drei Anteilen nimmt unser Autor an, dass sie sich widersprechen (können), weshalb man von ihnen abstrahieren muss: Die „öffentliche Gerechtigkeitskonzeption in einer konstitutionellen Demokratie" sollte „soweit wie möglich losgelöst von umfassenden religiösen, philosophischen und moralischen Lehren vorgestellt werden" (PL, 232/144).

Gemäß der Vierergruppe bleibt dann aber notwendigerweise noch eine Gruppe, also keine Leermenge, sondern die Menge der politischen Überzeugungen übrig. Rawls ist nun weder so naiv noch so wirklichkeitsfremd, dass er die vierte Gruppe insgesamt für gemeinsam hält. Vielmehr geht es ihm zufolge auch in ihr nur um einen kleinen Teil, die „Grundlage der Rechtfertigung". Selbst bei ihr ist noch zwischen dem Singular, der einen öffentlichen Grundlage, und dem Plural, den vielen nicht-öffentlichen Grundlagen, zu unterscheiden. Letztere gehören zu den umfassenden und konkurrierenden Lehren. Nur im ersten und kleinen Anteil, gewissermaßen der entscheidende Kern, die sogenannte politische Konzeption, und nur in ihm besteht der übergreifende Konsens.

Die politische Konzeption kann den übergreifenden Konsens auf zweierlei Weise, entweder faktisch oder aber normativ, ausmachen. Rawls selbst scheint sich darüber nicht ganz klar zu sein. Vielmehr zeigt sich eine methodische Zweideutigkeit oder Doppeldeutigkeit. Einerseits werde die politische Konzeption „von allen geteilt", was für eine faktische Gemeinsamkeit spricht. Andererseits heißt es von der öffentlichen Rechtfertigungsgrundlage, dass sie „alle Bürger in grundlegenden politischen Fragen anerkennen können". Dort, freilich in einer normativ idealen Gesellschaft, ist von einer Anerkennungs*wirklichkeit*, hier nur von einer Anerkennungs*möglichkeit*, also einer Konsensfähigkeit, nicht einem tatsächlichen Konsens die Rede.

Vermutlich kommt es Rawls auf beide Optionen an. Die Konsensfähigkeit ergibt sich aus seinem methodischen Grundgedanken, dem politischen Konstruktivismus. Im Übrigen stößt auch, wer bei Rawls eher eine Rekonstruktion als eine Konstruktion sieht, auf eine Konsensfähigkeit. Der tatsächliche Konsens wiederum folgt aus der Erwartung an die konstitutionelle Demokratie – und der Zusatzerwartung, die USA seien ein vorbildliches Beispiel –, dass sich unter den dominierenden umfassenden Lehren hinreichend viele als „vernünftig" erweisen. Das wiederum heißt, dass sie die politische Konzeption de facto enthalten, wenn auch „niemals vollständig, sondern allenfalls annäherungsweise" (PL, 257/164 f.). Und für beide Optionen braucht es nicht, worauf Habermas 1997 in seiner Rawls-Interpretation wert legt, reale Diskurse und Aushandlungsprozesse.

1.7 Folge 2: Öffentliche Vernunft

Gegenüber der *Theorie* soll das Faktum des vernünftigen Pluralismus nach Rawls eine zweite Veränderung zur Folge haben. Ihretwegen verlangt es nach einer zweiten Idee, der öffentlichen Vernunft (*public reason*).

Den Gedanken einer öffentlichen Vernunft entnimmt Rawls seinem generellen Vorbild Kant, näherhin dessen Aufklärungsschrift (zur Kant-Interpretation, s. Höffe 2012, Kap. 1.4). Die öffentliche Vernunft ist für Rawls nicht der Inbegriff gewisser politischer Institutionen. Noch weniger steht sie für bestimmte politische Programme. Sie bezeichnet kein Was, keine Inhalte, sondern ein Wie, nämlich eine Weise, Institutionen und Programme argumentativ zu vertreten. Ob im Parlament oder in den Medien – mit der öffentlichen Vernunft ist die Art gemeint, wie man seine diesbezüglichen Ansichten sinnvollerweise rechtfertigt. Offensichtlich können es nicht Elemente aus umfassenden Lehren sein, da diese per definitionem nur gewisse Gruppen der Bürgerschaft überzeugen. Also braucht es Elemente, die diese partikulare Überzeugungskraft grundsätzlich übersteigen.

Für das nähere Verständnis der zweiten Idee sind zwei Unterscheidungen wesentlich. Zum einen ist die öffentliche Vernunft für Rawls nicht etwa dasselbe wie Öffentlichkeit. Zum anderen geht es nicht um das, was Rawls die Hintergrundkultur (*background culture*) nennt. Während in dieser die umfassenden Lehren eine Rolle spielen – sie bilden eine Grundlage der politischen Debatten, aber nicht deren Inhalte –, kommt es bei der öffentlichen Vernunft sowohl auf wesentliche Verfassungsinhalte als auch auf grundlegende Gerechtigkeitsfragen an. Dort geht es etwa um politische Rechte und Freiheiten, hier um wirtschaftliche und soziale Gerechtigkeit. Und beide Themenbereiche finden in die politischen Debatten und in die Stellungnahmen von Politikern Eingang.

Entscheidend ist wieder die Differenz vom bescheidenen, politischen Liberalismus zu anspruchsvollen, umfassenden Lehren. Letztere sind weder für die öffentliche Vernunft selber zulässig noch taugen sie für sie, da sie in ihrer Verschiedenheit miteinander konkurrieren. Sie dürfen aber – und tun es auch – in der Hintergrundkultur der öffentlichen Vernunft gegenwärtig sein. Laut Rawls beschreibt die Idee der öffentlichen Vernunft ein politisches Verhältnis und ein demokratisches Ideal, mithin eine politische Ordnung, für deren Stabilität Sorge getragen werde.

Als Ideal nimmt Rawls an, dass die Bürger ihre öffentlichen Diskussionen über die genannten zwei Themenbereiche im Rahmen einer vernünftigen politischen Gerechtigkeitskonzeption führen. Dessen Maßstab bildet ein Reziprozitätskriterium: Die idealen Bürger berufen sich auf politische Werte, von denen sie vernünftigerweise erwarten, dass andere Bürger sie als freie und gleiche politische Werte vernünftigerweise bejahen können. Das träfe beispielsweise weder auf die Sklaverei oder auf die Weigerung zu, einigen Bürgern die religiöse Freiheit zu gewähren, noch auf die Bindung des Wahlrechts an ein gewisses Eigentum oder daran, keine Frau zu sein.

Zwei weitere Punkte sind für die öffentliche Vernunft wichtig. Erstens darf in Rawls' nachdrücklicher Theorie-Liberalität die öffentliche Vernunft nicht mit einer einzigen politischen Gerechtigkeitskonzeption gleichgesetzt werden, erstaunlicherweise selbst nicht mit Rawls' eigener Konzeption, der in seinem ersten Hauptwerk detailliert entwickelten Gerechtigkeit als Fairness. Hier erhält der vorher kaum beachtete unbestimmte Artikel des ersten Hauptwerkes eine systematische Bedeutung: Rawls' Gerechtigkeitstheorie ist nicht, was der bestimmte Artikel anzeigen würde, „die" wahre, folglich einzige Theorie; sie ist vielmehr lediglich „eine", neben der auch andere Gerechtigkeitstheorien denkbar sind. Der Harvard-Philosoph nimmt ausdrücklich – erste Theorieliberalität – eine Familie vernünftiger Gerechtigkeitskonzeptionen an und zusätzlich – zweite Theorieliberalität –, dass sich diese Familie im Laufe der Zeit verändern kann.

Schon aus diesen Gründen gibt die öffentliche Vernunft, zweitens, für konkrete politische oder rechtliche Probleme keine Lösungen vor. Noch wichtiger führt sie im Sinne des bloßen Wie statt des Was nur zu Gründen, die für eine allgemein überzeugende politische Debatte taugen und in ihrem Rahmen die konkreten Probleme zu lösen erlauben, aber nicht schon eine Lösung darstellen. Denn die politische Philosophie kann „nur die politischen Grundsätze für kritische und informierte Urteile ... beitragen" („Erwiderung auf Habermas"; PL, 249).

Für die schließliche Lösung gibt es Meinungsverschiedenheiten, obwohl einzelne Meinungen durchaus als vernünftig gelten können. Der Grund für verschiedene, trotzdem vernünftige Lösungen liegt in sechs Bereichen: (1) in der Vieldeutigkeit, eventuell sogar Widersprüchlichkeit empirischer Befunde,

(2) im unterschiedlichen Gewicht der Befunde, (3) in den offenen Grenzen von Begriffen, (4) in unterschiedlichen individuellen Erfahrungen, (5) im eventuellen Vorliegen mehrerer, miteinander inkommensurabler moralischer Gründe und schließlich (6) im Umstand, dass kein System von Institutionen zu erwarten ist, in dem alle relevanten (moralischen und) politischen Werte verwirklicht werden (vgl. PL, 2. Vorl., § 2).

Die Möglichkeit vernünftiger Meinungsverschiedenheiten ist folgenreich. Ihretwegen kann nämlich keine Lösung beanspruchen, schlechterdings wahr oder richtig zu sein. Sie ist bestenfalls vernünftig und selbst diese Eigenschaft trifft lediglich für den Zeitpunkt der jeweiligen demokratischen Entscheidung zu. Letztere bleibt daher prinzipiell revisionsfähig; solange keine Revision vorgenommen wird, ist sie aber für die Bürger verbindlich.

1.8 Gliederung

Rawls' zweites Hauptwerk ist klar und übersichtlich gegliedert. Wie das erste Hauptwerk so besteht auch der *Politische Liberalismus* aus drei wieder in etwa gleich umfangreichen Teilen. Von ihnen sind die ersten beiden ihrerseits dreigeteilt, während der letzte Teil bei etwa gleichem Umfang zunächst nur aus zwei Teilen besteht. In der Taschenbuchausgabe wird sie um einen dritten Teil, die „Antwort auf Habermas“ (9. Vorlesung: „Reply to Habermas“, zuerst erschienen in *The Journal of Philosophy*, 1995) und in der erweiterten Ausgabe („Expanded Edition“, 2005) zusätzlich um „The Idea of Public Reason Revisited“ ergänzt. (Die deutsche Fassung findet sich in der völkerrechtlichen Studie *Das Recht der Völker*, 2002. Zunächst plante Rawls, die Studie in die Taschenbuchausgabe des *Politischen Liberalismus* aufzunehmen. Dann aber sah er sich zu größeren Veränderungen gezwungen, weshalb er die Studie zu einer Monografie ausarbeitete. Zu ihrem Inhalt s. in diesem Band Kap. 11.)

Die zunächst acht, schließlich neun Kapitel werden „Vorlesungen“ genannt, da das erste Drittel auf drei im April 1980 an der New Yorker Columbia University gehaltene Vorlesungen zurückgeht. Beträchtlich überarbeitet erscheinen sie noch im selben Jahr. Und das achte Kapitel besteht in einer stark überarbeiteten, dabei erweiterten Fassung der im April 1981 an der Universität von Michigan gehaltenen Tanner-Vorlesungen.

Den Vorlesungen des *Politischen Liberalismus* gehen zwei längere, sich ein wenig überschneidende Einleitungen voran, die das Werk ausführlich erläutern und rechtfertigen. Die erste Einleitung von Oktober 1992 zur ersten Auflage von 1993 stellt den Inhalt vor und dessen Verhältnis zum ersten Hauptwerk, der *Theorie*:

Das neue Werk weiche vor allem in zwei Dingen vom ersten ab. Zum einen würden dort die Überlegungen einer Moralphilosophie zugeordnet, zugleich kein Unterschied zur politischen Philosophie gemacht. Zum anderen fehle dort der jetzt entscheidende Gedanke des vernünftigen Pluralismus, dessentwegen die frühere Idee einer wohlgeordneten Gesellschaft jetzt als unrealistisch gelte. Sehr schön sind einige ebenso kenntnisreiche wie pointierte historische Differentialanalysen, so zum Unterschied von antiker und neuzeitlicher Moral- und Politik-Philosophie und zum Unterschied von mittelalterlichem Christentum und neuzeitlicher Bürgerreligion. Besonders aufschlussreich ist die systematische Differentialanalyse zum Verhältnis des anspruchsvolleren umfassenden Liberalismus eines Hume, Kant oder auch Mill zum bewusst bescheidenen eigenen, bloß politischen Liberalismus.

Eine Frage in Klammern: Würde sich Rawls beispielsweise bei Kant auf dessen Rechts- und Staatsphilosophie beschränken, wäre zu prüfen, ob diese einen in Rawls' Sinn umfassenden Charakter hat. Dass Kant einen thematisch weiteren Denkhorizont als Rawls hat, dass er sich nicht nur für politische Philosophie, sondern auch für Moralphilosophie und viele weitere Bereiche interessiert (s. Höffe 2012), kann doch nicht als Nachteil gelten. Entscheidend ist die Frage, ob Kants politische Philosophie außerpolitische Elemente braucht, was sich bestreiten lässt.

Die andere Einleitung von 1995, zur amerikanischen Taschenbuchausgabe, gibt dem Leser einen „Leitfaden" („Reader's Guide"; PL, 33/xxxv) zum Verständnis an die Hand. Im Verlauf dieses Leitfadens für die wichtigsten Ideen des Buches taucht auffallend beiläufig der auch im ersten Werk nur mehr beiläufig verwendete Begriff der konstitutionellen Demokratie auf.

Als Hintergrund für seinen Leitfaden präzisiert Rawls zunächst sein selbst gesetztes Ziel: „Der Politische Liberalismus hat demnach die Aufgabe ..., eine politische Gerechtigkeitskonzeption für eine (liberale) konstitutionelle Demokratie auszuarbeiten, die von einer Vielzahl religiöser und nicht-religiöser, liberaler und nicht-liberaler Lehren aus den richtigen Gründen bejaht werden kann" (PL, 37/xil).

Sodann befasst sich Rawls unter anderem mit den zwei Ideen, die es wegen des Faktums eines vernünftigen Konsenses brauche: dem übergreifenden Konsens und der öffentlichen Vernunft. Erstaunlicherweise stuft er wie erwähnt den Rang seiner eigenen Gerechtigkeitskonzeption, die der Gerechtigkeit als Fairness, zum bloßen Mitglied einer „Familie vernünftiger Gerechtigkeitskonzeptionen" (PL, 47/xlviii) zurück.

Weiterhin skizziert er die für die Stabilität einer konstitutionellen Ordnung notwendigen Einrichtungen. Sie beginnen mit der für die USA geradezu revolutionären Forderung nach einer öffentlichen Finanzierung von Wahlkämpfen und reichen, knapp zwei Jahrzehnte vor der Obamacare, bis zur medizinischen Grundversorgung für alle Bürger.

Am Ende räumt Rawls ein, dass die von ihm aufgeworfenen Fragen als abstrakt und weltfern empfunden werden können, und setzt in Übereinstimmung mit seinem Vorhaben hinzu: „Dafür entschuldige ich mich nicht" (PL, 64/lx).

Die *Theorie* besteht aus den drei Teilen: Theorie, Institutionen und Ziele. Der *Politische Liberalismus* widmet nach den Einleitungen die ersten beiden Teile den Grundelementen und den drei Hauptideen des Politischen Liberalismus und den dritten Teil den Institutionen. Auf diese Weise wird die „Theorie" des ersten Werkes gewissermaßen zweigeteilt. Die erste Hälfte des *Politischen Liberalismus*, „Grundelemente", widmet sich „Grundlegenden Ideen" („Fundamental Ideas": 1. Vorlesung), dem „Vermögen der Bürger und ihrer Darstellung" („The Powers of Citizens and Their Representation": 2. Vorlesung) und dem „Politischen Konstruktivismus" („Political Constructivism": 3. Vorlesung).

Wichtig ist in diesem Teil beispielsweise die Idee der Gesellschaft eines fairen Kooperationssystems, zu der die Idee der dazu fähigen und bereiten Bürger gehört: Aufgrund von einem Mindestmaß an zwei moralischen Vermögen, der Anlage zu einem Gerechtigkeitssinn und zu einer Konzeption des Guten im Sinne des eigenen nachhaltigen Wohls und eines (theoretischen) Vernunftvermögens im Sinne der Fähigkeit zu denken, zu urteilen und zu schließen, sind die Bürger freie, überdies gleiche Personen, die als Gesellschaftsmitglieder uneingeschränkt kooperationsfähig sind. Dabei sollte man im ersten Teil nicht die vier Erweiterungsprobleme überlesen, auch wenn Rawls sie nur nennt, aber nicht näher behandelt: die Gerechtigkeit gegen künftige Generationen, das erwähnte Recht der Völker, die Vorsorge für Fälle von Krankheiten und Unfällen und „das Problem, was wir den Tieren und dem Rest der Natur schulden" (PL, 80/21).

Unter dem Titel „Hauptideen" behandelt der zweite Teil des *Politischen Liberalismus* „Die Idee eines übergreifenden Konsenses" („The Idea of an Overlapping Consensus": 4. Vorlesung), den „Vorrang des Rechten und die Ideen des Guten" („Priority of Right and the Ideas of the Good": 5. Vorlesung; gemeint ist der Vorrang der Gerechtigkeit vor dem Eigenwohl) und „Die Idee einer öffentlichen Vernunft" („The Idea of Public Reason": 6. Vorlesung).

Es folgen wie im ersten Werk, jetzt aber als dritter Teil die Institutionen. Dabei kommt es Rawls nicht etwa auf das an, was man üblicherweise Institutionen nennt, für die Politik etwa das Parlament (in den USA den Kongress und den Senat) und die Gerichtsbarkeit mit einem „Obersten Gericht" („Supreme Court") an der Spitze. Das erste einschlägige Kapitel legt vielmehr, eine Stufe tiefer, die „Grundstruktur [der Gesellschaft] als Gegenstand" der Gerechtigkeitskonzeption dar („The Basic Structure as Subject": 7. Vorlesung). Darauf folgt in doppelter Länge „Der Vorrang der Grundfreiheiten" („The Basic Liberties and their Priority“: 8. Vorlesung), wo sehr detailliert die neue, von Harts Kritik an der ursprünglichen Fassung inspirierte Gerechtigkeitskonzeption als Fairness vorgestellt wird. Rawls legt auf die Sonderstellung der Grundfreiheiten wert, sucht für sie ein „völlig angemessenes System“ und befasst sich sehr ausführlich mit der politischen Meinungsfreiheit.

Das „Ziele“ genannte Thema des dritten Teils der *Theorie* fehlt dagegen. Ein Grund dürfte darin liegen, dass die damals einschlägigen Stichworte wie „vernünftig“ (*rational*), wie „Gerechtigkeitssinn“ (*sense of justice*) oder wie „Autonomie“ im *Politischen Liberalismus* keine von der *Theorie* grundlegend abweichende Interpretation erhalten. Sie werden daher an verschiedenen Stellen mitlaufend behandelt.

1.9 Erste Rückfragen

Einige Bedenken oder Einwände sind schon im Verlauf der vorangegangenen Darstellung genannt worden, etwa dass der elementare Gegenstand einer Gerechtigkeitstheorie eher in transzendental zu verstehenden gesellschaftlichen Bedingungen der Möglichkeit von Handlungsfähigkeit als in gesellschaftlichen Grundgütern bestehen sollte. Hier werden einige der wichtigeren Einwände wiederholt und weitere hinzugesetzt.

Schon im ersten Hauptwerk und noch nachdrücklicher im *Politischen Liberalismus* sucht Rawls – abgesehen von der für die Anglophonie bahnbrechenden Abkehr vom Utilitarismus – weder in inhaltlicher noch in methodischer Hinsicht etwas grundsätzlich Neues. Überzeugt, dass in den konstitutionellen Demokratien eine im Wesentlichen gerechte und vernünftige Grundordnung menschlichen Zusammenlebens erreicht ist, versucht er, ihre Grundvoraussetzungen und -elemente in einer kohärenten Theorie darzustellen. Und das, darf man sagen, gelingt ihm auf eine weitgehend überzeugende Weise:

Mit dem vom ersten Hauptwerk übernommenen Gedanken der Gerechtigkeit als Fairness kommt Rawls den Gerechtigkeitsgrundsätzen nahe, die einer liberalen rechts- und sozialstaatlichen Demokratie tatsächlich zugrunde liegen. Daher, *erste* Rückfrage, erscheint Rawls im *Politischen Liberalismus* als zu bescheiden, wenn er seine Gerechtigkeitskonzeption nur zu einem Mitglied der größeren Familie vernünftiger Gerechtigkeitskonzeptionen herabstuft? Wäre dafür nicht ein universalitischer Anspruch, verbunden mit einem ausdrücklichen Recht auf Differenz, sachgerechter?

Auch mit dem neuen Gedanken des vernünftigen Pluralismus und den seinetwegen notwendigen Ideen eines übergreifenden Konsenses und einer öffentlichen Vernunft kommt er der bewusst etwas idealisierten Wirklichkeit der westlichen Demokratien vermutlich näher als alternative Theorien. Auch hier ohne ein Interesse an rhetorischer Brillanz, nur vom Willen nach Klarheit und Überzeugungskraft geprägt, unternimmt Rawls auf eine argumentativ vorbildlich sorgfältige Weise letztlich eine „Hermeneutik der konstitutionellen Demokratie". Gleichwohl drängen sich weitere Rückfragen auf:

Rawls' Theorie der Gerechtigkeit ist *zweitens* stark von Kant beeinflusst. Wie der Interpret aber schon damals bemerkte (vgl. Höffe 1984), las Rawls von Kant vor allem die *Grundlegung zur Metaphysik der Sitten*, dann auch die *Kritik der praktischen Vernunft*. Für eine Theorie der institutionellen, näherhin politischen Gerechtigkeit wäre aber als Zusatzlektüre der erste Teil der *Metaphysik der Sitten*, also die „Metaphysischen Anfangsgründe der Rechtslehre", und Kants politische Schriften, insbesondere der Essay *Zum ewigen Frieden*, unverzichtbar gewesen. Vermutlich hätte unser Autor dann zumindest eines der Dinge vermieden, das er jetzt seiner früheren *Theorie* vorwirft: eine zu stark von der Moralphilosophie geprägte und nicht auf eine genuin politische Philosophie eingeschränkte Theorie. Hätte Rawls Kants Gerechtigkeitsprinzip aus § B der *Rechtslehre* aufgenommen, mithin wie oben gesagt einen kategorischen Rechtsimperativ entwickelt, so hätte der neue Grundgedanke schon ins erste Hauptwerk eingehen können.

Selbst das neue Werk, der *Politische Liberalismus*, bleibt, *drittens*, bei der oben genannten Verkürzung: dass eine klassische Aufgabe der neuzeitlichen Philosophie des Politischen fehlt, die Legitimation einer Herrschaft von Menschen über Menschen.

Viertens enthält der Begriff des Vernünftigen eine methodische Unklarheit. Rawls erläutert den für ihn zentralen Begriff empirisch als „das natürliche Ergebnis des Gebrauchs der menschlichen Vernunft innerhalb des Rahmens der freien Institutionen einer konstitutionellen Demokratie" (PL, 13/xvi), ein Ergebnis, das zwar eine Pluralität einander ausschließender umfassender Lehren, aber auch eine Pluralität „vernünftiger" Lehren einschließt. Andererseits beruft er sich, jetzt normativ, auf „Grundsätze der praktischen Vernunft" – besser wäre einschränkend zu sagen: der rechtlich-praktischen Vernunft – und auf die „mit ihnen verbundenen Konzeptionen der Person und der Gesellschaft" (PL, 17/xx). Diese Berufung enthält meines Erachtens ein Argument gegen religiöse Ansichten, was denn doch für die Säkularisierungsthese des Liberalismus spräche.

Fünftens ist zu fragen, wie überzeugend der Verzicht auf jede philosophische Lehre ist. Richtig ist, dass ein Gemeinwesen schwerlich eine gewisse Philosophie, beispielsweise die von Kant, verbindlich machen kann. Denn über die Philosophie entscheiden Philosophen, über die Politik dagegen die Bürger und ihre Repräsentanten. Woher aber kommen Rawls' Prämissen, namentlich die der Freiheit und Gleichheit? Von der *Theorie* über den *Politischen Liberalismus* bis zum

Neuentwurf sind sie Vorgaben, Präjudizien, deren Rechtfertigung oder, bescheidener, deren Plausibilisierung philosophische Überlegungen erfordern. Insofern befindet man sich in einem Dilemma: In gewissen Gemeinwesen findet man die Anerkennung der genannten Präjudizien glücklicherweise vor. Aber wie verhält man sich dort, wo dieses Glück nicht gegeben ist? Und: Wie dort, wo das Glück nicht einmal als Glück, mithin als wünschenswert angesehen wird?

Man muss es prinzipiell formulieren: Darf sich eine gründliche politische Philosophie damit begnügen, die vermutlich fortgeschrittenste Gestalt von Gemeinwesen, die konstitutionelle Demokratie, über sich aufzuklären? Müsste sie sich nicht dem Anspruch klassischer Autoren der politischen Philosophie der Neuzeit, von Hobbes über Locke bis Kant, eventuell auch Hegel, stellen und die konstitutionelle Demokratie als solche rechtfertigen, statt sie als gerechtfertigt vorauszusetzen und nur ihr Selbstverständnis, gewissermaßen eine vorfindliche Grund- und Hintergrundsüberzeugung, zu konstruieren oder zu rekonstruieren? Zugespitzt: Opfert Rawls' politische Philosophie dem politischen das philosophische Interesse?

Sechstens erklärt Rawls zu den unvernünftigen, irrationalen oder irrsinnigen Lehren, sie seien um der Einheit und Gerechtigkeit der Gesellschaft willen zu unterdrücken bzw. „einzudämmen" („contain": PL, 13/xvi). Schon im ersten Hauptwerk steht die für eine Rechtsordnung charakteristische, überdies unverzichtbare Zwangsbefugnis im Hintergrund. Im *Politischen Liberalismus* wird sie ebensowenig zu einem größeren Thema. Spätestens die Notwendigkeit des Eindämmens macht aber das Thema unaufschiebbar, wobei sich drei Fragen stellen: Mit welchem Recht darf man eindämmen? Sind schon die Lehren selber oder erst die gegebenenfalls daraus folgenden Handlungen einzudämmen? Ferner: In welcher Form und mit welchen Mitteln soll das Eindämmen geschehen?

Diese Fragen waren beispielsweise in Deutschland in der Zeit der Roten Armee Fraktion (RAF) politisch aktuell. Abgesehen davon, dass die Gewalttaten der RAF hochkriminell waren und daher den kompromisslosen Widerstand des Rechtsstaates auf den Plan riefen, wurde um die Frage gestritten, ob es zulässig war, für die RAF Sympathien zu äußern. Namentlich von Beamten und öffentlichen Angestellten erwartete man ein Bekenntnis zur freiheitlich-demokratischen Grundordnung des deutschen Gemeinwesens, zumindest aber, dass sie diese Grundordnung nicht durch seine Äußerungen infrage stellten. War das in Rawls' Sinn ein Eindämmen, also legitim trotz der Gegenstimmen, die vor allem bei Intellektuellen, die sich als kritisch apostrophierten, laut wurden?

Literatur

Aristoteles: Nikomachische Ethik, übers. u. hrsg. v. U. Wolf, Reinbek 2006; griech. Ethica Nicomachea, hrsg. v. I. Bywater, Oxford 1894.
Böckenförde, E.-W. 1991: Recht, Staat, Freiheit, Frankfurt/M.
Freeman, S. (Hrsg.) 1998: The Cambridge Companion to Rawls, Cambridge/Mass.
Habermas, J. 1997: Versöhnung durch öffentlichen Vernunftgebrauch, in: Philosophische Gesellschaft Bad Homburg/W. Hinsch (Hrsg.): Zur Idee des politischen Liberalismus, Frankfurt/M., 169–195.
Höffe, O. 1984: Ist Rawls' Theorie der Gerechtigkeit eine kantische Theorie?, in: Ratio 26, 88–104.
Höffe, O. [3]1995: Kategorische Rechtsprinzipien. Ein Kontrapunkt der Moderne, Frankfurt/M.
Höffe, O. [2]2002: Demokratie im Zeitalter der Globalisierung, München.
Höffe, O. 2012: Kants Kritik der praktischen Vernunft. Eine Philosophie der Freiheit, München.
Höffe, O. (Hrsg.) [3]2013: John Rawls. Eine Theorie der Gerechtigkeit, Berlin (Klassiker Auslegen, Bd. 15).
Kersting, W. 2006: Gerechtigkeit und öffentliche Vernunft. Über John Rawls' politischen Liberalismus, Paderborn.

Wilfried Hinsch

2 Gerechtigkeit, Stabilität und Legitimität (Die beiden Einleitungen)[1]

In beiden Einleitungen erläutert Rawls, welche Gründe ihn zur Entwicklung seiner Auffassung des politischen Liberalismus geführt haben. Es gibt zwei Einleitungen, weil Rawls nach dem Erscheinen von *Politischer Liberalismus* (1993) feststellte, nach wie vor in grundlegenden Punkten seiner Theorieentwicklung missverstanden worden zu sein. Die zweite Einleitung soll verbreitete Missverständnisse ausräumen und pointiert noch einmal die Frage beantworten, welches Problem der Gerechtigkeitstheorie durch den politischen Liberalismus gelöst wird. Auch in ihr gelingt dies Rawls jedoch nur zum Teil. Die Einleitung von 1995 ist instruktiv; sie lässt jedoch wiederum Fragen offen und es wird nach wie vor kontrovers diskutiert, in welcher Beziehung die Rawls'sche Gerechtigkeitstheorie und seine Theorie des politischen Liberalismus zueinander stehen (vgl. Dreben 2003, Freeman 2007, Larmore 2008 u. Weithman 2010).

2.1 Die Wendung ins Politische

Ende der 1970er Jahre veränderte sich Rawls' Verständnis der *Gerechtigkeit als Fairneß*, wie wir es aus *Eine Theorie der Gerechtigkeit* (1971) kennen und nahm eine dezidiert politische Wendung, für die die Idee eines übergreifenden Konsenses (*overlapping consensus*) und die Unterscheidung zwischen politischen Konzeptionen (*political conceptions*) und umfassenden Lehren (*comprehensive doctrines*) grundlegend war (Rawls 1985).

Die Grundsätze der *Gerechtigkeit als Fairneß* forderten eine freiheitliche demokratische Gesellschaft und führten, so Rawls ab Mitte der 1980er Jahre, bei garantierter Religions-, Gewissens- und Meinungsfreiheit zu einem Pluralismus religiöser und nicht-religiöser Lehren mit einem alle Lebensbereiche umfassenden Anspruch. Die auf einen begründeten gesellschaftlichen Konsens angelegte Konzeption der *Gerechtigkeit als Fairneß* könne aufgrund dieses Pluralismus nicht länger als Teil einer alle Lebensbereiche umfassenden liberalen Lehre verstanden werden, ohne in einen Gegensatz zu den in einer freiheitlichen Gesellschaft exis-

1 Ich danke Dorothea Schulz für klärende Gespräche über religiösen Pluralismus und die Möglichkeit eines „übergreifenden Konsenses". Charles Larmore verdanke ich zwei wichtige Hinweise zur Verbesserung des Textes.

tierenden nicht-liberalen und religiösen Lehren zu geraten. Stattdessen müsse sie als eine freistehende (*freestanding*) politische Gerechtigkeitskonzeption angesehen werden, die sich auf den Bereich des Politischen (*domain of the political*) beschränke und deshalb auf einen übergreifenden Konsens umfassender Lehren hoffe dürfe. Das Politische umfasst nur einen Teil des menschlichen Lebens und im Prinzip können verschiedene umfassende Lehren in diesem Bereich übereinstimmen, obwohl sie einander in anderen Bereichen widersprechen.

Wie kann die Beschränkung auf den Bereich des Politischen dazu beitragen, die Möglichkeit eines übergreifenden Konsenses ansonsten auch in grundlegenden Fragen konträrer umfassender Lehren zu erklären? Die Unterscheidung zwischen politischen Gerechtigkeitskonzeptionen und umfassenden Lehren ist in der *Theorie* noch unbekannt. Rückblickend konstatiert Rawls jedoch, dass *Gerechtigkeit als Fairneß* in der *Theorie* als eine (zumindest teilweise) umfassende Lehre respektive als Teil der umfassenden Lehre des *Rechten als Fairneß* vorgestellt werde. Eben dies habe zu den Problemen geführt, deren Lösung im politischen Liberalismus liege (PL, 38 f./xl f.). Tatsächlich unterscheiden sich die *Theorie* und *Politischer Liberalismus* hinsichtlich des Geltungsbereichs der Konzeption der *Gerechtigkeit als Fairneß* jedoch gar nicht. In beiden Büchern wird diese als eine Konzeption vorgestellt, deren Grundsätze auf die institutionelle Grundstruktur einer konstitutionellen Demokratie und nur auf diese Anwendung finden. In *Politischer Liberalismus* wird der Bereich des Politischen zwar zusätzlich als ein Bereich charakterisiert, in dem freie und gleiche Bürger kollektiv staatliche Zwangsgewalt übereinander ausüben (PL, IV.1), auch dies erklärt jedoch nicht, warum gerade hier ein übergreifender Konsens möglich sein sollte. Rawls beschreibt die Grundstruktur als ein System institutioneller Arrangements, das einen tiefgreifenden (*profound*) und allgegenwärtigen (*pervasive*) Einfluss auf das Leben aller Mitglieder einer Gesellschaft hat (TJ, § 3), und vor diesem Hintergrund ist nicht ohne Weiteres zu sehen, wie sich Grundsätze für die Grundstruktur im Rückgriff auf normative Überzeugungen und Wertvorstellungen finden lassen, die nicht ebenfalls alle menschlichen Lebensbereiche betreffen und insofern den Charakter von umfassenden Lehren haben.

Rawls' Wendung ins Politische ist auf heftige Kritik gestoßen. Es sei nicht die Aufgabe der Philosophie, sondern der Politik, den kleinsten gemeinsamen Nenner für das gedeihliche Zusammenleben in einer liberalen Demokratie zu finden. In der Philosophie ginge es um wahre Erkenntnis und moralische Prinzipien, nicht um Konsensfindung oder Kompromissformeln. Die Rawls'sche Theorie sei auf die falsche Weise politisch geworden (vgl. stellvertretend Raz 1990). Andere begrüßten den politischen Liberalismus als Konsequenz der Einsicht in die Unmöglichkeit universalistischer Normbegründungen. Die *Theorie* sei der vergebliche Versuch gewesen, allgemeingültige Gerechtigkeitsforderungen aus einem metaphysischen Begriff der Person herzuleiten. Der politische Liberalismus dagegen bescheide sich mit einer Begründung im Rückgriff auf gewisse für konstitutionelle Demokratien charakteristische „intuitive Ideen" (*fundamental intuitive ideas*). Er setze beim faktischen Selbstverständnis der Bürger liberaler Staaten an, mit der Folge, dass seine Grundsätze nurmehr für diese Bürger und Staaten Gültigkeit beanspruchen könnten und nicht länger für alle Gesellschaften.

Beide Sichtweisen entsprechen offenkundig nicht dem Rawls'schen Selbstverständnis. Rawls betrachtet eine politische Gerechtigkeitskonzeption nicht als das Ergebnis einer Suche nach Übereinstimmungen zwischen gesellschaftlich einflussreichen umfassenden Lehren und Weltanschauungen. Der übergreifende Konsens des politischen Liberalismus ist kein empirisch ermittelter faktischer, sondern ein auf vernünftige Überlegungen gestützter, jederzeit anzustrebender Konsens. Und die ihm zugrunde liegende politische Gerechtigkeitskonzeption ist unangesehen ihres politischen Charakters eine moralische Konzeption und beruht als solche auf Wertvorstellungen wie dem Ideal fairer Gegenseitigkeit, die um ihrer selbst willen Anerkennung verdienen und nicht lediglich aus politischen Opportunitätserwägungen. Auch die Vorstellung, Rawls habe auf dem Wege zum politischen Liberalismus die universalistischen Ambitionen aus der *Theorie* aufgegeben, ist nur schwer nachzuvollziehen. Tatsächlich tritt Rawls uns in *Politischer Liberalismus* bescheidener entgegen als in seinem ersten Hauptwerk. Er rechnet jetzt in zwei Bereichen mit begründeten Meinungsverschiedenheiten: in dem der politischen Gerechtigkeitskonzeptionen und in dem der umfassenden Lehren. Nach wie vor betrachtet er *Gerechtigkeit als Fairneß* jedoch als die beste liberale Gerechtigkeitskonzeption. Er gesteht allerdings zu, dass sie nur eine unter mehreren liberalen Konzeptionen ist, die rational vertretbar sind und geeignet, eine dauerhaft gerechte Ordnung zu etablieren (PL, 46/xlvi). Auch wird *Gerechtigkeit als Fairneß* im politischen Liberalismus nicht mehr als Teil *einer* umfassenden Lehre des moralisch Rechten angesehen (PL, 38/xl). Vielmehr wird die Existenz eines vernünftigen Pluralismus (*reasonable pluralism*) teilweise konträrer umfassender Lehren angenommen, von denen einige liberale und einige nicht-liberale, einige religiöse und einige nicht-religiöse Lehren sind. Weder der Pluralismus rational akzeptabler Gerechtigkeitskonzeptionen noch der Pluralismus vernünftiger umfassender Lehren bringen allerdings gegenüber der *Theorie* eine Einschränkung (vermeintlicher oder tatsächlicher) universalistischer Geltungsansprüche mit sich. Divergierende universalistische Konzeptionen und Lehren können miteinander konkurrieren, ohne dass allgemein verbindlich zu entscheiden wäre, welche den Vorzug verdient. Im Gegenteil scheint es eher so zu sein, dass sich im Lichte des politischen Liberalismus die universalistischen Tendenzen des Rawls'schen Gerechtigkeitsverständnisses verstärken.

Erinnern wir uns zunächst, dass Rawls seine Theorie als eine Analyse unseres Gerechtigkeitssinns betrachtet (TJ, § 9). Das ist wohl so zu verstehen, dass es sich um den Gerechtigkeitssinn der Mitglieder liberaler und demokratischer Gesellschaften handelt. Ob diese Analyse zu Grundsätzen führt, die für alle Menschen in allen Kulturen rational akzeptabel sind, blieb in der *Theorie* offen und wurde von Anfang an gelegentlich bezweifelt. Die Gründe dagegen, die in *Politischer Liberalismus* zur Erklärung der Möglichkeit eines übergreifenden Konsenses *vernünftiger* umfassender Lehren genannt werden – die Bürden des Urteilens (*burdens of judgment*) und die Reziprozitätsbedingung (*criterion of reciprocity*) – , sind dagegen nicht nur für liberale Demokratien relevant, sondern für alle Formen menschlichen Zusammenlebens in gegenseitiger Achtung.

Vernünftige umfassende Lehren zeichnen sich nach Rawls durch ein Mindestmaß an interner Konsistenz sowie durch ihre Vereinbarkeit mit unkontroversen Tatsachen aus. Ihre Vertreter sind darüber hinaus bereit, die Bürden des Urteilens und die Reziprozitätsbedingung für die Etablierung allgemeinverbindlicher Normen anzuerkennen. Weiter betrachtet Rawls jede Gerechtigkeitskonzeption, welche die Bürden des Urteilens anerkennt und die Reziprozitätsbedingung erfüllt, als einen plausiblen Kandidaten für die Liste liberaler Konzeptionen, zu denen auch die Konzeption der *Gerechtigkeit als Fairneß* gehört (PL, 38/xlvii). Es sind diese beiden Bedingungen, die einen übergreifenden Konsens vernünftiger umfassender Lehren über eine liberale Gerechtigkeitskonzeption erklären sollen.

Die von Rawls so genannten Bürden des Urteilens beschreiben allgemeine Gründe dafür, warum sich nicht alle Meinungsverschiedenheiten durch rationales und unparteiisches Argumentieren auflösen lassen. Dazu gehören die unscharfen Grenzen des korrekten Gebrauchs von Begriffen, die Unsicherheit und Fallibilität empirischer Befunde und der häufig bestehende Spielraum für divergierende Gewichtungen von Werten und Zielvorstellungen (vgl. PL, II.2). Die Vorstellung, es gäbe auf alle Fragen des guten und richtigen Lebens im Rahmen politischer Konzeptionen oder umfassender Lehren nur eine vernünftige Antwort, erscheint mit Blick auf diese Bürden mindestens impraktikabel, wenn nicht abwegig. Selbst wenn alle Fragen nur eine richtige Antwort hätten, wäre der Anspruch, sie gefunden zu haben, jedenfalls nicht rational zu rechtfertigen.

Auch der universalistische Charakter der Reziprozitätsbedingung, die ein Ideal fairer Gegenseitigkeit zum Ausdruck bringt, lässt sich kaum bestreiten. Vernünftige Bürger im Rawls'schen Sinne sind bestrebt, anderen faire Bedingungen des Miteinanders anzubieten, das heißt Bedingungen, die andere ohne Manipulation oder sozialen Druck im Lichte ihrer eigenen Wertvorstellungen und Interessen aufgrund vernünftiger Überlegungen annehmen könnten (PL, 41/xliv). Gerechtigkeitsgrundsätze, so die zugrundeliegende Vorstellung, dürfen keine bloßen Zwangsnormen sein. Es müssen Grundsätze sein, die möglichst von allen, für die sie Gültigkeit beanspruchen, im Lichte vernünftiger Überzeugungen und Interessen anerkannt werden können. Und eben dies ist eine dem Anspruch nach universalistische und im Übrigen weithin geteilte und keinesfalls auf liberale Demokratien beschränkte Vorstellung.

2.2 Worum geht's?

Eine Schwierigkeit bei der Beantwortung dieser Frage liegt darin, dass Rawls in beiden Einleitungen zwei Antworten auf sie gibt, eine direkte inhaltliche und eine andere, die sich auf interne Probleme seiner Gerechtigkeitstheorie bezieht. Die inhaltliche Antwort lautet, dass der politische Liberalismus erklären soll, wie Menschen, deren Wertvorstellungen und Lebensauffassungen einander auch in grundlegenden Punkten widersprechen, (dauerhaft) auf der Basis eines gemeinsamen Gerechtigkeitsverständnisses in einer liberalen Demokratie zusammenleben können (PL, 35 f./xxxvii f.). Und dazu müsse (in den zugespitzten Formulierungen der zweiten Einleitung) erklärt werden, wie Bürger liberaler Demokratien, die nicht-liberale religiöse Lehren bejahen (*citizens of faith*), in Form eines übergreifenden Konsenses trotzdem eine liberale politische Gerechtigkeitskonzeption als Grundlage einer gerechten demokratischen Ordnung bejahen können (PL, 36/xxxviii). Die auf interne Schwierigkeiten der Rawls'schen Theorie bezogene Antwort lautet, dass der politische Liberalismus eine Inkonsistenz innerhalb der Konzeption der *Gerechtigkeit als Fairneß* beseitige (PL, 11 ff./xv ff.). Die im dritten Teil der *Theorie* genannten Bedingungen für die Stabilität einer durch die Grundsätze der *Gerechtigkeit als Fairneß* regulierten Gesellschaft seien unter den Voraussetzungen eben dieser Konzeption nicht erfüllt. Das Stabilitätsargument des dritten Teils passe deshalb nicht zur Konzeption als Ganzer und müsse reformuliert werden (ebd., sowie 38 f./xl f.).

Beide Antworten betreffen die Stabilität einer gerechten Gesellschaft. Sie stehen auch nicht in Konkurrenz miteinander. In welcher Beziehung sie zueinander stehen, ist jedoch klärungsbedürftig. Ohne einen Konsens über eine liberale Gerechtigkeitskonzeption wie die der *Gerechtigkeit als Fairneß* gäbe es tatsächlich ein Stabilitätsproblem für eine von liberalen Grundsätzen regulierte Gesellschaft. In dem Maße, in dem die Anhänger religiöser und nicht-liberaler umfassender Lehren ein liberales Gerechtigkeitsverständnis ablehnen, wird es ihnen natürlicherweise an Motivation fehlen, liberalen Grundsätzen zu folgen und auf sie gegründete Institutionen zu unterstützen. Für diese Einsicht braucht man allerdings keinen politischen Liberalismus und Rawls hat offenbar etwas anderes im Sinn. Das Stabilitätsargument im dritten Teil der *Theorie* setzt ja bereits voraus, dass die Grundsätze der Gerechtigkeit als Fairness allgemein anerkannt werden

(TJ, § 69). Und wenn dieser Konsens in einer freiheitlich pluralistischen Gesellschaft ein übergreifender Konsens teilweise konträrer umfassender Lehren sein muss, dann setzt es eben einen solchen übergreifenden Konsens voraus. Was ein übergreifender Konsens unter dieser Voraussetzung – es besteht bereits Einigkeit über die Grundsätze einer liberalen Gerechtigkeitskonzeption – darüber hinaus für die Stabilität der Gerechtigkeit austrägt, bleibt erklärungsbedürftig. Darüber hinaus müssen wir auch berücksichtigen, dass in *Politischer Liberalismus* mit der Legitimitätsproblematik ein Thema aufgenommen wird, das die *Theorie* allenfalls am Rande berührt, das aber für den politischen Liberalismus von zentraler Bedeutung ist und dessen Beziehung zum Stabilitätsproblem ebenfalls geklärt werden muss.

2.3 Die Konsenshypothese

Der erste Teil der zweiteiligen Rawls'schen Argumentation in der *Theorie* besteht in der Herleitung der beiden Grundsätze sozialer Gerechtigkeit mithilfe des Urzustands (*original position*), in der diese Grundsätze hinter einem Schleier der Unwissenheit (*veil of ignorance*) gewählt werden. Rawls betrachtet das Gedankenexperiment des Urzustandes als ein analytisches Hilfsmittel, um eine *Konsenshypothese* zu formulieren (vgl. Hinsch 2002, 61–63). Dieser zufolge sind die vernünftigsten Grundsätze eben diejenigen, die Bürger unter den fairen Bedingungen des Urzustands hinter dem Schleier der Unwissenheit unangesehen der zwischen ihnen bestehenden religiösen, philosophischen und moralischen Differenzen für sich selbst wählen würden und die sich deshalb in einer pluralistischen Gesellschaft auf einen übergreifenden Konsens stützen können. Nach Rawls würden im Urzustand zwei liberale und egalitäre Grundsätze gewählt, die für alle Bürger gleiche Grundfreiheiten sowie faire Chancengleichheit fordern und die darüber hinaus für die am wenigsten begünstigten Gesellschaftsmitglieder ein durch das Differenzprinzip bestimmtes Minimum an materiellen Gütern vorsehen.

Der von Rawls angestrebte übergreifende Konsens besteht nicht in einer bloß faktischen Übereinstimmung der Gerechtigkeitsvorstellungen von Bürgern. Es handelt sich um einen auf vernünftigen Einsichten beruhenden Konsens. Und der vorausgesetzte Pluralismus besteht nicht in irgendeiner beliebigen Vielfalt philosophischer, moralischer und religiöser Überzeugungen und Weltanschauungen, sondern in einer Pluralität von Lehren, die zumindest minimale Standards der Rationalität und Vernünftigkeit erfüllen. Nicht alle in einer freiheitlichen Gesellschaft vertretenen Lehren und Weltanschauungen bieten eine Grundlage, um mithilfe des Urzustands hergeleitete Grundsätze infrage zu stellen. Manche Wertvorstellungen und Lebensauffassungen sind intern widersprüchlich oder beruhen auf Annahmen, die allgemein anerkannten Tatsachen widersprechen. Manche mögen sich auch als bloßer Ausdruck partikularer Interessenlagen erweisen, sodass es ihnen an der nötigen Unparteilichkeit fehlt. Die Verbindlichkeit von Gerechtigkeitsgrundsätzen darf nicht davon abhängen, dass auch die Vertreter irrationaler Wert- und Normvorstellungen oder reiner Ideologien ihnen zustimmen. Einwände dagegen, die sich auf der Grundlage vernünftiger umfassender Lehren ergeben, sind *prima vista* begründete Einwände und müssen als solche anerkannt und berücksichtigt werden.

Die Rolle des Urzustands innerhalb der Rawls'schen Gerechtigkeitstheorie besteht darin, der Herleitung der beiden Gerechtigkeitsgrundsätze zumindest annäherungsweise die Form eines deduktiven Schlusses zu geben (vgl. TJ, 104 f.). Wer die Konstruktionselemente des Urzustands akzeptiert (vor allem den Begriff der moralischen Person und den Schleier der Unwissenheit), muss – so die Idee – konsequenterweise auch die beiden Grundsätze akzeptieren. Und dies entspricht einem klassischen und nach wie vor weitverbreiteten Verständnis von normativer Begründung: Eine normative Forderung zu begründen heißt, sie als logische Konklusion aus einer Menge von als wahr anerkannten Prämissen herzuleiten.

Wir können offenlassen, ob es Rawls gelungen ist, eine solche Begründung zu liefern. Selbst wenn die Prämissen der Herleitung gute Gründe für die Wahl der Rawls'schen Grundsätze wären, wäre die Herleitung kein Beweis, sondern lediglich eine Stützung der Hypothese, dass die Grundsätze in einer Gesellschaft, deren Mitglieder diese Prämissen akzeptieren, konsensfähig sind. Zum einen treffen die Parteien im Urzustand ihre Entscheidung aufgrund einer gegebenen und möglicherweise unvollständigen Liste von Grundsätzen. Zum anderen bringt es die Anfechtbarkeit (*defeasibility*) praktischer Argumente mit sich, dass prinzipiell nicht ausgeschlossen werden kann, dass eine durch Prämissen gestützte normative Konklusion durch andere als die in den Prämissen bereits berücksichtigten Erwägungen infrage gestellt wird, und zwar auch dann, wenn die Akzeptabilität und Relevanz der Prämissen selbst unstrittig ist. Je nachdem, welche Gesichtspunkte wir berücksichtigen, und je nachdem, wie wir sie gewichten, können sich *alles in allem* divergierende Beurteilungen und Bewertungen ergeben. Praktische Argumente sind deshalb, anders als deduktive Schlüsse, auch dann durch bislang nicht berücksichtigte Gesichtspunkte anfechtbar, wenn sie auf unstrittigen und für ihre Konklusion relevanten Prämissen beruhen.

Nun betrachtet Rawls *Gerechtigkeit als Fairneß* als eine freistehende politische Konzeption, die ihre Rechtfertigung in sich selbst trägt und zu deren Begründung wir auf keine kontroversen philosophischen oder religiösen Lehren zurückzugreifen müssen. Dadurch wäre aber lediglich sichergestellt, dass die

Rawls'schen Grundsätze von allgemein zustimmungsfähigen Gründen gestützt werden. Es wäre nicht ausgeschlossen – und es kann nicht ausgeschlossen werden –, dass sich aus der Perspektive kontroverser, aber gleichwohl vernünftiger umfassender Lehren entscheidende Einwände gegen die Grundsätze der *Gerechtigkeit als Fairneß* formulieren lassen, in welchem Fall über sie kein übergreifender Konsens bestünde.

2.4 Gerechtigkeit & Stabilität

Im zweiten Teil der Argumentation für seine Gerechtigkeitskonzeption nimmt Rawls mit der Stabilität der Gerechtigkeit einen Gesichtspunkt auf, der im ersten Teil nicht berücksichtigt wurde: Eine Gerechtigkeitskonzeption muss so beschaffen sein, dass eine auf ihr beruhende gesellschaftliche Grundstruktur dauerhaft die Bereitschaft aller Beteiligten fördert, gerecht zu handeln und gerechte Institutionen zu unterstützen. Es wäre sinnlos, eine Gerechtigkeitskonzeption praktisch umsetzen zu wollen, die auch unter den günstigen Umständen einer durch sie selbst regulierten Grundstruktur nicht zu ihrer eigenen Unterstützung motiviert. Stabilität ist aber nicht lediglich eine Frage der Vermeidung unnützer Anstrengungen. Gerechtigkeit bedeutet auch, gleiche Fälle gleich zu behandeln und die legitimen Erwartungen von Personen zu erfüllen. Und beides wäre über die Zeit hinweg nicht möglich, wenn nicht dauerhaft dieselben Grundsätze und Kriterien anerkannt und zur Anwendung gebracht würden. Stabilität ist hier nicht soziale oder politische Stabilität im üblichen Sinne, sondern „Stabilität der Gerechtigkeit". Diese besteht darin, dass die Einrichtungen einer institutionellen Ordnung, die von bestimmten Gerechtigkeitsgrundsätzen reguliert werden, unangesehen aller Wandlungen, denen sie ansonsten unterworfen sind, dauerhaft den Anforderungen dieser Grundsätze genügen (vgl. Hinsch [3]2013).

Ein notorischer Grund für Ungerechtigkeiten liegt darin, dass Menschen nicht selten stärker motiviert sind, ihren persönlichen Interessen zu folgen als den Forderungen der Gerechtigkeit nachzukommen. Ein probates Mittel zur Stabilisierung gerechter Kooperation liegt in Zwangsmaßnahmen und Sanktionen, die ungerechtes Handeln auch für ausschließlich vom Eigeninteresse geleitete Akteure unvorteilhaft erscheinen lassen. Rawls geht es jedoch um etwas anderes, das er als „Stabilität aus den richtigen Gründen" bezeichnet (PL, 38/xl). Zwangsmaßnahmen und Sanktionen bergen als Mittel der Stabilisierung sozialer Kooperation die Gefahr in sich, dass Bürger ohne ihre Zustimmung dahin gelenkt werden, Regeln zu befolgen und Dinge zu tun, die sie aus moralischen oder religiösen Gründen ablehnen. Dies muss aus der Perspektive einer Gerechtigkeitskonzeption problematisch erscheinen, für die individuelle Autonomie und freiwillige

Kooperation wichtige Werte sind. „Stabilität aus den richtigen Gründen“ bedeutet demgegenüber, dass Bürger bereit sind, den Grundsätzen gerechter sozialer Kooperation zu folgen und gerechte institutionelle Arrangements zu unterstützen, weil sie unabhängig von Opportunitätserwägungen aufgrund der von ihnen bejahten Gerechtigkeitskonzeption glauben, dass dies gut und richtig sei (PL, 38/xl)

In der *Theorie der Gerechtigkeit* wurde die Stabilität der Gerechtigkeit als ein Problem der rationalen individuellen Motivation zum gerechten Handeln und zur Unterstützung gerechter Institutionen behandelt. Das Stabilitätsargument im dritten Teil der *Theorie* sollte zeigen, dass – unter den idealisierten Bedingungen einer wohlgeordneten Gesellschaft – kein Gegensatz zwischen wohlverstandenen persönlichen Interessen und den Forderungen der Gerechtigkeit besteht. Die Moralpsychologie des achten Kapitels ergab, dass Menschen in einer von den Grundsätzen der *Gerechtigkeit als Fairneß* geleiteten Gesellschaft einen Gerechtigkeitssinn entwickeln werden, der sie gerecht handeln lässt, auch wenn dies mit gelegentlichen Nachteilen für sie selbst verbunden ist (vgl. Scarano [3]2013). Das Kongruenz-Argument im neunten Kapitel legt dar, warum in einer durch *Gerechtigkeit als Fairneß* wohlgeordneten Gesellschaft kein Gegensatz zwischen Gerechtigkeit und wohlverstandenem Eigeninteresse besteht. Es besteht aus vier Teilargumenten, die zeigen sollen, dass eine Person, die ihr Handeln an den Grundsätzen der *Gerechtigkeit als Fairneß* ausrichtet, damit zugleich ihrem Interesse an der Verwirklichung des für sie Guten folgt (vgl. zum Folgenden ausführlicher Hinsch [3]2013).

Alle vier Teilargumente setzen die theoretische Idealisierung einer wohlgeordneten Gesellschaft (*well-ordered society*) voraus. Es wird (kontrafaktisch) angenommen, dass wir es mit einer Gesellschaft zu tun haben, deren Institutionen durchgehend den Grundsätzen der *Gerechtigkeit als Fairneß* entsprechen und deren Mitglieder diese Grundsätze nicht nur anerkennen, sondern normalerweise auch ihnen gemäß handeln. Eine Gerechtigkeitskonzeption, die selbst unter diesen (idealen) Bedingungen einer wohlgeordneten Gesellschaft Menschen nicht dauerhaft dazu zu motivieren vermag, ihren eigenen Grundsätzen zu folgen, so die intuitive Leitidee, bietet keine tragfähige Grundlage sozialer Kooperation und muss aus diesem Grund verworfen werden.

(1) *Autonomie.* Ausgehend von der kantischen Interpretation der *Gerechtigkeit als Fairneß* (TJ, § 40) nimmt Rawls an, dass sich die Mitglieder einer durch deren Grundsätze wohlgeordneten Gesellschaft als freie und gleiche moralische Personen verstehen und den Wunsch haben, dieses Selbstverständnis in ihrem Handeln zum Ausdruck zu bringen. Nun sind die Grundsätze der *Gerechtigkeit als Fairneß* nach Rawls solche, die freie und gleiche Personen unter fairen Bedingungen selbst für ihre Gesellschaft wählen würden. Gerechtes Handeln ist deshalb für sie selbstbestimmtes oder autonomes Handeln und hat als solches

nicht lediglich einen instrumentellen, sondern auch einen intrinsischen Wert: Es bringt zum Ausdruck, was sie als freie und gleiche Personen aus vernünftigen Erwägungen und nicht aufgrund einer ihnen vorgegebenen Ordnung von Werten oder unter dem Druck sozialer Machtverhältnisse für gut und richtig halten.

(2) *Selbstverwirklichung*. Die Mitglieder einer wohlgeordneten Gesellschaft haben ein Interesse daran, in einer sozialen Ordnung zu leben, in der sie ihre Anlagen und Fähigkeiten zum individuellen und sozialen Handeln zusammen mit anderen entwickeln und ausüben können. Konkreter nimmt Rawls, einem Aristotelischen Gedanken folgend, an, dass Menschen sich an der Entwicklung und Ausübung ihrer Anlagen und Fähigkeiten erfreuen, und zwar in steigendem Maße bei wachsender Komplexität der Anforderungen. Unter Bedingungen fairer Gegenseitigkeit eröffnet die Verwirklichung verschiedener menschlicher Anlagen durch die Mitglieder einer Gruppe dabei die Möglichkeit einer umfassenderen Selbstverwirklichung durch arbeitsteilige und kooperative Unternehmungen. Rawls illustriert dies am Beispiel eines Orchesters. Weil die Mitglieder des Orchesters im Hinblick auf die Möglichkeit gemeinsamen Konzertierens unterschiedliche Instrumente erlernt haben, können sie auf der Basis einer gemeinsamen Partitur Orchesterstücke aufführen und damit kollektive Güter realisieren, die alle Mitglieder des Orchesters (und wir hoffen auch die Zuhörer) als wertvoll betrachten und die niemand von ihnen auf sich allein gestellt hätte realisieren können. Analog sorgt die *Gerechtigkeit als Fairneß* in einer durch sie wohlgeordneten Gesellschaft für Bedingungen fairer Gegenseitigkeit bei der kooperativen Verwirklichung eines für alle erstrebenswerten kollektiven Gutes, das in der komplementären Verwirklichung komplexer menschlicher Anlagen liegt und das nur gemeinsam mit anderen verwirklicht werden kann.

(3) *Objektivität*. Die Mitglieder einer wohlgeordneten Gesellschaft haben ein Interesse daran, allgegenwärtige Interessen- und Verteilungskonflikte auf der Basis einer Gerechtigkeitskonzeption auflösen zu können, über die ein allgemeiner und begründeter Konsens besteht, und deren Grundsätze insofern einen objektiven Charakter haben. Alle erkennen die Grundsätze der *Gerechtigkeit als Fairneß* aus von allen gleichermaßen als vernünftig anerkannten Gründen an und sind deshalb in der Lage, zwischen ihnen auftretende Konflikte effizient und einverständlich aufzulösen, was es ihnen erlaubt, einander mit Achtung und Wohlwollen zu begegnen.

(4) *Die psychischen Kosten ungerechten Handelns*. Dieses Teilargument setzt bei den psychischen Belastungen (Gewissensbisse, Reue- und Schamgefühle) an, die typischerweise damit verbunden sind, entgegen den eigenen Gerechtigkeitsvorstellungen zu handeln. Die Mitglieder der wohlgeordneten Gesellschaft der *Gerechtigkeit als Fairneß* erkennen deren Grundsätze an und wissen, dass alle anderen sie ebenfalls anerkennen und normalerweise auch ihnen gemäß

handeln. Sie wissen also, wenn sie ungerecht handeln, dass ihr Verhalten im Lichte ihrer eigenen Gerechtigkeitsvorstellungen kritikwürdig ist und dass andere dies genauso sehen. Darüber hinaus würde der Wunsch, sich ungerechte Vorteile zu verschaffen, eine Person auf eine allgemeine Strategie der Verheimlichung und Verstellung festlegen, die ihrerseits mit psychischen Kosten verbunden ist und ein spontanes und ungezwungenes Zusammensein mit anderen erschwert, wenn nicht unmöglich macht.

Nach Rawls' eigenen Angaben gerät die mit dem Kongruenz-Argument verbundene Erklärung für die Stabilität der Gerechtigkeit einer wohlgeordneten Gesellschaft in Schwierigkeiten, sobald anerkannt wird, dass begründete Meinungsverschiedenheiten auch in grundlegenden Fragen des guten und richtigen Lebens nicht ausgeschlossen werden können.

Es mögen sich gegen die im Urzustand verkörperte Idee fairer Gegenseitigkeit keine vernünftigen Einwände erheben lassen und womöglich betrachten sich auch religiöse Menschen als freie und gleiche moralische Personen im Rawls'schen Sinne. Dies legt sie aber gewiss nicht darauf fest, zu wünschen, in ihrem Handeln vorrangig dieses Selbstverständnis im Sinne Kantischer Autonomie zum Ausdruck zu bringen und *aus diesem Grund* gerecht zu handeln. Wenn sie glauben, freie und gleiche Personen zu sein, weil Gott sie als solche erschaffen hat, wird ihr Wunsch eher sein, durch ein Gott gefälliges gerechtes Handeln zum Ausdruck zu bringen, dass sie Gottes Geschöpfe sind und dass sie letztlich seinen Geboten folgen und nicht denen einer vermeintlich autonomen Vernunft.

Ähnliches gilt für das Argument einer umfassenderen Verwirklichung menschlicher Anlagen und Fähigkeiten durch Kooperation mit anderen. Soziale Kooperation nach Regeln fairer Gegenseitigkeit erlaubt bei wechselseitiger Wertschätzung und einer komplementären Entwicklung menschlicher Vermögen die Hervorbringung von kollektiven Gütern mit intrinsischem Wert. Rawls' Orchesterbeispiel verdeutlicht jedoch zugleich die Grenzen des Arguments. Erstens setzt es voraus, dass alle am Orchesterspiel Beteiligten das gemeinsame Konzertieren und sein Ergebnis schätzen, und zweitens, dass ihre individuellen Beiträge funktional komplementär sind.

Wir nehmen an, dass Religionsfreiheit und religiöse Toleranz für die Mitglieder einer durch *Gerechtigkeit als Fairneß* wohlgeordneten pluralistischen Gesellschaft wertvolle Güter sind. Sie bemühen sich deshalb um ein Zusammenleben im Sinne fairer Gegenseitigkeit, das allen Raum für die Entwicklung der eigenen Lebensvorstellungen bietet. Dies bedeutet aber nicht, dass sie analog zu den Orchestermusikern zugleich auch die Tatsache ihres Verschiedenseins – einschließlich ihrer verschiedenen religiösen oder weltanschaulichen Zugehörigkeiten – selbst wertschätzen müssten. Religiöser Pluralismus ist in den

Augen der meisten Gläubigen kein kollektives Gut, das arbeitsteilig zusammen mit Andersgläubigen (und Ungläubigen) verwirklicht würde. Während die auf verschiedene Instrumente spezialisierten Orchestermusiker einander brauchen und nicht lediglich tolerieren, um ein Konzert aufzuführen, sind die Mitglieder einer Glaubensgemeinschaft (in der Regel) nicht auf Andersgläubige *qua Andersgläubige* angewiesen, um etwas für sie Wertvolles zu erreichen, das sie auf sich allein gestellt nicht zustande bringen würden. Religiöser Pluralismus *kann* selbst als ein religiöser oder nicht-religiöser Wert betrachtet werden. Viele Gläubige werden dies jedoch ablehnen, auch wenn sie die Religionsfreiheit der *Gerechtigkeit als Fairneß* bejahen und zu gegenseitiger Toleranz bereit sind. Das Selbstverwirklichungsargument scheitert deshalb ebenfalls am Faktum des Pluralismus.

Die beiden anderen Teile des Kongruenz-Arguments – das Objektivitätsargument und die psychischen Kosten der Ungerechtigkeit – bleiben vom Faktum eines vernünftigen Pluralismus unberührt. Alle Mitglieder einer wohlgeordneten Gesellschaft haben Interesse an einer aus allgemein nachvollziehbaren Gründen von allen anerkannten Gerechtigkeitskonzeption als Basis einverständlicher sozialer Kooperation. Diesem Interesse würde aber jede Gerechtigkeitskonzeption dienen, die aus nachvollziehbaren Gründen allgemein zustimmungsfähig erscheint. Auch an der Vermeidung der psychischen Kosten der Ungerechtigkeit sind alle Mitglieder einer wohlgeordneten Gesellschaft interessiert und dies motiviert sie, regeltreu und gerecht zu handeln, und zwar ganz unabhängig davon, wie die Regeln und Grundsätze gerechten Handelns inhaltlich bestimmt werden.

Im Ergebnis erhalten wir ein deutlich zurechtgeschnittenes Kongruenz-Argument. Das kantische Autonomie-Argument und das aristotelische Argument einer umfassenderen Selbstverwirklichung durch gemeinschaftliche Kooperation mit anderen entfallen weitgehend, sobald unter den Mitgliedern einer liberalen wohlgeordneten Gesellschaft in Grundfragen des menschlichen Lebens begründete Meinungsverschiedenheiten bestehen, denn sie beruhen auf Voraussetzungen, über die etwa unter religiösen und nicht religiösen Bürgern begründete Meinungsverschiedenheiten bestehen. Das Objektivitätsargument und das Argument der psychischen Kosten der Ungerechtigkeit bleiben dagegen vom Faktum des Pluralismus unberührt. Spezifische Argumente zugunsten einer liberalen Gerechtigkeitskonzeption sind sie allerdings nur dann, wenn wir annehmen, dass nur liberale Konzeptionen in einer pluralistischen Gesellschaft allgemein begründete Zustimmung finden können. Letzteres ist wohl richtig. Es kann aber keine Pointe im Rahmen des Rawls'schen Stabilitätsarguments sein, diesen Punkt schlicht noch einmal zu wiederholen.

2.5 Stabilität und Legitimität

Der innovative Beitrag des politischen Liberalismus zur Weiterentwicklung von *Gerechtigkeit als Fairneß* liegt den beiden Einleitungen zufolge in einer Korrektur und Erweiterung des Stabilitätsarguments aus der *Theorie* durch Einbeziehung der Ideen eines übergreifenden Konsenses und ihrer Begleitideen. Dies legt die Erwartung nahe, es ginge – nun unter Berücksichtigung des Faktums des Pluralismus – noch einmal darum, im Sinne des Kongruenz-Arguments aus der *Theorie* darzulegen, warum wohlverstandenes Eigeninteresse und Gerechtigkeit keine Gegensätze sind. In der Tat bringt der Pluralismus umfassender Lehren und Lebensauffassungen das Kongruenz-Argument in Schwierigkeiten, weil das wohlverstandene Eigeninteresse von Menschen durch ihre umfassenden normativen Überzeugungen und Wertvorstellungen bestimmt wird. Der wichtigere Beitrag des politischen Liberalismus liegt mit Blick auf das Stabilitätsproblem jedoch nicht im neuerlichen Nachweis der Kongruenz von Eigeninteresse und Gerechtigkeit, sondern in etwas anderem (vgl. dagegen Weithman 2010).

In einer durch liberale Grundsätze wohlgeordneten Gesellschaft entsprechen die politischen und sozialen Institutionen der Grundstruktur diesen Grundsätzen. Diese werden darüber hinaus von allen Bürgen aus denselben Gründen anerkannt und im Handeln beachtet. Da liberale Gesellschaften mit garantierten Grundfreiheiten pluralistische Gesellschaften sind, deren Mitglieder teilweise konträren umfassenden Lehren anhängen, müssen wir für eine wohlgeordnete liberale Gesellschaft die Existenz eines übergreifenden Konsenses in grundlegenden Fragen der politischen und sozialen Gerechtigkeit voraussetzen. Auch unter diesen (idealtypischen) Voraussetzungen einer wohlgeordneten Gesellschaft müssen wir jedoch damit rechnen, dass es wegen der Bürden des Urteilens nicht nur zu begründeten Meinungsverschiedenheiten über umfassende Lehren und Lebensauffassungen kommt. Die Bürger einer freiheitlichen Gesellschaft werden trotz der bei wohlgeordneten Gesellschaften unterstellten Einigkeit im Grundsätzlichen natürlicherweise dazu neigen, in Konfliktfällen Gerechtigkeitsgrundsätze im Lichte ihrer jeweiligen umfassenden normativen Überzeugungen auszulegen, die je nachdem religiös oder nicht-religiös, liberal oder nicht-liberal sein können. Sie werden sich deshalb für Regelungen einsetzen, die nicht allgemein zustimmungsfähig sind, weil sie auf religiösen oder nicht-religiösen Voraussetzungen beruhen, über die begründete Meinungsverschiedenheiten bestehen. Man denke an das Abtreibungsproblem.

Wenn die umfassenden Wertvorstellungen und Überzeugungen der Bürger den Charakter *vernünftiger* umfassender Lehren haben – also ein Minimum an interner Konsistenz, faktischer Plausibilität und Unparteilichkeit aufweisen – können auf ihnen beruhende (kontroverse) Vorschläge zur institutionellen Ausgestaltung der Grundstruktur einer wohlgeordneten Gesellschaft nicht als ein Ausdruck von Irrationalität oder parteiischem Eigeninteresse beiseite geschoben werden, auch wenn sie der Reziprozitätsbedingung und damit den Anforderungen der Gerechtigkeit als Fairness nicht genügen. Da nun politische Kontroversen in liberalen Demokratien, auch wenn es um grundlegende Fragen geht, am Ende durch Mehrheiten entschieden werden, ergibt sich als Konsequenz, dass allgemein anerkannte Gerechtigkeitsgrundsätze in einer Weise institutionell implementiert werden, über die begründete Meinungsverschiedenheiten bestehen, und dies steht im Widerspruch zur Reziprozitätsbedingung und zu den Anforderungen der *Gerechtigkeit als Fairneß*.

Unter der Voraussetzung eines Pluralismus vernünftiger Lehren gibt es deshalb ein Stabilitätsproblem, das in der *Theorie* noch nicht berücksichtigt wurde und für dessen Lösung weder die Moralpsychologie des achten Kapitels noch das Kongruenz-Argument des neunten Kapitels der *Theorie* irgend etwas austrägt. Wir können es das Problem einer im Prozess der politischen Meinungs- und Willensbildung stabil gerechten Praxis der Auslegung und Implementierung allgemein anerkannter Gerechtigkeitsgrundsätze nennen.

Dieses Problem war in der *Theorie* noch nicht in den Blick gekommen, weil Rawls davon ausging, dass es bei der institutionellen Ausgestaltung der Grundstruktur einer gerechten Gesellschaft nur auf einer untergeordneten praktisch-politischen Ebene zu begründeten Meinungsverschiedenheiten kommt. Rawls unterscheidet in der *Theorie* vier Stufen in der Ausarbeitung und Anwendung der Konzeption der *Gerechtigkeit als Fairneß* (TJ, § 31). Die erste Stufe bildet der (hypothetische) Urzustand, in dem die beiden Grundsätze der Gerechtigkeit gewählt werden und in dem es wegen des Schleiers der Unwissenheit – der allen dieselben Informationsbeschränkungen auferlegt – zu keinen Meinungsverschiedenheiten kommen kann. Die zweite Stufe bildet eine (ebenfalls hypothetische) verfassungsgebende Versammlung, in der wiederum hinter einem Schleier der Unwissenheit die wesentlichen Verfassungsinhalte (*constitutional essentials*) festgelegt werden. Auf dieser Ebene wird der Schleier der Unwissenheit etwas gehoben. Dies soll es den Parteien im Urzustand ermöglichen, bei der Ausarbeitung einer funktionstüchtigen Verfassung kontingente historische, soziale und ökonomische Umstände zu berücksichtigen. Auch auf dieser Ebene kommt es nach Rawls in der *Theorie* zu keinen Meinungsverschiedenheiten. Auf der Grundlage derselben Gerechtigkeitsgrundsätze und unter Berücksichtigung derselben Informationen über die Geschichte und den Charakter ihrer Gesellschaft wählen alle Mitglieder der verfassungsgebenden Versammlung hinter dem nur leicht angehobenen Schleier der Unwissenheit dieselbe Verfassung. Erst auf der dritten und vierten Stufe – der Gesetzgebung und der Gesetzesanwendung durch Richter und Verwaltungsbeamte – rechnet Rawls mit Meinungsverschiedenheiten. Er nimmt allerdings an, dass sie sich rein prozedural durch gerechte Verfahren beilegen lassen, die auf den ersten beiden Stufen (ohne Dissens) durch die beiden Gerechtigkeitsgrundsätze und ihnen entsprechende verfassungsrechtliche Regelungen festgelegt wurden.

Auch bei einer optimistischen Einschätzung der Kraft rationaler Argumente ist es bemerkenswert, dass Rawls auf der konstitutionellen Ebene keine begründeten Meinungsverschiedenheiten in Betracht zieht. Es mag den Verdacht nahelegen, Rawls habe Verfassungsgebung am Ende doch als eine Aufgabe für Philosophenkönige betrachtet, gegen deren Vorschläge sich keine begründeten Einwände mehr vorbringen lassen (vgl. Habermas 1996). Auf dem Weg zu *Politischer Liberalismus* gibt Rawls diese Vorstellung jedoch auf. Damit stellt sich für ihn die neue Frage, wie die Konzeption der *Gerechtigkeit als Fairneß* in einer wohlgeordneten Gesellschaft bei der Ausgestaltung der Grundstruktur so ausgelegt werden kann, dass nicht nur die obersten Grundsätze dieser Konzeption, sondern auch deren im politischen Prozess immer wieder zur Disposition stehenden institutionelle Konkretisierungen stabil den Anforderungen der *Gerechtigkeit als Fairneß* genügen.

Eben diese Frage bringt die Idee eines übergreifenden Konsenses vernünftiger umfassender Lehren, das liberale Legitimitätsprinzip und die Idee des öffentlichen Vernunftgebrauchs auf den Plan. Anders als in der *Theorie* geht es in *Politischer Liberalismus* nicht mehr primär um die Identifikation liberaler Gerechtigkeitsgrundsätze, sondern um die Frage der Legitimierung konkreter politischer Entscheidungen auf der Grundlage eines liberalen Gerechtigkeitsverständnisses. Dies bringt Rawls Legitimitätsprinzip deutlich zum Ausdruck, indem es die Legitimität der Ausübung politischer Macht an eine Verfassung bindet, deren wesentliche Inhalte erwarten lassen, dass sie von allen Bürgern im Lichte vernünftiger Grundsätze und Ideale anerkannt werden können (vgl. PL, Vorl. IV.1). Legitimität setzt Gerechtigkeit voraus; denn nur Entscheidungen und Regelungen, die zumindest minimale Anforderungen der Gerechtigkeit erfüllen, sind legitime Entscheidungen. Gerechtigkeit und Legitimität sind aber nicht dasselbe. Die Gerechtigkeit einer politischen Entscheidung oder Regelung mag aus guten Gründen umstritten sein, ohne dass über ihre Legitimität – ihre Konformität mit einer allgemein und vernünftigerweise anerkannten Verfassung – irgendein Zweifel bestünde (vgl. Hinsch 2010).

Wenn politische Legitimität nicht nur zustimmungsfähige Gerechtigkeitsgrundsätze voraussetzt, sondern auch die Möglichkeit eines begründeten Konsenses über wesentliche Verfassungsinhalte, dann führen begründete Meinungsverschiedenheiten freilich auch dann noch zu einem Problem, wenn wir mit Rawls kontrafaktisch annehmen, es bestünde Einigkeit über die Grundsätze der Gerechtigkeit. Die Möglichkeit eines übergreifenden Konsenses kann weder durch rationale Argumentation noch prozedural garantiert werden. Die Bürden des Urteilens sind bei allen Fragen und auf allen Ebenen der Urteilsbildung und Entscheidungsfindung allgegenwärtig und prozedurale, nicht-argumentative Formen der Dissensbewältigung (wie das Abstimmen nach Mehrheiten) laufen bei begründeten Meinungsverschiedenheiten auf Entscheidungen hinaus, gegen die sich begründete Einwände erheben lassen. Eben dies jedoch möchte Rawls im Namen seines Ideals fairer Gegenseitigkeit und mithilfe der Idee eines öffentlichen Vernunftgebrauchs zumindest für die wesentlichen Verfassungsinhalte möglichst ausschließen.

Öffentlicher Vernunftgebrauch bedeutet, dass sich die Bürger einer wohlgeordneten Gesellschaft bei der politischen Meinungsbildung und bei der Rechtfertigung von Entscheidungen nur auf solche Ideale, Grundsätze, Methoden und Tatsachenbefunde berufen, von denen sie annehmen, dass sie auch in einer pluralistischen Gesellschaft allgemeine Anerkennung finden könnten. Die Bereitschaft zum öffentlichen Vernunftgebrauch trägt tendenziell dazu bei, dass im Vorfeld des prozeduralen und nicht-argumentativen Teils der kollektiven Entscheidungsfindung entweder einverständliche Lösungen gefunden werden oder sonst bevorzugte Entscheidungsalternativen übrigbleiben, zwischen denen auf der Basis gemeinsam anerkannter Voraussetzungen keine rationale Entscheidung mehr möglich erscheint und die nurmehr durch faire, nicht-argumentative Verfahren entschieden werden können.

Die Bürden des Urteilens und die Reziprozitätsbedingung wirken im Kontext des öffentlichen Vernunftgebrauchs wie Diskontfaktoren und tragen zur Ermöglichung eines übergreifenden Konsenses bei, auch wenn sie ihn nicht garantieren. Wer die Bürden des Urteilens anerkennt, rechnet mit der Möglichkeit begründeter Meinungsverschiedenheiten. Er wird seine eigenen nicht unvernünftigen Wertvorstellungen und normativen Überzeugungen zwar nicht nur deshalb aufgeben, weil andere sie – aus ihrerseits intern vernünftigen Gründen – nicht teilen. Er wird ihnen aber vernünftigerweise doch weniger Gewicht geben, als es der Fall wäre, wenn er in Bezug auf sie keine begründeten Meinungsverschiedenheiten bestünden. Wer die Reziprozitätsbedingung und den intrinsischen Wert des ihr zugrundeliegenden Ideals fairer Gegenseitigkeit anerkennt, wird, sobald es um wesentliche Verfassungsinhalte geht, eigene Wertvorstellungen und Überzeugungen, von denen er weiß, dass über sie begründete Meinungsverschiedenheiten bestehen, als Entscheidungsgründe geringer gewichten, als er es täte, wenn sie allgemeine Zustimmung fänden. So verstärken die Bürden des Urteilens und die Reziprozitätsbedingung die Bereitschaft zum öffentlichen Vernunftgebrauch, die ihrerseits tendenziell darauf hinwirkt, dass die wesentlichen Verfassungsinhalte einer wohlgeordneten liberalen Gesellschaft trotz des Faktums des Pluralismus die Reziprozitätsbedingung erfüllen.

Das Kongruenz-Argument benennt Gründe, warum zwischen der Gerechtigkeit einer wohlgeordneten Gesellschaft und dem wohlverstandenen Eigeninteresse ihrer Mitglieder kein Gegensatz besteht. Die Bürden des Urteilens und die Reziprozitätsbedingung erklären, warum zwischen den Wertvorstellungen und Idealen *vernünftiger* umfassender Lehren – zu denen religiöse und nicht-liberale Lehren gehören – und den Grundsätzen und Idealen einer liberalen Gerechtigkeitskonzeption kein Gegensatz bestehen muss, und sie anzuerkennen ist eine Anforderung an vernünftige umfassende Lehren, deren Erfüllung einen übergreifenden Konsens über eine liberale Gerechtigkeitskonzeption möglich erscheinen lässt.

Literatur

Dreben, B. 2003: On Rawls and Political Liberalism, in: S. Freeman (Hrsg.): The Cambridge Companion to Rawls, Cambridge, Mass, 316–346.

Freeman, S. 2007: Congruence and the Good of Justice, in: Ders.: Justice and the Social Contract, Oxford, 143–172.

Habermas, J. 1996: Die Einbeziehung des Anderen. Studien zur politischen Theorie, Frankfurt/M., Kap. 2.

Hinsch, W. 2002: Gerechtfertigte Ungleichheiten. Grundsätze sozialer Gerechtigkeit, Berlin, New York.

Hinsch, W. 2010: Justice, Legitimacy, and Constitutional Rights, in: Critical Review of International Social and Political Philosophy 13, 39–54.

Hinsch, W. [3]2013: Das Gut der Gerechtigkeit, in: Höffe [3]2013, 229–245.

Höffe, O. [3]2013 (Hrsg.): John Rawls. Eine Theorie der Gerechtigkeit, Berlin (Klassiker auslegen, Bd. 15).

Larmore, Ch. 2008: The Moral Basis of Political Liberalism, in: Ders.: The Autonomy of Morality, Cambridge/Mass, 139–167.

Raz, J. 1990: Facing Diversity. The Case of Epistemic Abstinence, in: Philosophy and Public Affairs 19, 3–46.

Scarano, N. [3]2013: Der Gerechtigkeitssinn, in: Höffe [3]2013, 211–228.

Weithman, P. 2010: Why Political Liberalism? On John Rawls's Political Turn, Oxford.

Peter Koller

3 Grundlegende Ideen des Politischen Liberalismus (Vorlesung I)

3.1 Einleitung

Die Mehrzahl der von John Rawls nach seinem epochalen Hauptwerk *A Theory of Justice* (1971), dt. *Eine Theorie der Gerechtigkeit* (1975), veröffentlichten Schriften dokumentiert sein andauerndes Bemühen, die in diesem Werk dargelegte Konzeption der Gerechtigkeit moderner Gesellschaften gegen Missverständnisse und Einwände zu verteidigen, sie weiter auszuarbeiten und auch in manchen Punkten zu revidieren. Demgemäß bietet sein Band *Political Liberalism* (1993), dt. *Politischer Liberalismus* (1998), der zum größten Teil auf früher publizierten Arbeiten beruht, eine vertiefte und teilweise auch modifizierte Darlegung der zentralen Fragen, Argumente und Ergebnisse seiner Konzeption, darunter vor allem solcher, die in der ausgedehnten Diskussion seines Hauptwerk breite Kritik erfahren hatten.

Die als „Vorlesungen" bezeichneten Kapitel dieses Bandes befassen sich jedoch größtenteils mit den methodischen Aspekten und den grundlegenden Voraussetzungen der Rawls'schen Theorie, wogegen sie die nicht weniger strittigen Fragen der näheren Spezifikation und Anwendung der Gerechtigkeitsgrundsätze, die diese Theorie fundieren soll, weitgehend unberührt lassen. Letzteres gilt insbesondere für den zweiten Grundsatz, der die in einer gerechten Gesellschaft zulässigen sozio-ökonomischen Ungleichheiten zum Gegenstand hat und zweifellos zu den originellsten, aber auch umstrittensten Ergebnissen der Theorie gehört. Ein neuerlicher, von seiner diesbezüglichen Argumentation in *Eine Theorie der Gerechtigkeit* etwas abweichender Versuch von Rawls, diesen Grundsatz zu verteidigen, findet sich erst in dem später veröffentlichten Werk *Justice as Fairness. A Restatement* (2001), dt. *Gerechtigkeit als Fairneß. Ein Neuentwurf* (2003), einer knapp vor seinem Tod erschienenen Publikation von Vorlesungen, die er jedoch nach Auskunft des Herausgebers schon in den 1980er Jahren gehalten hatte.

Der vorliegende Beitrag verfolgt das Ziel, die 1. Vorlesung in *Politischer Liberalismus* zu resümieren und kritisch zu kommentieren. Gegenstand der Vorlesung, betitelt „Grundlegende Ideen", sind die primären Zielsetzungen, die fundamentalen Annahmen und auch einige wesentliche Ergebnisse seiner Konzeption der Gerechtigkeit als Fairness in erneuerter Gestalt, die zwar größtenteils die in seinem Hauptwerk formulierte Fassung bekräftigt, diese aber durch viele zusätzliche Überlegungen ergänzt und auch in manchen Punkten modifiziert. Die in der Vorlesung behandelten „Ideen“ lauten in Rawls’ Terminologie wie folgt: die Idee einer politischen Gerechtigkeitskonzeption (§ 2), die Idee der Gesellschaft als ein faires System der Kooperation (§ 3), die Idee des Urzustands (§ 4) und die Idee einer wohlgeordneten Gesellschaft (§ 6). Da die Liste dieser Ideen recht heterogene Bauteile der komplexen Architektur von Rawls’ Theorie umfasst, möchte ich sie entsprechend ihrer Funktion im Aufbau dieser Theorie in drei Gruppen einteilen, die sich auf folgende Themenbereiche beziehen: die Problemstellung und Zielsetzung des politischen Liberalismus, die Konzeption der Gesellschaft und ihrer Bürger sowie die Methode der Begründung einer Vorstellung politischer Gerechtigkeit.

3.2 Problemstellung und Zielsetzung des politischen Liberalismus

Rawls eröffnet die erste Vorlesung mit einer Exposition der grundlegenden Fragen und Ziele seiner Konzeption des politischen Liberalismus, die mit der früher entstandenen Konzeption der Gerechtigkeit als Fairness eng verbunden ist. Obwohl er sich nicht explizit dazu äußert, wie sich die beiden Konzeptionen genau zueinander verhalten, legen seine Ausführungen implizit nahe, dass die Konzeption des politischen Liberalismus als eine Metatheorie seiner Gerechtigkeitskonzeption zu verstehen ist. In Reaktion auf bestimmte Einwände, die gegen sein Hauptwerk erhoben worden waren, hebt er schon eingangs hervor, dass er seine Gerechtigkeitskonzeption als eine *politische* Konzeption versteht, die weder universelle Geltung für jede Gesellschaft beansprucht, noch alle Bereiche des sozialen Lebens betrifft, sondern einzig und allein auf die politische Grundordnung moderner demokratischer Gesellschaften fokussiert. Seine Konzeption des politischen Liberalismus wolle zwei grundlegende Fragen beantworten: (1) die Frage nach einer angemessenen Konzeption der Gerechtigkeit einer demokratischen Gesellschaft, die faire Bedingungen einer Generationen übergreifenden sozialen Kooperation zwischen freien und gleichen Bürgern garantiert; und (2) die Frage nach den Grundlagen der wechselseitigen Toleranz der Bürger einer demokratischen Gesellschaft, in der unvermeidlich eine Vielfalt verschiedener, einander widerstreitender religiöser, philosophischer und moralischer Lehren besteht, die alle vernünftig sind. Beide Fragen zu einer zusammengefasst: „Wie kann eine gerechte und stabile Gesellschaft von freien und gleichen Bürgern dauerhaft bestehen, wenn diese durch ihre vernünftigen religiösen, philosophischen und moralischen Lehren einschneidend voneinander geschieden sind?“ (PL, 67/4)

Diese Fragen muten auf den ersten Blick etwas seltsam an, weil sie wegen der diversen spezifizierenden Klauseln, die sie enthalten, zwar einerseits den Eindruck großer Präzision erwecken, andererseits aber für Leser, die mit Rawls' Theorie nicht schon vertraut sind, nicht ohne Weiteres verständlich sein dürften. Da manche dieser Klauseln – wie „faire Bedingungen", „soziale Kooperation", „vernünftige Lehren" – auf wesentliche, nicht ohne nähere Erklärung verständliche Voraussetzungen der gesamten Theorie verweisen, erschließt sich die genaue Bedeutung der Fragen erst nach und nach im weiteren Verlauf von Rawls' Ausführungen in dem Maße, in dem er die betreffenden Klauseln einer näheren Präzisierung zuführt. Doch in eben diesem Maße erheben sich nach meiner Ansicht auch wachsende Zweifel an der Sinnhaftigkeit der gestellten Fragen, weil mir einige der ihnen zugrunde liegenden Voraussetzungen als verfehlt erscheinen. Bevor ich diese Zweifel zur Sprache bringe, werde ich zunächst mit dem Resümee der Vorlesung fortfahren, um den Sinn und die Zielrichtung der von Rawls gestellten Fragen zu verdeutlichen.

In einer ersten Skizze seiner Beantwortung der genannten Fragen (§ 1) erklärt Rawls, die Antwort auf die *erste* Frage sei die Konzeption der Gerechtigkeit als Fairness, die er in *Eine Theorie der Gerechtigkeit* ausführlich dargestellt habe und die er im Wesentlichen weiterhin vertrete. Den Kern dieser Konzeption bilden seine zwei berühmten Gerechtigkeitsgrundsätze, die er nun – etwas abweichend von seinem Hauptwerk – wie folgt formuliert:

> „(a) Jede Person hat den gleichen Anspruch auf ein völlig adäquates System gleicher Grundrechte und Freiheiten, das mit demselben System für alle vereinbar ist, und innerhalb dieses Systems wird der faire Wert der gleichen politischen (und nur der politischen) Freiheiten garantiert.
> (b) Soziale und ökonomische Ungleichheiten müssen zwei Bedingungen erfüllen: *erstens* müssen sie mit Ämtern und Positionen verbunden sein, die allen unter Bedingungen fairer Chancengleichheit offen stehen, und *zweitens* müssen sie sich zum größtmöglichen Vorteil für die am wenigsten begünstigten Gesellschaftsmitglieder auswirken." (PL, 69 f./5 f.)

Zwischen diesen Grundsätzen – die im Folgenden kurz als (a) *Freiheitsprinzip*, (b) 1) *faire Chancengleichheit* und 2) *Differenzprinzip* angesprochen werden – soll eine Rangordnung bestehen, der zufolge dem ersten absoluter Vorrang vor dem zweiten zukommt. Das gilt ja schon für ihre Pendants in *Eine Theorie der Gerechtigkeit*, von denen sie allerdings in einigen Punkten differieren. Das Freiheitsprinzip verlangt nun statt der gleichen Freiheiten aller Bürger im weitestmöglichen Umfang ein *adäquates System* gleicher Grundrechte und Freiheiten, womit Rawls insbesondere auf den gegen die frühere Fassung erhobenen Einwand reagiert, die Maximierung gleicher Freiheit vertrage sich kaum mit dem strikten Vorrang der Grundfreiheiten (vgl. Hart 1977). Neu ist auch die dem Freiheitsprinzip beigefügte Klausel, ein adäquates System der Grundfreiheiten müsse zugleich den *fairen Wert der politischen Freiheiten*, d. h. faire Bedingungen ihrer Ausübung, garantieren, womit Rawls der Überlegung Rechnung trägt, dass die faktischen Möglichkeiten der Ausübung dieser Freiheiten von der sozialen Lage der Mitglieder abhängen, weshalb Vorsorge dafür getroffen werden müsse, dass auch die Angehörigen der schlechter gestellten Schichten aktiv am politischen Leben teilnehmen können. Was andere Grundfreiheiten, etwa die Religionsfreiheit, betrifft, setzt Rawls offenbar weiterhin darauf, dass ihr fairer Wert ausreichend durch den zweiten Grundsatz gesichert wird, der in seiner Substanz unverändert geblieben ist.

Für eine erste Plausibilisierung der Grundsätze bringt Rawls ähnliche Gründe vor wie in seinem Hauptwerk: Zusammen ergäben sie eine Konzeption der Gerechtigkeit, die eine angemessene Verbindung der für das moderne politische Denken fundamentalen Ideen von Freiheit und Gleichheit zum Ausdruck bringe und darum als ein „egalitärer Liberalismus" charakterisiert werden könne. Während das Freiheitsprinzip samt seinem Vorrang vor der wirtschaftlichen Wohlfahrt der Idee des Liberalismus Rechnung trage, finde die Idee der Gleichheit in den Erfordernissen des zweiten Grundsatzes Niederschlag (PL, 70 f./6 f.).

In der Folge kommt Rawls zu einer knappen ersten Erläuterung der eingangs erwähnten *zweiten* Frage, die das Problem der Bewahrung einer gerechten und stabilen Gesellschaft unter Bedingungen des vernünftigen Pluralismus zum Gegenstand hat. Die Konzeption der Gerechtigkeit als Fairness biete auch den Schlüssel zur Lösung dieses Problems, sofern man sie nicht als eine metaphysische, d. h. von einer umfassenden Weltanschauung abgeleitete und abhängige Auffassung, sondern als eine *freistehende politische* Konzeption verstehe, die von allen Gesellschaftsmitgliedern unabhängig von ihren unterschiedlichen philosophischen, religiösen und moralischen Überzeugungen akzeptiert werden und damit den Inhalt eines „übergreifenden Konsenses" aller Bürger bilden kann. Um dies zu erreichen, müsse sich diese Konzeption auf den Bereich des Politischen, d. h. auf die politische Grundstruktur der Gesellschaft beschränken (PL, 75 f./10 f.).

Eine *politische Gerechtigkeitskonzeption* weist laut Rawls drei Merkmale auf (PL, 76 ff./11 ff.): Sie sei erstens eine moralische Konzeption, die sich auf die wichtigsten politischen, sozialen und wirtschaftlichen Institutionen der Gesellschaft, kurz: auf deren *Grundstruktur*, bezieht, wobei Rawls der Einfachheit halber von der Annahme einer geschlossenen Gesellschaft ausgeht, die autark ist und in keinen Beziehungen zu anderen Gesellschaften steht. Sie bilde zweitens eine *freistehende Auffassung*, die unabhängig von den verschiedenen umfassenden philosophischen, religiösen oder moralischen Überzeugungen der Bürger vertreten werden kann, wobei jede dieser Überzeugungen neben einer politischen

Moralkonzeption auch eine Vorstellung des guten Lebens einschließe. Und drittens knüpfe sie an Ideen an, die zum Bestand der *öffentlichen politischen Kultur einer demokratischen Gesellschaft* gehören und einen Fundus allgemein geteilter Wertvorstellungen und Grundsätze bilden.

Danach benennt Rawls die tragenden Ideen seiner politischen Konzeption der Gerechtigkeit, nämlich die Idee der Gesellschaft als eines fairen, generationenübergreifenden Systems der sozialen Kooperation, die Vorstellung der Bürger als freier und gleicher Personen, die Vorstellung einer wohlgeordneten Gesellschaft und die Vorstellung eines übergreifenden Konsenses. Dieser Aufzählung entspricht die Gliederung der folgenden Paragrafen der Vorlesung aber nur zum Teil, weil einer dieser Paragrafen die in der Aufzählung nicht erwähnte Idee des Urzustandes zum Gegenstand hat, während die Vorstellung des übergreifenden Konsenses erst in der 4. Vorlesung behandelt wird. Da mir die Gliederung der folgenden Teile der Vorlesung überhaupt etwas sprunghaft erscheint, werde ich ihr nicht strikt folgen, sondern die Themen etwas anders sortieren. So werde ich zuerst die über mehrere Paragrafen verstreuten Ausführungen über Rawls' Vorstellung der Gesellschaft und ihrer Mitglieder (§§ 3, 5 und 7) in den Blick nehmen und erst danach auf das von ihm anvisierte Verfahren der Begründung seiner Gerechtigkeitskonzeption (§§ 4, 6 und 8) zu sprechen kommen.

3.3 Die Konzeption der Gesellschaft und ihrer Bürger

Rawls modelliert die Gesellschaft, auf deren Grundstruktur sich seine Grundsätze der Gerechtigkeit beziehen, als ein *faires System der sozialen Kooperation*, dessen Mitglieder ihm als freie und gleiche Personen lebenslang angehören und seine Errungenschaften überdies für kommende Generationen bewahren wollen (§ 3). Von zentraler Bedeutung hierfür ist das von Rawls zugrunde gelegte Konzept der sozialen Kooperation, das er durch drei Elemente kennzeichnet: (1) Kooperation sei nicht irgendeine beliebige Form der Koordination des sozialen Verhaltens (wie z. B. die Befehle einer Autorität), sondern eine von öffentlich anerkannten Regeln und Verfahren geleitete Praxis, die von allen Beteiligten akzeptiert wird. (2) Kooperation setze eine Vorstellung fairer Kooperationsbedingungen voraus, die jeder Teilnehmer vernünftigerweise akzeptieren kann, wenn alle anderen sie ebenfalls akzeptieren; dabei handle es sich um eine Vorstellung von *Reziprozität*, die er aber nicht im Sinne der Vorteilhaftigkeit des kooperativen Handelns für alle Beteiligten durch die Mehrung ihres Nutzens gegenüber dem Status quo verstehe, sondern zwischen den – von Brian Barry (1989) kontrastierten – Konzepten des wechselseitigen Vorteils und der Unparteilichkeit verorte. (3) Kooperation erfordere eine Vorstellung davon, was für jede beteiligte Person im Lichte ihrer jeweiligen Lebensziele und Wertvorstellungen rationalerweise vorteilhaft oder gut ist (PL, 82 ff./16 ff.).

Die *Bürger* der Gesellschaft konzipiert Rawls als freie und gleiche Personen, die während ihres gesamten Lebens normale und *uneingeschränkt kooperative* Mitglieder sind und zu diesem Zweck zwei *moralische Vermögen* oder Fähigkeiten besitzen müssen: erstens die Anlage zu einem Gerechtigkeitssinn, also die Fähigkeit, eine Konzeption von Gerechtigkeit im Sinne fairer sozialer Kooperation zu verstehen und zu befolgen; und zweitens die Befähigung zu einer Konzeption des Guten, nämlich die Fähigkeit, eine Vorstellung von ihrem eigenen rationalen Vorteil oder Wohl ausbilden, revidieren und verfolgen zu können (PL, 84 ff./18 ff.).

Den Einwänden, die gegen die von Rawls' im Ansatz schon in seinem Hauptwerk vertretene Konzeption der Bürger erhoben worden waren, tritt er mit dem folgenden Argument entgegen: Diese Konzeption sei eine abstrakte Annahme, die die in der Realität tatsächlich vorkommenden zeitweiligen Einschränkungen und dauerhaften Behinderungen der Kooperationsfähigkeit einzelner Mitglieder vorläufig ausklammere, um einen klaren und unverstellten Blick auf die grundlegende Frage der politischen Gerechtigkeit zu ermöglichen, worin eine angemessene Konzeption der Gerechtigkeit einer fairen Kooperation freier, gleicher und kooperativer Bürger bestehe. Nachdem man diese Frage beantwortet habe, könne man davon ausgehend die erwähnten Einschränkungen und Behinderungen in den Blick nehmen und die Konzeption entsprechend ergänzen, so z. B. durch Prinzipien einer gerechten Gesundheitsfürsorge. Aber das erfordere eine Ausweitung der Theorie, die Rawls im vorliegenden Kontext nicht in Angriff nehmen will; ja, er habe große Zweifel, ob sie innerhalb der Konzeption der Gerechtigkeit als Fairness als einer politischen Konzeption möglich sei (PL, 88/21 f.).

Eher dürftig sind Rawls' Ausführungen darüber, in welchen Hinsichten sich die Bürger als freie und gleiche Personen verstehen. Ihre grundlegende *Gleichheit* kommt nur indirekt ins Spiel, und zwar zum einen durch die Annahme, dass alle Bürger gleichermaßen kooperative Mitglieder sind, und ferner durch das Konstrukt des Urzustandes, von dem später noch zu reden sein wird. Der grundlegenden *Freiheit* der Bürger widmet Rawls immerhin einige Bemerkungen unter dem Titel „Die politische Konzeption der Person" (PL, 97 ff./29 ff.). Darin hebt er drei Aspekte hervor: Die Freiheit der Personen impliziere, (1) dass diese sich selbst und einander als Wesen betrachten, die eine Konzeption des Guten haben, und das bedeute, dass sie ein Recht auf eine Identität haben, die von ihrer Konzeption des Guten unabhängig ist, nämlich eine öffentliche Identität in Bezug auf ihre grundlegenden Rechte; (2) dass sie sich als „selbstbeglaubigende Quellen gültiger Ansprüche" für berechtigt halten, gegenüber den gesellschaftlichen Institutionen Ansprüche geltend zu machen, die sich auf ihre Konzeptionen des Guten und nicht bloß auf die öffentliche Gerechtigkeitskonzeption stützen, sofern ihre Konzeptionen des Guten mit dieser Konzeption vereinbar sind; und (3) dass sie sich als fähig betrachten, Verantwortung für ihre Ziele zu übernehmen, was von ihnen verlangt, dass sie ihre Ziele mit den ihnen zur Verfügung stehenden Mitteln abstimmen und nur solche Ziele verfolgen, die mit der Gerechtigkeit vereinbar sind. (Diese Aspekte personaler Freiheit, insbesondere der dritte, werden in der 2. Vorlesung weiter erläutert und vertieft.)

Ausgehend von dieser Konzeption der Gesellschaft und ihrer Bürger gelangt Rawls zur Feststellung, eine Gesellschaft sei weder eine bloße Vereinigung noch eine Gemeinschaft (PL, 111 ff./40 ff.). Im Unterschied zu einer Vereinigung, in die man als unabhängige Person eintreten kann, stelle eine Gesellschaft ein vollständiges und geschlossenes soziales System dar, dem die Mitglieder von Geburt an angehören; und sie habe auch keine letzten Ziele, wie Vereinigungen sie haben. Andererseits sei eine Gesellschaft auch keine Gemeinschaft, deren Mitglieder eine gemeinsame umfassende religiöse, philosophische oder moralische Lehre teilen.

Ich halte Rawls' Konzeption der Gesellschaft und ihrer Bürger in mehreren Hinsichten für verfehlt, und zwar sowohl die Auffassung der Gesellschaft als Kooperationssystem als auch die Vorstellung der Bürger als lebenslang uneingeschränkt kooperationsfähige Mitglieder. Gegen beide Teile der Konzeption sind in der Diskussion um sein Hauptwerk vielerlei Einwände erhoben worden. So ist vor allem von Exponenten rational-individualistischer Ansätze, etwa von David Gauthier, bemängelt worden, Rawls' Konzeption der Gesellschaft rechtfertige bestenfalls den Anspruch jedes Mitglieds auf einen fairen Anteil an jenen Gütern oder Güterzuwächsen, die durch die Kooperation aller Mitglieder geschaffen oder erzielt wurden, sie lasse aber nicht die Folgerung zu, dass jedes Mitglied Anspruch auf Teilhabe an allen sozialen Grundgütern habe, einschließlich solcher, die einzelne Mitglieder für sich allein durch selbstständige Arbeit geschaffen haben. Kurz: Wenn die Bürger der Gesellschaft durch nichts weiter als durch ihre Kooperation verbunden seien, dann könne sich die Forderung der Gerechtigkeit auch nur auf die Erträge bzw. Ertragszuwächse ihrer Kooperation und auf nichts weiter erstrecken (Gauthier 1974; dazu Barry 1989, 241 ff.).

In eine ähnliche Richtung geht eine Kritik, die gegen Rawls vor allem von Vertretern des Kommunitarismus, wie Michael Sandel (1982, 66 ff.) und Charles Taylor (1988, 145 ff.), vorgebracht wurde. Diese Kritik läuft darauf hinaus, seiner Theorie liege eine atomistische Gesellschaftsvorstellung zugrunde, welche die Gesellschaft als eine Menge selbstständiger und selbstverantwortlicher Individuen konzipiere und darum außerstande sei, neben deren bürgerlichen Rechten und Freiheiten auch relativ anspruchsvolle Forderungen der sozialen Gerechtigkeit, wie Chancengleichheit und eine ausgewogene Verteilung des wirtschaftlichen Reichtums, zu fundieren (siehe dazu Kersting 2006, 141 ff.). Zur Begründung dieser Forderungen sei eine andere Vorstellung der Gesellschaft und ihrer Bürger vonnöten, nämlich eine, die den Gemeinschaftscharakter einer Gesellschaft betone.

Ich finde diese Einwände im Großen und Ganzen plausibel und sehe nicht, dass Rawls sie überzeugend entkräftet hat. Auf die Kritik an seiner recht unausgegorenen Konzeption der sozialen Kooperation hat er meines Wissens gar nicht reagiert, wenn man von seinem Hinweis absieht, seine Vorstellung der Reziprozität liege zwischen den Konzepten des gegenseitigen Vorteils und der altruistischen Unparteilichkeit (PL, 83/16 f.). Das erwähnte Argument, mit dem er die Kritik an seiner Voraussetzung der vollen Kooperationsfähigkeit aller Gesellschaftsmitglieder zu parieren versucht, scheint mir ins Leere zu gehen, weil die Berufung auf die beabsichtigte Abstraktheit dieser Annahme nichts bringt, wenn nicht auch gezeigt wird, dass die fragliche Abstraktion theoretisch fruchtbar ist. Und seine Feststellung, die Gesellschaft sei keine Gemeinschaft, ist ohne Belang, weil er dabei ein viel zu starkes Gemeinschaftskonzept unterstellt, das für eine Theorie der sozialen Gerechtigkeit offensichtlich nicht taugt.

Eine Theorie der sozialen Gerechtigkeit, die entsprechend der Zielsetzung von Rawls nicht nur die bürgerlichen und liberalen Grundrechte, sondern auch faire Chancengleichheit und eine ausgewogene Verteilung des gesellschaftlichen Reichtums fundieren soll, erfordert eine gehaltvollere Gesellschaftsauffassung. Eine solche Auffassung sollte nach meiner Ansicht eine Gesellschaft als eine übergreifende *Gemeinschaft* konzipieren, deren Mitglieder aber nicht perfekte Individuen, sondern verletzliche, vielfältigen Kontingenzen unterworfene Personen verkörpern und in drei einander überlappenden Dimensionen eine Gemeinschaft bilden: (1) eine *Besitzgemeinschaft* an den Ressourcen der natürlichen Umwelt und den Gütern des kulturellen Erbes, die im Gemeineigentum der ganzen Gesellschaft stehen, weshalb jedes Mitglied gleichen Anspruch hat, aus diesen Ressourcen und Gütern Nutzen zu ziehen; (2) eine *Kooperationsgemeinschaft* zum Zweck der Gewährleistung eines friedlichen sozialen Lebens und einer effizienten wirtschaftlichen Wertschöpfung im Interesse aller Mitglieder, woraus deren Verpflichtung folgt, nach Kräften zur sozialen Kooperation beizutragen, aber auch ihr Anspruch auf gleichberechtigten Zugang zur sozialen Kooperation und auf angemessene Teilhabe an deren Annehmlichkeiten, Vorteilen und Erträgen; und (3) eine *Solidaritätsgemeinschaft*, weil eine Gesellschaft, um ihre Mitglieder gegen Notlagen infolge persönlicher Gebrechen oder sozialer Kontingenzen (wie Krankheit, Arbeitslosigkeit) zu schützen, ein solidarisches System der sozialen Sicherung braucht, das jedes Mitglied im Notfall zu einer angemessenen Unterstützung oder Versorgung entsprechend den jeweiligen gesellschaftlichen

Lebensverhältnissen berechtigt, aber auch zu einem seiner Leistungsfähigkeit entsprechenden Beitrag verpflichtet (Koller 2003, 244 ff.).

3.4 Zur Begründungsmethode politischer Gerechtigkeit

Rawls hat in *Eine Theorie der Gerechtigkeit* einen ebenso originellen wie interessanten methodischen Ansatz zur Begründung von Grundsätzen der Gerechtigkeit vorgeschlagen (dazu Höffe 1977), den er im vorliegenden Buch wieder aufgreift und zum Teil weiter ausarbeitet. Dieser Ansatz enthält zwei Komponenten in Gestalt hypothetischer Konstrukte: die Idee des Urzustandes und die Idee einer wohlgeordneten Gesellschaft, wie sie bei ihm heißen.

Die *Idee des Urzustandes* (§ 4) geht davon aus, dass Grundsätze der Gerechtigkeit, die die soziale Kooperation der Gesellschaftsmitglieder auf faire Weise regeln, nur durch diese selber in Verfolgung ihres wechselseitigen Vorteils bestimmt werden können, und zwar durch eine allseitige Übereinkunft unter Bedingungen, die ihrerseits fair sind, also niemanden begünstigen oder benachteiligen. Die Bürger müssen daher, wenn sie über die Grundsätze ihrer sozialen Kooperation nachdenken, eine Perspektive einnehmen, die nicht durch ihre zufälligen persönlichen Eigenschaften und sozialen Umstände verzerrt wird, um eine faire Übereinkunft zwischen ihnen als freien und gleichen Personen zu erreichen. Rawls modelliert eine solche Perspektive mithilfe der hypothetischen Annahme, dass die Bürger die für sie verbindlichen Grundsätze der Gerechtigkeit hinter einem „Schleier der Unwissenheit" wählen, der sie jeder Kenntnis ihrer besonderen persönlichen Eigenschaften und sozialen Umstände beraubt, ihnen aber alles verfügbare Wissen über die allgemeinen Tatsachen der natürlichen und sozialen Welt lässt, damit sie im Rahmen ihrer Entscheidungsbildung zwar über alle dafür relevanten Informationen verfügen, aber gehindert sind, die Grundsätze auf ihre persönlichen Sonderinteressen zuzuschneiden (PL, 89 ff./22 ff.).

Diese Annahme definiert den sogenannten *Urzustand*, der freilich nicht als ein realer oder realisierbarer Zustand zu verstehen sei, sondern als ein *methodisches Darstellungsmittel* zur theoretischen Modellierung einer Übereinkunft aller Gesellschaftsmitglieder über allseitig akzeptable Grundsätze der Gerechtigkeit unter fairen Bedingungen, die eine symmetrische Stellung der Beteiligten sicherstellen. Der Urzustand diene demnach in erster Linie zur Darstellung einer unparteiischen Perspektive, die wir einnehmen sollten, wenn wir als Bürger über angemessene Grundsätze der Grundordnung unserer Gesellschaft als eines Systems der sozialen Kooperation übereinkommen wollen, weil uns diese Perspektive dazu nötige, die wesentlichen Interessen aller Bürger als freier und gleicher Personen zu berücksichtigen (PL, 91 ff./24 f.). Überdies fungiere der Urzustand als vermittelnde Idee, die unsere wohlerwogenen Gerechtigkeitsüberzeugungen auf allen Abstraktionsebenen so miteinander verbinde, dass sie sich gegenseitig stützen (PL, 93 ff./25 ff.).

Rawls räumt ein, die Idee des Urzustandes berge eine gewisse Gefahr, Missverständnisse hervorzurufen. So ist ihm von manchen Kritikern, so etwa von Sandel (1982), vorgehalten worden, die Konstruktion der Parteien im Urzustand hinter dem Schleier der Unwissenheit laufe auf eine metaphysische Konzeption der Person hinaus, die den Menschen als ein sozial entwurzeltes, von seinen sozialen Bedingungen, persönlichen Eigenschaften und Werten völlig unabhängiges Selbst verzeichne. Rawls weist diese Kritik energisch zurück und meint, der Urzustand habe „keine besonderen metaphysischen Implikationen, welche das Wesen des Selbst beträfen; er setzt nicht voraus, daß das Selbst gegenüber den Tatsachen über Personen, deren Kenntnis den Parteien vorenthalten wird, ontologisch vorgängig ist. So wie die Dinge liegen, können wir in diesen Zustand zu jeder Zeit eintreten, indem wir Argumente für Gerechtigkeitsgrundsätze vorbringen, die den aufgezählten Informationsbeschränkungen Rechnung tragen" (PL, 95/27). Und er untermauert dieses Argument, indem er drei verschiedene Standpunkte unterscheidet, die wir als Beteiligte am Gerechtigkeitsdiskurs einnehmen: (1) die Perspektive der Parteien im Urzustand, (2) die Sicht der Bürger einer wohlgeordneten Gesellschaft (die in der im vorigen Abschnitt skizzierten Bürgerkonzeption zum Ausdruck kommt) und (3) unseren jeweils eigenen Standpunkt, wenn wir über eine angemessene politische Konzeption der Gerechtigkeit nachdenken.

Ich finde diese Unterscheidung nützlich, weil sie in der Tat das Missverständnis aufzuklären hilft, das dem gegen Rawls erhobenen Einwand zugrunde liegt, er konzipiere die menschliche Person als ein sozial entwurzeltes Selbst ohne persönliche Identität. Und insoweit halte ich Rawls' Verteidigung der Idee des Urzustandes als eines methodischen Instruments für die Erörterung und Begründung von Gerechtigkeitsgrundsätzen für völlig überzeugend. Allerdings unterschlägt er dabei, dass sich der erwähnte Einwand nicht nur auf seine Konstruktion der Parteien im Urzustand (also 1) bezieht, sondern auch gegen seine Konzeption der Bürger einer Gesellschaft (2) gerichtet ist. Da seine Replik den erwähnten Einwand nur insoweit entkräftet, als er (1) betrifft, lässt sie die Kritik an (2), die ich im Wesentlichen als berechtigt betrachte, gänzlich unberührt.

Die *Idee einer wohlgeordneten Gesellschaft* (PL, 105 ff./35 ff.) spielt zwar im Rahmen einer näheren Begründung von Gerechtigkeitsgrundsätzen eine andere Rolle als die Idee des Urzustandes, ist aber ebenso wie diese ein hypothetisches Konstrukt, das als methodisches Hilfsmittel zur Begründung solcher Grundsätze dient, weil es dieses Unterfangen erheblich erleichtert. Das macht Rawls im vorliegenden Band, anders als in seinem Hauptwerk, nicht hinreichend deutlich, weil er darin die Idee einer wohlgeordneten Gesellschaft unmittelbar mit der zuvor erläuterten Konzeption der Gesellschaft und ihrer Bürger verknüpft, indem er sie als deren „Begleitidee" anspricht, obwohl sie auf einer kategorial davon verschiedenen Ebene angesiedelt ist. Und unklar bleibt auch der Zweck dieser Idee für die Ausarbeitung seiner Theorie, nämlich die Vereinfachung der Theoriebildung durch zwei Annahmen, die beide hochgradig kontrafaktisch sind: erstens durch die Annahme, dass die Bürger, wenn sie die unparteiische Perspektive des Urzustandes einnehmen, letztlich zu einer Einigung über gemeinsam anerkannte Grundsätze der Gerechtigkeit gelangen; und zweitens die Annahme, dass alle Bürger die übereinstimmend akzeptierten Grundsätze strikt befolgen. Während die erste Annahme darauf zielt, die vielfältigen Quellen des Dissenses über solche Grundsätze vorläufig ausklammern zu können, ermöglicht es die zweite, von den enormen Problemen absehen zu können, die für die Theoriebildung entstehen, wenn dabei von vornherein mit allen möglichen Formen der Regelverletzung gerechnet werden muss. Rawls hat den Zweck der Fiktion einer wohlgeordneten Gesellschaft in seinem Hauptwerk und einigen anderen Schriften durch die Unterscheidung zwischen zwei Theorieteilen, zwischen idealer und nicht-idealer Theorie, deutlich erhellt. Dass er das im vorliegenden Band unterlassen hat, erschwert das Verständnis dieser Fiktion, die freilich nur im Kontext einer idealen Theorie Sinn macht und im Rahmen einer davon ausgehenden nicht-idealen Theorie aufgegeben werden muss.

Doch wie auch immer, eine wohlgeordnete Gesellschaft weist laut Rawls drei Merkmale auf: Sie ist eine Gesellschaft, in der (1) alle Bürger genau dieselben Gerechtigkeitsgrundsätze anerkennen und wissen, dass auch alle anderen sie anerkennen, in der (2) allgemein bekannt ist, dass die Grundstruktur der Gesellschaft diesen Grundsätzen genügt, und in der (3) alle Bürger einen starken Gerechtigkeitssinn haben, aufgrund dessen sie die sozialen Normen, die sie als gerecht betrachten, befolgen. Die Vorstellung einer solchen Gesellschaft sei natürlich eine starke Idealisierung, von der die Realität stets abweicht, unter anderem deswegen, weil in demokratischen Gesellschaften unvermeidlich ein vernünftiger Pluralismus bestehe, nämlich eine Vielfalt unterschiedlicher und einander widerstreitender weltanschaulicher Lehren, die eine Einigung auf eine politische Gerechtigkeitskonzeption erschwert, während eine solche Konzeption gerade die Unterstützung durch diese Lehren und insofern einen *übergreifenden Konsens* braucht (PL, 105 f./35 f.).

Um die Wichtigkeit eines solchen übergreifenden Konsenses über eine gemeinsam geteilte Konzeption der Gerechtigkeit für die Stabilität einer demokratischen Gesellschaft zu unterstreichen, stellt Rawls bezüglich der politischen Kultur einer solchen Gesellschaft drei allgemeine Tatsachen fest: (1) die Tatsache eines vernünftigen Pluralismus, nämlich einer Vielfalt vernünftiger umfassender religiöser, philosophischer und moralischer Lehren, die von vernünftigen Bürgern vertreten werden, eine Tatsache, die sich unvermeidlich aus dem freien Vernunftgebrauch der Bürger in einem System freier Institutionen ergebe; (2) die Tatsache, dass ein dauerhaftes gemeinsames Einverständnis über eine umfassende Lehre nur durch den repressiven Gebrauch der Staatsgewalt aufrechterhalten werden kann; und (3) die Tatsache, dass eine dauerhafte demokratische Ordnung die freiwillige Unterstützung einer beträchtlichen Mehrheit der politisch aktiven Bürger braucht (PL, 106 ff./36 ff).

Die erste Tatsache, das *Faktum eines vernünftigen Pluralismus*, impliziere, dass die in einer wohlgeordneten Gesellschaft allgemein anerkannte Konzeption der Gerechtigkeit auf den Bereich des Politischen beschränkt bleiben muss. Dementsprechend müsse zwischen zwei Teilen der umfassenden vernünftigen Lehren der Bürger unterschieden werden: ihrer politischen Gerechtigkeitskonzeption einerseits und den anderen Komponenten ihrer umfassenden Lehre andererseits. Aufgrund der zweiten Tatsache sei in einer demokratischen Gesellschaft nur über den ersten dieser Teile, über die politische Gerechtigkeitskonzeption, breite Übereinstimmung möglich. Und daraus folge zusammen mit der dritten Tatsache, dass die Stabilität einer wohlgeordneten demokratischen Gesellschaft nur unter zwei Bedingungen gesichert sei: (i) wenn zwischen ihren Bürgern, die allesamt vernünftige, aber abweichende umfassende Lehren vertreten, Konsens über die politische Konzeption der Gerechtigkeit bestehe, und (ii) wenn unvernünftige umfassende Lehren keinen hinreichenden Einfluss gewinnen, um die Gerechtigkeit der Gesellschaft untergraben zu können (PL, 109/38 f.).

Rawls' Erörterungen über eine wohlgeordnete Gesellschaft werfen eine Reihe von Fragen auf. Die erste ist eine Verständnisfrage: Was eigentlich ist eine *vernünftige* umfassende Lehre und was ist unter einem *vernünftigen* Pluralismus zu verstehen? Zur Beantwortung dieser Frage ist es zunächst nötig, einen Blick in die nachfolgende 2. Vorlesung zu werfen, in der Rawls erst Auskunft über sein diesbezügliches Begriffsverständnis gibt (PL, 120 ff./48 ff.). Dort erfährt man, dass Personen *vernünftig* sind, wenn sie bereit sind, Grundsätze der sozialen Kooperation vorzuschlagen und zu befolgen, wenn sie sicher sein können, dass andere dasselbe tun, und wenn sie glauben, dass diese Grundsätze für alle vernünftigerweise akzeptabel sind. Dagegen seien Personen *rational*, wenn sie fähig sind, zu urteilen und zu überlegen, was ihre ureigenen Zwecke und Interessen sind und wie sie diese am besten erreichen können. Soweit so gut. Doch nun erhebt sich eine weitere Frage: Wie kann eine umfassende Lehre vernünftig sein, wenn nur ihr erster Teil, nämlich die in ihr enthaltene politische Konzeption von Gerechtigkeit, möglicherweise konsensfähig ist, während ihrem zweiten Teil, der die über diese Konzeption hinausgehenden widerstreitenden weltanschaulichen Überzeugungen der Bürger enthält, per definitionem Vernünftigkeit nicht zugeschrieben werden kann. Diese Frage wird von Rawls im späteren Verlauf der 2. Vorlesung wie folgt beantwortet: Eine vernünftige umfassende Lehre zeichne sich dadurch aus, dass sie (i) den Erfordernissen der theoretischen Vernunft genüge, nämlich die wichtigsten Aspekte des menschlichen Lebens widerspruchsfrei und kohärent erfasse; (ii) sich von anderen Lehren abhebe, z. B. indem sie bestimmte Werte auf besondere Weise gewichte; und (iii) in einer intellektuellen Tradition stehe und über eine gewisse Zeit stabil bleibe (PL, 132 f./58 f.).

Nun ist es aber offensichtlich, dass diese drei Merkmale nicht nur auf humanistische und tolerante Weltanschauungen zutreffen können, sondern auch auf manche rassistische, chauvinistische oder sexistische Auffassungen, die sicher nicht Anspruch auf allgemeine Zustimmungsfähigkeit erheben können und darum Rawls' Erfordernis der Vernünftigkeit verfehlen. Infolgedessen kann seine Antwort auf die Frage, was vernünftige umfassende Lehren sind, nicht stimmen. Meines Erachtens hätte er diese Frage so beantworten müssen: Eine umfassende Lehre sei vernünftig, wenn ihr erster, die politische Konzeption betreffende Teil als vernünftig betrachtet werden kann, weil die Personen, die diese Lehre vertreten, für die darin enthaltene politische Konzeption allgemein vertretbare Gründe vorbringen und allgemeine Konsensfähigkeit beanspruchen. Ein vernünftiger Pluralismus würde dann einfach in einer Vielfalt solcher vernünftiger Lehren bestehen. Wenn es sich so verhält, dann wird jedoch nicht recht verständlich, warum der vernünftige Pluralismus ein großes Hindernis für eine Einigung über die politische Konzeption sein soll. Wie ich die Sache drehe und wende, mir wird nicht recht klar, was der ganze Aufwand, den Rawls mit dem vernünftigen Pluralismus treibt, bringen soll. Mein Eindruck ist: Viel Lärm um nichts!

Eine andere Schwierigkeit der Idee der wohlgeordneten Gesellschaft betrifft Rawls' These, eine demokratische Gesellschaft besitze nur dann Stabilität, wenn zwischen ihren Bürgern weitgehende Übereinstimmung über die politische Konzeption der Gerechtigkeit hinsichtlich ihrer Grundordnung bestehe. Da diese These offenbar weder eine hypothetische Annahme noch eine normative Voraussetzung, sondern eine empirische Behauptung darstellt, stellt sich die Frage, welche empirischen Befunde für sie sprechen. Ich glaube nicht, dass Rawls auf diese Frage eine auch nur halbwegs befriedigende Antwort hätte, und ich glaube auch nicht, dass die These überhaupt stimmt, erst recht nicht in dem Sinne, dass Übereinstimmung über seine Konzeption der Gerechtigkeit als Fairness bestehen muss (siehe Kersting 2006, 93 ff.).

Zum Abschluss der Vorlesung stellt Rawls noch einige Überlegungen über den *Gebrauch abstrakter Konzeptionen* (PL, 115 ff./43 ff.) an, die aber die interessanten und schwierigen Fragen dieser Thematik nicht berühren, geschweige denn erhellen, wie etwa die Frage, wann Abstraktionen (kontrafaktische Annahmen, hypothetische Idealisierungen, simplifizierende Thesen) für die normative Theoriebildung fruchtbar sind und wann sie eher in die Irre führen. Stattdessen bekräftigt Rawls nur noch ein weiteres Mal seine Auffassung, die Stabilität einer gerechten demokratischen Gesellschaft sei nur dann gesichert, wenn (1) deren Grundstruktur einer politischen Gerechtigkeitskonzeption entspreche, die (2) im Fokus eines übergreifenden Konsenses vernünftiger umfassender Lehren liegen und (3) die Grundlage der öffentlichen Diskussion über wesentliche Verfassungsinhalte und Fragen der Gerechtigkeit bilde (PL, 115 f./43 f.). Zur Rechtfertigung der diversen Abstraktionen, die diese Bedingungen enthalten, hat Rawls nur soviel zu sagen, sie seien in der politischen Philosophie erforderlich, um tiefgehende politische Konflikte auf vernünftige Weise thematisieren und bewältigen zu können. Sie würden keinen Rückzug der politischen Philosophie aus der Realität bedeuten, sondern im Gegenteil dazu dienen, unsere wohlerwogenen Gerechtigkeitsüberzeugungen auf allen Abstraktionsebenen, vom Allgemeinsten bis zum Besonderen, in eine Ordnung zu bringen (PL, 116 ff./44 ff.).

3.5 Schlussbemerkungen

Ich möchte mit einer allgemeinen Einschätzung von Rawls' Versuch schließen, seine Theorie der Gerechtigkeit durch eine umfassendere Konzeption des politischen Liberalismus zu ergänzen und in ihr zu verankern. Dieser Versuch war meines Erachtens nicht erfolgreich, ja ich finde, dass er den Wert dieser Theorie eher geschmälert als gesteigert hat. Die revidierte Fassung von Rawls' Theorie fällt gegenüber der in seinem Hauptwerk entwickelten Version zumindest in drei Hinsichten deutlich ab: hinsichtlich ihres sachlichen Geltungsbereichs, ihrer methodischen Argumentationsstruktur und ihrer politischen Relevanz.

Rawls hat den *sachlichen Geltungsbereich* seiner Theorie im Zuge ihrer Revision erheblich eingeschränkt, indem er als ihren Gegenstand nun nicht mehr wie früher die Grundstruktur entwickelter Gesellschaften im Allgemeinen konzipiert, sondern nur mehr die Grundordnung gegenwärtiger liberaler und demokratischer Gesellschaften, deren politische Kultur seiner Ansicht nach ein allgemeines Einverständnis über die von ihm vorgeschlagenen Grundsätze der Gerechtigkeit wahrscheinlich macht. Diese Einschränkung mag zwar die Begründung dieser Prinzipien für solche Gesellschaften erleichtern, hat aber den enormen Nachteil, dass Rawls' Gerechtigkeitskonzeption für Gesellschaften ohne liberale und demokratische Kultur keinerlei Geltung beanspruchen kann, ja für sie genau genommen nicht einmal die Bedeutung eines erstrebenswerten Ideals besitzt.

Die Einschränkung des Geltungsbereichs der Theorie wirkt sich auch auf deren *methodische Argumentationsstruktur* nachteilig aus, weil sie ihre Tendenz zur Zirkularität weiter verstärkt. Diese Tendenz, die sich bis zu einem gewissen Grade schon in Rawls' Hauptwerk zeigt, in seinen späteren Schriften aber immer deutlicher in Erscheinung tritt, ergibt sich aus seiner Neigung, die wesentlichen Prämissen der Theorie in *begriffliche* Annahmen zu kleiden und mittels stipulativer Definitionen soweit zuzuspitzen, dass daraus die erwünschten Ergebnisse nahezu von selber folgen, ohne dafür auf kontingente empirische Tatsachen oder substanzielle normative Voraussetzungen zurückgreifen zu müssen, die ja meist mehr oder minder strittig sind. Krasse Beispiele dafür sind Rawls' Konzeptionen der Person, der Gesellschaft und der Bürger, die schon aus begrifflichen Gründen die Vorzugswürdigkeit seiner Grundsätze der Gerechtigkeit plausibel zu machen scheinen. Damit nimmt jedoch die ganze Theorie immer mehr die Gestalt eines apriorischen Systems von analytisch wahren Propositionen an, das zwar in sich stimmig sein mag, aber der Bodenhaftung, die eine politische Theorie braucht, entbehrt.

Dazu kommt, dass Rawls' Theorie infolge ihrer fortschreitenden sachlichen Verengung und methodischen Schließung auch ihre anfänglich beträchtliche *politische Relevanz* zunehmend eingebüßt hat. Obwohl sie diese Relevanz in erster Linie jenen Überlegungen verdankt, die das sozio-ökonomische System moderner Gesellschaften betreffen und in Rawls' zweitem Grundsatz, insbesondere im Differenzprinzip, Niederschlag finden, war davon in den auf sein Hauptwerk folgenden Schriften kaum noch die Rede. Vielmehr ging es ihm darin vor allem um das Freiheitsprinzip, das in demokratischen Staaten aber ohnehin weithin anerkannt wie auch verfassungsrechtlich garantiert ist, ja auch in den meisten Ländern mit repressiven oder despotischen Regierungen von vielen Menschen eingefordert wird. Rawls' Theorie hätte daher wohl kaum viel Beachtung gefunden, wenn sie sich von Anfang mit der Begründung des Freiheitsprinzips begnügt und nicht auch einen innovativen und zumindest prima facie plausiblen Vorschlag zur Regelung wirtschaftlicher Ungleichheiten offeriert hätte. Ich halte es daher für sehr bedauerlich, dass Rawls den zweiten Grundsatz im Zuge der Revision seiner Theorie weitgehend vernachlässigt hat, weshalb er in der gegenwärtigen Diskussion kaum noch eine Rolle spielt.

Literatur

Barry, B. 1989: Theories of Justice, London.

Gauthier, D. 1974: Justice and Natural Endowment. Toward a Critique of Rawls's Ideological Framework, in: Social Theory and Practice 3, 3–26.

Hart, H. L. A. 1977: Freiheit und ihre Priorität bei Rawls (engl. Orig. 1973), in: Höffe 1977a, 131–161.

Höffe, O. (Hrsg.) 1977a: Über John Rawls' Theorie der Gerechtigkeit, Frankfurt/M.
Höffe, O. 1977b: Kritische Einführung in Rawls' Theorie der Gerechtigkeit, in: Höffe 1977a, 11–40.
Kersting, W. 2006: Gerechtigkeit und öffentliche Vernunft. Über John Rawls' politischen Liberalismus, Paderborn.
Koller, P. 2003: Soziale Gerechtigkeit – Begriff und Begründung, in: Erwägen Wissen Ethik 14/2, 237–250.
Koller, P. [3]2013: Die Grundsätze der Gerechtigkeit, in: O. Höffe (Hrsg.): John Rawls: Eine Theorie der Gerechtigkeit, Berlin [3]2013, 41–64.
Sandel, M. J. 1982: Liberalism and the Limits of Liberty, Cambridge, Mass.
Taylor, Ch. 1988: Wesen und Reichweite distributiver Gerechtigkeit, in: Ders.: Negative Freiheit? Zur Kritik des neuzeitlichen Individualismus, Frankfurt/M., 145–187.

Alessandro Pinzani/Denilson L. Werle

4 Die Vermögen der Bürger und ihre Darstellung (Vorlesung II)

4.1 Einführung

Die zweite Vorlesung führt die für Rawls' Theorie zentrale Unterscheidung von Vernünftigem und Rationalem ein und stellt mit der Spezifizierung der Öffentlichkeitsbedingungen und der Idee einer „vollen" Autonomie die Weichen für den zweiten Teil des Buchs. Wie der Titel zeigt, hat Rawls vor, die Eigenschaften der Bürger einer wohlgeordneten Gesellschaft zu beschreiben, nachdem er in der 1. Vorlesung die grundlegenden Ideen seiner Theorie der Gerechtigkeit als Fairness vorgestellt hat.

Die Idee des Vernünftigen ist hier zentral. Auch wenn es möglich wäre, eine umfassende Lehre als „wahr" zu bezeichnen, so wäre es deswegen nicht gerechtfertigt, sie ohne Weiteres in die politische Debatte einzuführen. Nur wenn sie den Konsens *vernünftiger* Bürger finden sollte, könnte sie legitimerweise in der Debatte benutzt werden. Und der vernünftige Konsens sollte sowieso nicht von der Wahrheit dieser Lehre abhängen, sondern von der Tatsache, dass sie mit anderen vernünftigen Lehren vereinbar ist (vgl. Estlund 1998, 252). Der *Politische Liberalismus* beschäftigt sich also nicht mit der *Richtigkeit* von Positionen, sondern mit ihrer *Akzeptabilität* seitens vernünftiger Bürger. Toleranz ist ihm wichtiger als Wahrheit und insofern wird das Toleranzprinzip sogar auf die Philosophie angewandt (PL, 74/10).

Im Folgenden werden wir zunächst auf den Rawls'schen Personenbegriff eingehen, denn ohne ihn lässt sich der in dieser 2. Vorlesung wichtige Begriff gleicher und freier Bürger nicht erklären. Dabei werden wir uns auch dem umstrittenen Unterschied zwischen metaphysischen und nicht-metaphysischen bzw. politischen Theorien widmen. Erst dann werden wir die wichtigsten Ideen dieser Vorlesung – von der Unterscheidung zwischen dem Rationalen und dem Vernünftigen bis hin zum Begriff der Autonomie der Bürger – behandeln.

4.2 Der Personenbegriff bei Rawls: politisch und nicht metaphysisch?

Die Debatte um Rawls' Personenbegriff setzte schon bei der Veröffentlichung von *Einer Theorie der Gerechtigkeit* (1971; dt. 1975) an, und Rawls selbst versuchte in seinen Vorlesungen über „Kantischen Konstruktivismus in der Moraltheorie" (1980; dt. in Rawls 1992, 80–158), diesen so wichtigen Begriff zu klären. Dort spricht er von zwei moralischen Vermögen und von den korrespondierenden höchstrangigen Interessen „an der Verwirklichung und Ausübung dieser Vermögen", die Personen charakterisieren. Die Vermögen sind: „die Anlage zu einem wirksamen Gerechtigkeitssinn" und die Fähigkeit, „eine Konzeption des Guten auszubilden, zu revidieren und rational zu verfolgen" (Rawls 1992, 93). Obwohl das erste Vermögen einen moralischen Charakter hat (wenn man mit „moralisch" das bezeichnet, was Fragen des Verschuldeten und daher des Gerechten behandelt) und das zweite eine ethische Dimension aufweist (wenn man mit „ethisch" das bezeichnet, was mit Fragen der Definition des „Guten" bzw. des „guten Lebens" zu tun hat), will Rawls nichtsdestotrotz seinen Personenbegriff *politisch* und nicht moralisch oder ethisch verstanden haben. Um dies besser zu begreifen, gehen wir kurz auf einen anderen Aufsatz ein, der den Titel trägt: „Gerechtigkeit als Fairneß: Politisch und nicht metaphysisch" (1985; dt. in Rawls 1992, 255–292).

Als metaphysische Theorien der Person werden dort Auffassungen bezeichnet, die sich mit Fragen der Beziehung von Leib und Seele oder der persönlichen Identität befassen. Dabei bleibt unklar, wie Ludwig Siep zu Recht betont, ob „alle philosophische[n] Theorien der Person, die miteinander unvereinbare Wahrheitsansprüche stellen", oder „nur solche, die nicht-empirische Begriffe benutzen, wie ‚Seele', ‚Substanz', ‚Wesen' etc." als metaphysisch gelten sollen (Siep 1997, 383). Außerdem ist nicht eindeutig, was eine *politische* Auffassung von Person sein sollte. Obwohl Rawls betont, dass er keine philosophische Theorie der Person anbieten möchte, bezieht er sich gleichzeitig auf das „alltägliche" Verständnis, das die Person als „grundlegende Einheit des Denkens, Überlegens und der Verantwortlichkeit" sieht (Rawls 1992, 267; vgl. Siep 1997, 384). Diese alltägliche Auffassung basiert allerdings offenbar auf einer Reihe philosophischer Prämissen, die – wenn auch traditionsreich – ziemlich problematisch sind bzw. eine genauere Begründung nötig hätten. Daher haben manche Kritiker den Einwand erhoben,[1] Rawls bediene sich

1 Substantiellere Einwände gegen Rawls' Personenbegriff werden von Michael Sandel (1982) erhoben, aber in diesem Kontext können wir nicht darauf eingehen (dazu s. Forst 1994, 23 ff.).

doch einer individualistischen bzw. metaphysischen Theorie der Person (respektiv: Nagel 1975 und Parfit 1973; dazu Forst 1994, 47 f. und 1997, 399 ff.).

Rawls wehrt sich gegen solche Einwände mit dem Hinweis darauf, dass seine Auffassung der Person auf dem Selbstbild der Mitglieder gegenwärtiger Demokratien basiert, und bietet im *Politischen Liberalismus* eine Definition an, nach der eine Person jemand ist, „der ein Bürger sein kann, das heißt ein während seines gesamten Lebens normales und uneingeschränktes kooperatives Gesellschaftsmitglied" (PL, 85/18). Angewandt auf die Bürger liberaler Demokratien bedeutet das, dass sie „als freie und gleiche moralische Personen" verstanden werden sollen. Sie sind insofern *frei*, als sie über bestimmte Vermögen verfügen, von denen zwei (nämlich die oben erwähnten) moralischer Natur sind, während sich die anderen (Vermögen des Urteilens, des Denkens und des Schließens) auf ihre Vernunft beziehen. Sie werden *gleich*, wenn sie über diese Vermögen „in dem Mindestmaß verfügen, das notwendig ist, um uneingeschränkt kooperative Gesellschaftsmitglieder sein zu können" (PL, 85/18). Die zweite Vorlesung widmet sich eben den Vermögen der Bürger. Es geht dabei nicht um die ethische Dimension (d. h. um die Werte und sozialen Bindungen, anhand deren die Individuen ihre ethische Identität bilden), sondern um die moralische Autonomie des Individuums. Diese wird jedoch von Rawls so definiert, dass sie sich ausschließlich auf die politischen und rechtlichen Aspekte bezieht. Rainer Forst bemerkt zu Recht, dass Rawls hier eigentlich das Individuum eher als Rechtsperson und nicht als konkreten Menschen betrachtet: Es handelt sich in erster Linie um den Bürger als Träger von individuellen Rechten, der sich dieser bedient, um die eigene Auffassung des guten Lebens realisieren zu können. In dieser Hinsicht stellt die Rechtsperson „die äußere abstrakte Hülle der ethischen Person" dar (Forst 1994, 48). Gleichzeitig beschränkt sich aber Rawls' Theorie der Person nicht auf diese Hülle, sondern beansprucht, die rechtlich-politische Dimension in Bezug auf die ethische aufzufassen. Rawls sagt zwar nichts über die konkreten ethischen Werte und Bindungen der Individuen, da dies seiner Theorie einen metaphysischen Charakter (im oben erwähnten Sinn) verleihen würde; aber er befasst sich mit der Beziehung zwischen der ethischen und der rechtlich-politischen Identität der Person. Dass er häufig das Adjektiv „moralisch" benutzt, um diese rechtlich-politische Dimension zu bezeichnen, mag eine gewisse Irritation verursachen. Dabei will er aber nur auf den allgemeinen Charakter der entsprechenden Vermögen hinweisen, welche die Bürger einer Demokratie aufweisen müssen, um freie und gleiche kooperative Gesellschaftsmitglieder zu sein – im Unterschied zum notwendigerweise partikulären Charakter der ethischen Werte und Bindungen von Individuen.

4.3 Das Vernünftige und das Rationale

In diesem Zusammenhang kommt den in Rawls' Theorie miteinander verbundenen, aber mitnichten gleichzusetzenden Ideen des Vernünftigen und des Rationalen eine wichtige Rolle zu. Besonders die Idee des Vernünftigen, die er bisher etwas vage und intuitiv gleichwohl auf Personen, Institutionen oder Lehren angewandt hatte, soll hier besser erklärt werden. Rawls' erster Schritt besteht in der Differenzierung dieser beiden Ideen als unterschiedliche Fähigkeiten und *Tugenden* von *Personen*, die an sozialer Kooperation als freie und gleiche Bürger teilnehmen. Anschließend erklärt er den Inhalt des Vernünftigen und untersucht, ob diese Idee als Grundlage für Toleranz in einer vom „vernünftigen Pluralismus" gekennzeichneten demokratischen Gesellschaft infrage kommen kann.

Rawls ist der Meinung, dass die Erklärung der Unterscheidung zwischen dem Vernünftigen und dem Rationalen nicht auf irgendeiner kritischen Theorie der (sowohl reinen als auch empirischen) praktischen Vernunft, sondern primär auf dem gesunden Menschenverstand basiert: Die Ausgangsvoraussetzung stellen Personen dar, die über eine *common-sense*-Moralität verfügen, die philosophisch rekonstruierbar ist. Deswegen beginnt Rawls seine Erklärung des Rationalen und des Vernünftigen mit Beispielen, die auf den Gebrauch dieser beiden Ideen in der Alltagssprache hinweisen. So sagen wir, dass eine Person rational ist, wenn sie in der Lage ist, ihre Urteils- und Überlegungsfähigkeiten bestmöglich zu gebrauchen, um ihre Ziele und Interessen zu bestimmen und zu verwirklichen. Das Rationale bezieht sich sowohl auf die Weise, wie diese Ziele und Interessen ausgewählt und geordnet werden, als auch auf die Wahl der besten Mittel, um sie zu verwirklichen.

Auf den ersten Blick scheint die Idee des Rationalen Ähnlichkeiten mit der Rationalität des *homo economicus* aufzuweisen. Hier aber hebt Rawls eine wichtige Unterscheidung hervor: die rationale Person beschränkt sich weder auf bloße Zweck-Mittel-Erwägungen noch bloß auf die Definition eigennütziger Ziele und Interessen (letztlich ist der *homo economicus* selbst nicht notwendigerweise ein Egoist). Natürlich ist Rawls zufolge jedes Interesse „das Interesse eines Selbst (eines Handelnden), aber nicht alle Interessen richten sich auf Vorteile für das Selbst, dessen Interessen sie sind" (PL, 123/50 f.). Eine rationale Person kann auch Ziele verfolgen, die Anderen zugute kommen; sie hat vielfältige Ziele und Interessen: Zuneigung zu Personen, gemeinschaftliche Beziehungen, Anhänglichkeit gegenüber ihrer unmittelbaren Umgebung usw. Im Allgemeinen werden diese Ziele und Interessen im Licht eigener religiöser, philosophischer oder moralischer Lehren interpretiert und in einem kohärenten Lebensplan angeordnet.

Was aber der rationalen Person fehlt, ist das, was Rawls „die besondere Form der moralischen Sensibilität" nennt (PL, 123/51), die eine *vernünftige* Person kennzeichnet. Damit meint er die Bereitschaft, faire soziale Kooperationsbedingungen vorzuschlagen und freiwillig zu achten, *wenn die anderen es auch tun.*[2] Eine vernünftige Person zu sein bedeutet also in diesem ersten Sinn, den grundlegenden Wunsch zu haben, unsere Handlungen anderen gegenüber mit dem Hinweis auf Gründe zu rechtfertigen, die sie akzeptieren oder zumindest vernünftigerweise nicht ablehnen können.[3]

Rawls wiederholt immer wieder, dass es für seine Konzeption von Gerechtigkeit als Fairness entscheidend ist, dass die Idee des Vernünftigen nicht von der Idee des Rationalen abgeleitet werden kann (wie dies bei einigen kontraktualistischen Theorien und bei Theorien rationaler Entscheidung der Fall ist). Es ist also nicht möglich, das Vernünftige aus den Präferenzen, Wünschen und Entscheidungen von instrumentell-strategisch Handelnden herzuleiten. Trotzdem muss man beide Ideen auch als einander ergänzende Begriffe innerhalb einer weitgehenden Auffassung fairer sozialer Kooperation verstehen. Beide beziehen sich auf eine jeweils spezifische *moralische* Fähigkeit der Person: das Rationale auf die Fähigkeit, eine Vorstellung des Guten zu haben; das Vernünftige auf den Gerechtigkeitssinn. Das zeigt einmal mehr, dass das Rationale nicht im Sinne einer bloß instrumentellen Rationalität zu verstehen ist, die sich ausschließlich mit der Wahl von Mitteln beschäftigt und die Wahl der Zwecke vernachlässigt.

Rawls erkennt, dass es nicht so einfach ist zu beweisen, dass das Vernünftige nicht aus dem Rationalen hervorgehen kann, also dass es nicht möglich ist, „aus nichtmoralischen Trauben einen moralischen Wein [zu] keltern" (Kersting 2001, 134). Ihm zufolge kann man allerdings eindeutig behaupten, dass so gut wie alle Theorien, die das Vernünftige vom Rationalen abzuleiten versuchten, gescheitert sind. Das Vernünftige bildet den normativen Rahmen, innerhalb dessen sich die Rationalität der Individuen entfalten kann, und „kein ethisches Argument kann überzeugen, wenn es nicht auf eine immer schon vorhandene Bereitschaft, moralisch zu handeln, auf einen immer schon vorhandenen Sinn für Gerechtigkeit und moralische Pflicht stößt" (Kersting 2001, 134).

Rawls führt eine weitere Unterscheidung zwischen dem Rationalen und dem Vernünftigen ein, nach der Letzteres eine soziale Dimension aufweist, die Ersteres nicht besitzt und die Rawls etwas irritierend als „öffentlich" (*public*)

2 Dies ist eine fast hobbesianisch anmutende Klausel: Es ist vielleicht kein Zufall, dass in diesem Kontext Rawls auf die Frage des Trittbrettfahrens eingeht (PL, 122/50), die bei Hobbes eine prominente Rolle spielt (und zwar bei der Beantwortung des sogenannten Arguments des Narrens (*fool*) im 15. Kapitel des *Leviathan*).

3 So verstanden, besteht ein Zusammenhang zwischen der Idee des Vernünftigen und der Idee der Reziprozität, die Rawls (wie schon in der 1. Vorlesung) zwischen der Idee der Unparteilichkeit und der Idee gegenseitiger Vorteile verortet.

bezeichnet: „Durch das Vernünftige betreten wir die *öffentliche* Welt [*public world*] der anderen als Gleiche und sind bereit, faire Kooperationsbedingungen vorzuschlagen und zu akzeptieren" (PL, 126/53). So verstanden wird deutlich, dass nach Rawls die Vernünftigkeit als moralische Bereitschaft, den Grundsätzen der Gerechtigkeit gemäß zu urteilen und zu handeln, eine „wesentliche soziale Tugend" darstellt. Es ist vernünftig zu erwarten, dass rationale Personen, die an der Verwirklichung ihrer eigenen Vorstellungen des Guten interessiert sind, dem Rahmen dieser gemeinsamen, öffentlichen sozialen Welt zustimmen möchten. Somit wird uns das Bild einer vernünftigen Gesellschaft angeboten, in der alle Mitglieder versuchen, als freie und gleiche Bürger ihre rationalen Zwecke zu erreichen und gleichzeitig Prinzipien der Gerechtigkeit als eine öffentlich gerechtfertigte Basis sowohl für die Einrichtung der Grundstruktur der Gesellschaft als auch für die Beurteilung sozialer Konflikte festzulegen. Somit ist „die vernünftige Gesellschaft weder eine Gesellschaft von Heiligen noch eine Gesellschaft von Egozentrikern" (PL, 127/54). Sie stellt vielmehr eine realistische Utopie dar, d. h. ein Ideal, das zu unserer gemeinsamen menschlichen Welt gehört, sodass es doch möglich sein sollte, eine solche vernünftige Gesellschaft zu verwirklichen.

4.4 Bürden des Urteilens und umfassende Lehren

Schon in der 1. Vorlesung hatte Rawls auf ein allgemeines Merkmal hingewiesen, das die öffentliche politische Kultur unserer konstitutionellen Demokratien charakterisiert, nämlich auf „das Faktum eines vernünftigen Pluralismus" (PL, 128/54). Dabei stellt sich allerdings die Frage, wie es möglich sei, dass eine gemeinsame öffentliche bzw. soziale Welt entstehen kann, in der Personen zusammenleben und -arbeiten, während sie gleichzeitig verschiedene und auseinandergehende Weltanschauungen haben. Bei der Beantwortung dieser Frage führt Rawls einen zweiten grundlegenden Aspekt des Vernünftigen ein: „die Bereitschaft, die Bürden des Urteilens [*the burdens of judgment*] anzuerkennen und ihre Konsequenzen für den Gebrauch der öffentlichen Vernunft bei der Lenkung der legitimen Ausübung politischer Macht in einer konstitutionellen Ordnung zu akzeptieren" (PL, 127 f./54 f.).

Den normalen Zustand einer demokratischen Gesellschaft bildet nicht ein vernünftiger Konsens, sondern eine vernünftige Uneinigkeit. Darunter versteht Rawls eine Meinungsverschiedenheit unter freien und gleichen Bürgern, die ihrerseits einen vernünftigen Charakter aufweist. Sie entsteht, weil die Bürger „aufgrund ihrer moralischen Vermögen [...] eine gemeinsame menschliche Vernunft, ähnliche Vermögen des Denkens und Urteilens [teilen]: sie können Schlüsse ziehen, Beweisgründe gewichten und widerstreitende Überlegungen gegeneinander abwägen“ (PL, 128 f./55). Die Anerkennung der Grenzen des Urteilens verleiht dieser Meinungsverschiedenheit vernünftigen Charakter. Und wir erkennen diese Grenzen sowohl (I) als rationale Einzelne (insofern wir Schwierigkeiten haben, richtige rationale Urteile über unsere Ziele und über die entsprechenden Mittel zu treffen) an als auch (II) als vernünftige Einzelne, die das Gewicht und die Kraft der Ansprüche anderer Menschen sowie die Vernünftigkeit ihres Überzeugungs- und Gedankensystems beurteilen müssen – und zwar gerade wenn es um die Handlungsweisen und Institutionen unseres sozialen Zusammenlebens geht. Rawls stellt eine ganze Reihe von Schwierigkeiten vor,[4] die es schwer machen, eine wirkliche Übereinstimmung über grundlegende politische Fragen zu erreichen. Manche dieser Schwierigkeiten sind epistemischer Natur, d. h. sie betreffen „den theoretischen Gebrauch unserer Vernunft“ (PL, 130/56): Unsere Erkenntnisse sind unvermeidlich widersprüchlich oder lassen sich auf sehr unterschiedliche Weise interpretieren; zudem gehen die persönlichen Erfahrungen der Mitglieder einer Gesellschaft so weit auseinander, dass sie geteilte, einstimmige Urteile unmöglich machen. Es gibt aber auch Schwierigkeiten normativer Natur, die mit dem praktischen Gebrauch unserer Vernunft zusammenhängen, besonders mit Bezug auf Werte und auf die Priorität, die diesen Werten eingeräumt werden sollte.

Rawls macht hier eine schwerwiegende Annahme, die besondere Bedeutung in den folgenden Vorlesungen gewinnen wird: „vernünftige Personen bejahen nur vernünftige umfassende Lehren“ (PL, 133/59). Der vernünftige Charakter einer umfassenden Lehre lässt sich an drei Merkmalen feststellen. Zunächst muss sie aus dem Gebrauch unserer theoretischen Vernunft resultieren und eine widerspruchsfreie und kohärente Erklärung der „wichtigsten religiösen, philosophischen und moralischen Aspekte des menschlichen Lebens“ anbieten (PL, 133/59). Sie muss zweitens Werte definieren und hierarchisch so organisieren, dass manchen unter ihnen Priorität über die anderen zukommt (dies entspricht unserem Gebrauch der praktischen Vernunft). Schließlich verfügt sie über eine intellektuelle oder doktrinale Tradition, in deren Rahmen sie sich entwickelt. Diese Charakterisierung trifft auf mehrere umfassende Lehren zu, die in der Tat in unseren Gesellschaften zu finden sind. Andererseits lässt Rawls keinen Zweifel darüber, dass nicht jede umfassende Lehre vernünftig ist und dass eine wohlgeordnete Gesellschaft nicht nur autorisiert ist, unvernünftige und antidemokrati-

4 Er nennt diese Schwierigkeiten, ohne die typischen, zum politischen Leben immer dazu gehörenden, nicht-vernünftigen Quellen der Unstimmigkeit zu erwähnen, nämlich die Vorurteile, die persönlichen und kollektiven privaten Interessen, die individuelle Blindheit, die Eigenwilligkeit usw.

sche Lehren zu unterdrücken, sondern dies um des eigenen Überlebens willen auch muss (vgl. PL, 138/64, Fn 19). Außerdem dürfen die Vertreter vernünftiger umfassender Lehren nicht versuchen, politische Macht zu miss- bzw. gebrauchen, um die eigenen Ansichten durchzusetzen bzw. um andere Ansichten zu unterdrücken.[5] Rawls' Position könnte daher als Verteidigung der Trennung von Kirche und Staat gelten, nach der keine religiöse Auffassung auf Kosten anderer religiöser bzw. nicht-religiöser Ansichten des Staats bevorzugt werden darf. Diese Themen werden in späteren Vorlesungen behandelt.

Die Tatsache, dass in modernen demokratischen Gesellschaften mehrere vernünftige Lehren koexistieren, wird von Rawls „Faktum des vernünftigen Pluralismus" genannt. Dies ist eine irritierende Bezeichnung, da es nicht klar ist, in welcher Hinsicht dieser Pluralismus seinerseits vernünftigen Charakter aufweisen soll. Autoren wie Charles Larmore haben deswegen Einwände gegen den Begriff erhoben: Strikt gesehen bezeichnet der Ausdruck „Pluralismus" (wenn er wie hier im moralischen Sinn gebraucht wird) die These, dass es mehrere gleichwertige und gleichmäßig gültige moralische Positionen gibt, wie schon Isaiah Berlin betonte (Berlin 1991, 79 f., zit. in Larmore 1996, 154). Dies ist sicher nicht die Bedeutung, die Rawls diesem Terminus zuschreibt. Darunter versteht er vielmehr – in den Worten Larmores – die „Unfähigkeit vernünftiger Menschen, Konsens über eine umfassende Auffassung des Guten zu erreichen" (Larmore 1996, 154). Pluralismus und vernünftige Meinungsverschiedenheit sind jedoch keineswegs dasselbe. M. a. W.: Individuen, die über verschiedene umfassende Lehren verfügen, meinen nicht, dass es unterschiedliche Wertequellen gibt, die alle gleichwertig sind (dies wäre eine echte pluralistische Auffassung), sondern gehen davon aus, dass sie die anderen von der Richtigkeit bzw. Wahrheit der eigenen Lehre nicht überzeugen können, und sind daher bereit, einen gemeinsamen Grund zu suchen (gemäß der Methode des übergreifenden Konsenses, die in der 4. Vorlesung diskutiert wird; vgl. hierzu den Beitrag v. O. Höffe, Kap. 6, in diesem Band). In der Tat wäre es korrekter gewesen, wenn Rawls anstatt von vernünftigem Pluralismus von einer Pluralität von umfassenden Lehren gesprochen hätte, die von vernünftigen Bürgern als ein unausweichliches empirisches Faktum anerkannt wird. Es stellt sich dabei die Frage, ob diese Anerkennung aus Überzeugung oder aber *obtorto collo* gemacht wird: Sehen die Bürger ein, dass ihre eigene Lehre nur eine unter vielen ist, die ihre Plausibilität haben, oder machen sie bloß gute Miene zum bösen Spiel? Betrachtet man die Haltung vieler Individuen in unseren Gesellschaften, vor allem wenn sie eine starke religiöse

5 Hier fügt Rawls hinzu: „die nicht unvernünftig sind" (PL, 135/60) – was wiederum die Möglichkeit offen lässt, unvernünftige Lehren doch zu unterbinden.

Auffassung haben, so scheint eher, dass Letzteres der Fall ist. Somit stellt sich auch die Frage, inwieweit der vernünftige Charakter der Bürger im Rawls'schen Modell eine Beschreibung von tatsächlich vorhandenen Eigenschaften oder aber eine normative Forderung darstellt. Im letzteren Fall sollte Rawls begründen, wieso Vernünftigkeit gefordert werden kann oder sogar soll.

4.5 Pluralismus, Wahrheit und epistemische Abstinenz

Unter Bedingungen eines vernünftigen Pluralismus kann man nicht erwarten, dass gewissenhafte Personen, obwohl im Vollbesitz ihrer moralischen Fähigkeiten, zu ein und derselben Schlussfolgerung kommen oder dieselbe umfassende Lehre bejahen – nicht einmal nach einer freien Diskussion. Das anzuerkennen ist Rawls zufolge für die demokratische Idee der Toleranz und für die Idee der öffentlichen Vernunft von größter Bedeutung. Dadurch erklärt sich, wie die Idee der Vernünftigkeit in demokratischen Gesellschaften als Inhalt der normativen Grundlagen für die Ausübung politischer Macht zu verstehen ist: Angesichts des Faktums eines vernünftigen Pluralismus sehen vernünftige Personen ein, dass es unvernünftig und illegitim ist, politische Macht dazu zu benutzen, um umfassende Weltanschauungen zu unterdrücken, die, obwohl nicht unvernünftig, von den ihrigen verschieden sind. Bei wichtigen politischen Entscheidungen innerhalb einer demokratischen Gesellschaft sollte aus normativer und moralischer Perspektive die „Wahrheit" irgendeiner umfassenden Lehre keine Rolle spielen. Solche „Wahrheit" kann keine politische Autorität erreichen und dient deshalb nicht als Quelle für den Legitimationsprozess der politischen Machtausübung. Allerdings darf diese Interpretation der Grenzen des Urteilens keineswegs als skeptisches bzw. relativistisches Argument verstanden werden. Der politische Liberalismus hat nicht die Absicht, die Wahrheit oder Falschheit verschiedener umfassender Lehren abzustreiten bzw. zu behaupten. Anders als zum Beispiel bei Habermas ist Rawls politischer Liberalismus keine „post-metaphysische", sondern eine „nicht-metaphysische" politische Theorie der Gerechtigkeit, die als Ziel haben will, die „großen Fragen" der Philosophie unberührt zu lassen. Die politische Philosophie kann ohnehin nicht mehr tun, als ihre Zeit in Gedanken und Begriffen zu erfassen (um es mit Hegel auszudrücken, dem Rawls eine wichtige Stelle in seinen *Vorlesungen über Moralphilosophie* einräumt und mit dem er wahrscheinlich mehr gemeinsam hat, als bisher von den Interpreten angenommen). Nach Rawls hat sie auf jeden Fall – anders als nach Hegel – keine Letztbegründungsansprüche. An anderer Stelle nennt Rawls dies eine „Methode der Vermeidung“ oder, wie er sich ausdrückt, eine „Anwendung des Toleranzprinzips auf die Philosophie selbst“ (PL, 74/10). Es handelt sich um eine „epistemische Abstinenz“, also um eine Konzeption der Gerechtigkeit, die sich auf den Bereich des Politischen begrenzt und jegliche Stellungnahme bezüglich dessen, was unter umfassenden Lehren strittig ist, vermeidet.

Mehrere Einwände wurden gegen die Idee einer epistemischen Abstinenz erhoben. Der vielleicht am häufigsten vorgebrachte ist, dass der politische Liberalismus unmöglich um die Frage der Wahrheit seiner eigenen Thesen herumkommen darf (so z. B. Raz 1990). Möge er den Pluralismus umfassender Lehren auch akzeptieren, könne er die eigene Wahrheit jedoch nicht ausklammern und sich selbst als eine Lehre wie jede andere ansehen. David Estlund wendet gegen diese Kritik ein, dass eventuell nur das Prinzip der vernünftigen Akzeptanz als „wahr“ betrachtet werden sollte, um nicht seinerseits auf die Zustimmung vernünftiger Bürger angewiesen zu sein. Diese wäre allerdings nach Estlund eine unnötigerweise dogmatische Variante des politischen Liberalismus. Dagegen meint er, dass auch die Geltung dieses Prinzips von seiner vernünftigen Akzeptanz abhängen sollte, damit man von einem „undogmatischen, substantiellen politischen Liberalismus“ sprechen könne (Estlund 1998, 256). Bestimmte Regeln können danach Geltung beanspruchen, auch wenn sie nicht wahr sind, vorausgesetzt, dass die Gruppe, für die sie gelten sollen, ein Prinzip vernünftiger Akzeptanz annimmt und aufgrund dieses Prinzips sie als gültig ansieht (dies würde übrigens Rawls’ Absicht entsprechen, die normativen Prämissen, auf denen unsere demokratischen Gesellschaften basieren, explizit zu machen). Gleichzeitig erkennt Estlund an, dass auch diese Variante von politischem Liberalismus von der Wahrheit eines anderen Prinzips ausgehen muss, nach dem nur die Akzeptanz *vernünftiger* und nicht etwa rothaariger Bürger zählt (Estlund 1998, 262). Entscheidend wird somit die Frage, wie die Gruppe definiert wird, die berechtigt ist, eine Lehre als vernünftig bzw. unvernünftig zu bezeichnen. Die Beantwortung dieser Frage scheint jedoch auf einer *petitio principii* zu gründen, denn aus einer rein politischen Perspektive können nur vernünftige Bürger selbst definieren, was und somit auch *wer* als vernünftig gilt; ihren vernünftigen Charakter können jedoch diese Bürger nur anhand dieser von ihnen unternommenen Definition vom Vernünftigen bekommen. M. a. W.: Die Definition des Vernünftigen selbst muss den Bürgern überlassen werden, wenn sie nicht als ein metaphysisches bzw. philosophisch substantielles Element gelten soll. Rawls zieht es jedoch vor, diesen Begriff aus einer Position zu definieren, die im Bereich der Theorie, nicht in demjenigen der konkreten politischen Öffentlichkeit zu verorten ist. Nicht die Bürger einer politischen Gemeinschaft, sondern der Gerechtigkeitstheoretiker John Rawls setzt fest, was als vernünftig zu gelten hat. Das scheint die Meinung vieler Kritiker (etwa der oben erwähnten Parfit,

Nagel und Siep) zu bekräftigen, nach der Rawls' „politische, nicht metaphysische" Auffassung keineswegs so frei von philosophisch geprägten Voraussetzungen ist, wie ihr Autor meint.

4.6 Öffentlichkeitsbedingungen

Um die Idee des Vernünftigen innerhalb der Grundstruktur einer demokratischen Gesellschaft zu verwirklichen, muss diese gemäß einer politischen Konzeption der Gerechtigkeit reguliert werden und bestimmte Bedingungen erfüllen, die „drei Stufen der Öffentlichkeit" entsprechen. Die erste Stufe ist erreicht, wenn (a) die Bürger den Grundsätzen der Gerechtigkeit zustimmen – und zwar im Wissen, dass auch andere das tun – und wenn (b) Institutionen gerecht sind und ihre Gerechtigkeit von allen anerkannt wird. Auf der zweiten Stufe teilen die Bürger allgemeine Überzeugungen über die menschliche Natur und über die normale Funktionsweise der politischen und sozialen Institutionen. Rawls nimmt an, dass diese allgemeinen Überzeugungen des *common sense* vertraut sind und durch die normalen und (seiner Meinung nach) nicht umstrittenen Verfahren und Schlussfolgerungen der Naturwissenschaften und der sozialen Theorien überprüft worden sind. Dies ist keine unproblematische Annahme, besonders wenn „die wohletablierten und unstrittigen Verfahren und Ergebnisse der Naturwissenschaften und der Gesellschaftstheorie" mit einbezogen werden sollen (PL, 142/67), denn die oben erwähnten epistemischen Mängel unserer theoretischen Vernunft stellen sich eigentlich quer dagegen.

Die dritte Stufe ist die problematischste: Eine politische Konzeption der Gerechtigkeit ist erst dann im eigentlichen Sinne gerechtfertigt, wenn ihre grundlegenden Ideen in der politischen Kultur zumindest zum Teil schon verankert sind und sich in ihrem Rechtssystem und in ihren politischen Institutionen sowie in den wichtigsten historischen Traditionen ihrer Interpretation widerspiegeln (PL, 142 f./67). Dabei scheint Rawls der Faktizität eines empirisch feststellbaren, historisch gegebenen Konsensus über politische Ideen eine normative Kraft zu verleihen, die von deren Begründung durch das Gedankenexperiment des Urzustandes nicht abhängt. Vielmehr schöpfen die grundlegenden politischen Ideen einer Gesellschaft ihre normative Autorität aus konkreten konsensbildenden Argumentationen, d. h. aus öffentlichen Rechtfertigungsprozessen. Bruce Ackerman meint diesbezüglich, dass diese Forderung nicht an sich gelten könne, sondern nur im Rahmen der von Rawls in späteren Vorlesungen eingeführten Konstellation von öffentlicher politischer Debatte und öffentlichem Vernunftgebrauch an Bedeutung gewinne (Ackerman 1994). Im Gegensatz zu Rawls hebt Ackerman den dialogischen Charakter des Rechtfertigungsprozesses hervor: Die Bürger sollen sich nicht hinter einen Schleier des Unwissens stellen (wie es Rawls vorschlägt), sondern die jeweiligen Positionen offen und unvoreingenommen miteinander diskutieren. Somit würde das Vernünftige zum Synonym von „öffentlich Gerechtfertigtem“ und Rawls’ Theorie würde in die Nähe von Habermas’ Diskurstheorie rücken.

Betrachtet man die Stufen der Öffentlichkeitsbedingungen, so lässt sich noch einmal feststellen, dass Vernünftigkeit nicht nur als persönliche Tugend, sondern auch als eine soziale Tugend der Grundstruktur der demokratischen Gesellschaften zu verstehen ist. In solchen Gesellschaften ist die politische Macht erstens, wenngleich sie stets bereits staatliche Zwangsgewalt ist, auch immer und insbesondere die Macht der öffentlichen Vernunft freier und gleicher Bürger. Dass die Grundstruktur letztlich auf Zwang beruht, bedeutet auch, dass sie tiefgreifende und dauerhafte Auswirkungen auf das Alltagsleben der Bürger hat und deren Charakter und Lebensziele (was sie sind und was sie sein wollen) beeinflusst. Daher müssen die die Grundstruktur einer Gesellschaft ausmachenden Institutionen öffentlich legitimiert werden (dies ist eine zentrale Idee jeglicher Vertragstheorie und weist auf Rawls’ Kontraktualismus hin). Die regulierenden Grundsätze der Grundstruktur, die das Fundament des gemeinsamen Lebens festlegen, müssen daher den Test der Öffentlichkeit bestehen. Wenn das geschieht, sind die Bürger in der Lage, Gründe für ihre eigenen Überzeugungen gegenseitig anzubieten und zu fordern im Vertrauen darauf, dass durch diese offene Gründedarstellung die öffentliche Übereinstimmung in Bezug auf Grundprinzipien der Gerechtigkeit „gestärkt und nicht geschwächt wird“ (PL, 144/68).

Die Erfüllung der Öffentlichkeitsbedingungen lässt eine soziale Welt entstehen, welche die politische Voraussetzung dafür darstellt, dass die Bürger ihre Freiheit verwirklichen können. Die Grundsätze der Gerechtigkeit spiegeln sich nicht nur in politischen und gesellschaftlichen Institutionen (in Form von Rechten, Freiheiten und Chancengleichheit) und in der öffentlichen politischen Kultur wider: Auch die Bürger erreichen durch diesen Prozess ein stärkeres Selbstverständnis als freie und gleiche Personen, die in ihrer vollen Autonomie angesehen werden wollen und sollen.

4.7 Die Autonomie der Bürger

Was bedeutet es für die Individuen, autonom zu sein? Um diesen Begriff besser zu erklären, unterscheidet Rawls zwischen rationaler und voller Autonomie der Bürger. Beide sollen als unterschiedliche Formen von Freiheit verstanden werden, wobei Vernünftigkeit im Zusammenhang mit Freiheit als voller Autonomie steht. Wie in der 1. Vorlesung bereits erwähnt, sehen sich die Bürger unter drei Aspekten als frei: (1) Sie haben die Fähigkeit, eine Vorstellung des Guten zu formulieren, zu verändern und auf rationale Weise zu konkretisieren; (2) sie verstehen sich als selbstbeglaubigende Quellen gültiger Ansprüche; und (3) sie sind in der Lage, Verantwortung für ihre Ziele zu übernehmen (PL, 149/72). Freiheit als Autonomie hat daher Rawls zufolge zwei Bedeutungen. Als *rationale* Autonomie zeigt sie sich in der Ausübung der Fähigkeit, eine Konzeption des Guten zu formulieren, zu überarbeiten und anzustreben, sowie in der Bereitschaft, über praktische Fragen nachzudenken und Vereinbarungen mit dem Anderen zu treffen (aber immer nur, wenn vernünftige und angemessene Bedingungen zur Verfügung stehen).

Beide Begriffe finden im Gedankenexperiment des Urzustandes Anwendung. Die Parteien werden nämlich einerseits als rationale Vertreter von Personen dargestellt. In ihren Beratungen beabsichtigen sie keine materiellen und physischen Wünsche zu realisieren, denn sonst würden sie eher heteronom als autonom entscheiden. Sie orientieren sich vielmehr an drei „höherrangigen Interessen der Personen". Die ersten zwei solcher Interessen entsprechen den beiden moralischen Vermögen und haben als jeweiligen Gegenstand deren Entwicklung und Ausübung. Das dritte höherrangige Interesse betrifft hingegen die Tatsache, dass jeder Bürger schon eine bestimmte Konzeption des Guten hat. Die Parteien sollten also Gerechtigkeitsgrundsätze wählen, die Bedingungen schaffen, unter denen die Personen erstens diese Vermögen angemessen entwickeln und ausüben und zweitens eine eigene Konzeption des Guten verfolgen können.

Rawls macht hier zwei überraschend scharfe Behauptungen in Bezug auf das, was man von den Bürgern erwarten kann. Die erste besagt: „Wer die moralischen Vermögen nicht im notwendigen minimalen Maße entwickelt hat und nicht ausüben kann, kann kein während seines ganzen Lebens normal und uneingeschränkt kooperatives Gesellschaftsmitglied sein" (PL, 151/74). Es ist nicht klar, ob sich Rawls hier auf Individuen bezieht, die aufgrund psychischer bzw. neurologischer Probleme nicht imstande sind, diese moralischen Vermögen zu entwickeln (dafür spricht der Ausdruck „im notwendigen minimalen Maße"). In diesem Fall stellt sich die Frage, ob Rawls' Auffassung der Gesellschaft als faires Kooperationsunternehmen nicht zur Ausschließung von Individuen führt, die nicht über bestimmte physische und psychische Merkmale verfügen (dazu Nussbaum 2006). Die Alternative wäre, dass er die Möglichkeit sieht, dass bestimmte Individuen die notwendige moralische Kompetenz nicht erreichen können oder sogar wollen, auch wenn sie psychisch und neurologisch in der Lage sind. Dafür spräche womöglich die zweite, fast aristotelisch anmutende Behauptung: „In einer demokratischen Kultur erwarten und wollen wir, dass Bürger sich um ihre Grundfreiheiten und Chancen sorgen, damit sie ihre moralische Vermögen entwickeln und ausüben und ihre Konzeptionen des Guten verfolgen können. Wir halten es für ein Zeichen von *mangelnder Selbstachtung* und *schwachem Charak-*

ter, wenn sie es nicht tun“ (PL, 154/76 f. – Hervorhebung A. P. und D. W.). Dies scheint darauf hinzuweisen, dass die Bürger eine *ethische*, nicht bloß politische Pflicht haben, eine Konzeption des Guten zu verfolgen, sowie ihre moralischen Vermögen zu entwickeln und auszuüben. Dies wäre allerdings eine starke philosophische bzw. „metaphysische“ Annahme, die sich politisch bzw. „nicht-metaphysisch“ kaum begründen und sich mit den darauf folgenden Bemerkungen Rawls’ unmöglich in Einklang bringen lässt.

Die Bedingungen für die Entwicklung und Ausübung der moralischen Vermögen und für die Verfolgung der eigenen Konzeption des Guten können nach Rawls in einer Liste von Grundgütern vorgestellt werden, die in späteren Vorlesungen (PL, 271 ff./178 ff.) behandelt wird. Aber die rationale Autonomie der Bürger stellt nur eine Dimension der Freiheit dar. Die andere ist die Dimension der *vollen* Autonomie der Bürger, die sich bei Beziehungen und Verhältnissen der Bürger zueinander und bei der Ausübung ihrer Freiheit im öffentlichen Leben widerspiegelt (PL, 155/77). Es ist zu beachten, dass es hier nicht um die volle Autonomie privater Personen, sondern um die der Bürger in ihrem öffentlichen Leben geht. Sie ist verwirklicht, wenn eine Pluralität von Bürgern an der Bestimmung der wichtigen institutionellen Arrangements ihrer sozialen Ordnung teilnehmen kann. In diesem Sinne ist sie als *öffentliche* Autonomie, somit nicht als ein ethischer, sondern als ein politischer Wert zu verstehen. Sie wird durch den Genuss der Grundrechte und -freiheiten und durch die politische Beteiligung und Teilnahme an der kollektiven Selbstbestimmung des gemeinsamen Lebens verwirklicht. Hier betont Rawls, dass die Konzeption der Gerechtigkeit als Fairness eine politische, nicht-metaphysische Konzeption ist, deren Prinzipien im Bereich des Politischen angewandt werden. Darin liegt die wichtige Unterscheidung zwischen Rawls’ politischem Liberalismus und anderen Formen von umfassendem Liberalismus wie z. B. Kants oder Mills’ ethischem Liberalismus, dessen Basis ein Begriff von Autonomie als einem auf das ganze soziale und individuelle Leben anwendbaren ethischen Wert bildet. Im Gegensatz dazu behauptet der politische Liberalismus die politische Autonomie aller Bürger, während die ethische Autonomie dem einzelnen Bürger als Aufgabe überlassen wird, die im Lichte einer umfassenden Lehre und von deren eigenen Werten her zu bestimmen sein wird.

Rawls betont, dass die Bürger ihre volle Autonomie erst dann verwirklichen, wenn sie sich beim Handeln und beim Streben nach dem guten Leben an Gerechtigkeitsgrundsätzen und an dem öffentlichen Gebrauch der Vernunft orientieren. Dafür müssen zumindest zwei Bedingungen erfüllt werden: a) die Grundideen der Gerechtigkeit müssen in der politischen Kultur der demokratischen Gesellschaft (oder zumindest implizit in der Geschichte ihrer wesentlichen Institutionen und deren Interpretationen) vorhanden sein, und b) alle Bürger genießen tatsächlich den gleichen Status als Staats- und Sozialbürger – und das heißt, dass jede Person in hinreichendem Maße über die notwendigen Vermögen verfügt, um ein normales kooperatives Gesellschaftsmitglied zu sein. Außerdem nimmt Rawls nicht nur an, dass die Bürger vernünftig sein müssen, sondern auch, dass sie den Wunsch haben, vernünftig zu sein, denn dies „bestärkt ihre Selbstachtung als Bürger" (PL, 160/81 f.). Hier geht Rawls von der Annahme aus, dass Bürger auch eine „vernünftige Moralpsychologie" haben. Es handelt sich nicht um eine Psychologie, die aus der Wissenschaft der menschlichen Natur oder aus irgendeiner soziologischen Theorie herkommen soll; vielmehr geht es hier um eine *normative* Psychologie, die auf der politischen Konzeption der Gerechtigkeit als Fairness gegründet ist.

Damit will Rawls nicht bestreiten, dass auch seine „ideale Theorie" womöglich eine bestimmte Vorstellung der menschlichen Natur und eine Gesellschaftstheorie voraussetzt. Es geht nicht darum, ein reines Ideal mit der bestehenden Wirklichkeit zu versöhnen, sondern eher darum, die Beziehung zwischen Ideal und Wirklichkeit mit konstruktivistischer Absicht zu betrachten (vgl. PL, 167/87). Das Verhältnis zwischen der Ebene der moralischen, politischen und theoretischen Argumente einerseits und der Ebene der Wirklichkeit andererseits steht nicht in einem abstrakten Gegensatz, sondern vielmehr in einer dialektischen Spannung, die durch einen reflexiven Lernprozess in Bewegung gesetzt werden muss. Die Etappen, die dieser Prozess durchlaufen soll, sind nicht durch allgemeine Kriterien zu bestimmen: sie hängen vielmehr von der Selbstbestimmungspraxis der konkreten Subjekte, also der Bürger ab. Und dafür setzt Rawls' Theorie der Gerechtigkeit Personen mit moralischen Überzeugungen und ethischen Auffassungen des Guten, mit einem Sinn der Gerechtigkeit und mit einem Sinn für Fairness voraus, sodass das Vernünftige Vorrang vor dem Rationalen hat.

4.8 Schluss

Mit den begrifflichen Erklärungen, Unterscheidungen und Definitionen der 2. Vorlesung versucht Rawls den Weg für eine Konzeption der Gerechtigkeit vorzubereiten, die auf metaphysische Grundlagen verzichtet und stattdessen die Rechtfertigung dessen, was als gerecht gelten kann, an eine öffentliche Rechtfertigungspraxis bindet, die zwischen Bürgern stattfinden soll, die sich als freie und gleiche, als rationale und vernünftige Personen mit moralischen Vermögen verstehen. Auch in dieser Hinsicht behauptet Rawls, dass seine Gerechtigkeitskonzeption einen „politischen" und nicht einen „moralischen" Begriff der Autonomie voraussetzt. Angesichts anderer Umstände allerdings, die das politisch-soziale Zusammenleben in unseren demokratischen Gesellschaften tief mitprägen – z. B. angesichts des Umstandes, dass in der Öffentlichkeit unserer

Gesellschaft bei politischen Diskussionen über Fragen wie Abtreibung, Embryonenforschung, gleichgeschlechtlicher Ehe usw. manche umfassende Lehren eher auf strategische und manchmal fanatische, unvernünftige Weise um die kulturelle Vorherrschaft unter sich kämpfen, anstatt dass sie sich um eine konsensfähige, vernünftige Lösung bemühen; oder angesichts des Umstands, dass die herrschenden sozialen und wirtschaftlichen Ungleichheiten es nicht ermöglichen, dass alle Bürger den Status gleicher Staats- und Sozialbürgerschaft tatsächlich genießen können –, könnte man die Frage stellen, ob eine Theorie der Gerechtigkeit, die so stark von den Vermögen der Bürger abhängt und die eigenen Ideen nicht nur theoretisch begründen, sondern auch praktisch umsetzen will, den wirklichen Zustand der Personen in der Welt (in welchen sozialen und Rechtfertigungsverhältnissen sie leben, welche ihre Verhaltensmuster, Wertorientierungen und wirtschaftlichen Umstände sind usw.) nicht genauer berücksichtigen sollte, als es in *Politischer Liberalismus* der Fall ist.

Literatur

Ackerman, B. 1994: Political Liberalism, in: The Journal of Philosophy 91/7, 364–386.

Berlin, I. 1991: The Crooked Timber of Humanity, New York.

Estlund, D. 1998: The Insularity of the Reasonable. Why Political Liberalism Must Admit the Truth, in: Ethics 108, 252–275.

Forst, R. 1994: Kontexte der Gerechtigkeit. Politische Philosophie jenseits von Liberalismus und Kommunitarismus, Frankfurt/M.

Forst, R. 1997: Gerechtigkeit als Fairneß: ethisch, politisch oder moralisch?, in: Philosophische Gesellschaft Bad Homburg/W. Hinsch (Hrsg.): Zur Idee des politischen Liberalismus, Frankfurt/M., 396–419.

Kersting, W. 2001: John Rawls zur Einführung, Hamburg.

Larmore, Ch. 1996: The Morals of Modernity, Cambridge.

Nagel, Th. 1975: Rawls on Justice, in: N. Daniels (Hrsg.), Reading Rawls, New York, 1–16.

Nussbaum M. 2006: Frontiers of Justice, Cambridge, Mass.

Parfit, D. 1973: Later Selves and Moral Principles, in: A. Montefiore (Hrsg.): Philosophy and Personal Relations, London, 137–169.

Raz, J. 1990: Facing Diversity. The Case of Epistemic Abstinence, in: Philosophy and Public Affairs 19, 3–46.

Sandel, M. 1982: Liberalism and the Limits of Justice, Cambridge, Mass.

Siep, L. 1997: Rawls politische Theorie der Person, in: Philosophische Gesellschaft Bad Homburg/W. Hinsch (Hrsg.): Zur Idee des politischen Liberalismus, Frankfurt/M., 380–395.

Dirk Brantl

5 Politischer Konstruktivismus (Vorlesung III)

Vorlesung III von *Politischer Liberalismus* nimmt einerseits ein Element auf, das Rawls seit seinem frühen Aufsatz „Constitutional Liberty and the Concept of Justice“ (1963) thematisiert, nämlich die Vorstellung, dass eine Theorie der Gerechtigkeit auf eine bestimmte Weise Gerechtigkeitsprinzipien konstruieren kann. Sie stellt aber auch die konkrete Weiterentwicklung einer Ausarbeitung dieser Vorstellung dar, wie er sie in der Vorlesungsreihe zu „Kantian Constructivism in Moral Theory“ (1980) entworfen hat (vgl. PL, 9/xiii). Die Version, die in *Politischer Liberalismus* auftritt, ist aber nicht einfach eine Weiterentwicklung der Konzeption des Konstruktivismus, sondern genuin der Versuch, sie auf die „domain of the political“ anzuwenden, die Rawls als Bereich einer Theorie der Gerechtigkeit im Angesicht eines vernünftigen Pluralismus umfassender Lehren ausmacht. Insofern übernimmt Vorlesung III die Aufgabe, die Vorstellung eines Kantischen Konstruktivismus in der Moraltheorie in die eines Politischen Konstruktivismus in der Politischen Philosophie zu übertragen.

Die fundamentale Neuerung betrifft die Vorstellung einer wohlgeordneten Gesellschaft (PL, 12/xviii). In deren Kontext, also vor dem Hintergrund der Konzeption einer Gesellschaft, in der allen bekannt ist, dass alle dieselbe Gerechtigkeitskonzeption vertreten, entwickelte Rawls seine *Theorie der Gerechtigkeit*. Im Rahmen einer Gesellschaft, die sich, wie dies Rawls für moderne demokratische Gesellschaften annimmt, durch einen vernünftigen Pluralismus auch von Gerechtigkeitskonzeptionen auszeichnet, ist diese Vorstellung nicht mehr haltbar (PL, 12/xviii). Insofern als der Text „Kantian Constructivism in Moral Theory“ diese Vorstellung einer wohlgeordneten Gesellschaft nicht aufgibt, gehört er entsprechend zum ersten Projekt, der *Theorie*. Vorlesung III setzt sich daher ebenso sehr gegen den früheren Text ab, wie sie auf ihm aufbaut. Da dieses komplexe Verhältnis leider gelegentlich Rawls' Hoffnung enttäuscht, dass die Ausführungen in *Politischer Liberalismus* „viel klarer als vorher“ (PL, 9/xv) sind, wird in der Rekonstruktion des Arguments immer wieder auf den älteren Text zurückgegriffen werden.

Als Ausformulierung seiner Metaethik nimmt der Politische Konstruktivismus eine Sonderstellung in *Politischer Liberalismus* ein. Zum einen ist er als Konstruktivismus eine Konstante in Rawls' Hauptwerken: Er setzt ihn in diesem Zusammenhang gegen den moralischen Realismus ab. Andererseits argumentiert Rawls, dass die *Theorie der Gerechtigkeit* im Rahmen seines Projekts einen Konstruktivismus in einem anderen Sinne darstellt, nämlich einen moralischen, während die Erweiterung des Projekts sich nur auf einen moralischen Teilkonstruktivismus, namentlich eben auf einen politischen konzentriert. Von Bedeutung ist in dieser Begriffstypologie von Realismus, Konstruktivismus und Politischem Konstruktivismus nicht zuletzt ein vierter, im Werk selbst fehlender: der Relativismus. Denn wenn die beiden Formen des Konstruktivismus auch keine Spielart des Realismus darstellen, so sollen sie doch eine objektivitätsfähige Theorie generieren, deren Aussagen nicht vernünftig zurückzuweisen sind.

5.1 Realismus und Konstruktivismus

Die Vorstellung einer konstruktivistischen Theorie in der praktischen Philosophie liegt Rawls' Denken seit seinen Anfängen zugrunde. Im Rahmen seines Projekts sind es auch seit dem ersten Auftreten der Formulierung „analytic construction" die Grundsätze der Gerechtigkeit, die Gegenstand der Konstruktion sind (Rawls 1963, 78, 94 und 1963a, 98). Daran ändert sich in *Politischer Liberalismus* nichts (vgl. PL, 183 ff./102 ff.). Neu ist aber, wie der Begriff der Gerechtigkeit verstanden wird. Denn zwar haben wir es mit der Konstruktion einer Moraltheorie zu tun. Insofern es sich aber „nur" um die politische Gerechtigkeit handelt, ist die entwickelte Theorie nur die eines Teilbereichs der Moral. Sie ist insofern zwar selbst moralisch, aber nicht in Rawls' Sinn umfassend.

Dass der Begriff politischer Gerechtigkeit konstruiert wird, begründet einen nicht zu unterschätzenden Anspruch: Konstruktivismus ist eine Alternative zu Formen des Realismus, die davon ausgehen, dass moralische Begriffe auf grundlegenden moralischen Intuitionen basieren. Entsprechend setzt Rawls den politischen Liberalismus, um ihn in seinem argumentativen Status zu schärfen, gegen den moralischen Realismus ab. Dabei ist zu beachten, dass schon in diesem ersten Schritt der moralische Realismus und der politische, nicht der umfassendere moralische Konstruktivismus gegeneinander ausgespielt werden sollen (PL, 171/91).

Den moralischen Realismus selbst konstruiert er wiederum entlang einer Spielart des rationalen Intuitionismus in der Version Samuel Clarkes. Insofern er dies tut, wirft sich natürlich die Frage auf, inwiefern der moralische Realismus durch diese eine Spielart charakterisiert wird. Die Wahl Clarkes ist selbst eine interessante Abweichung von der Darstellung in „Kantian Constructivism in Moral Theory". Dort nennt Rawls als rationale Intuitionisten „Clarke and Price, Sidgwick and Moore" sowie „W. D. Ross" (Rawls 1980, 343). In der weiteren Erläuterung betont Rawls, dass auch „classical Utilitarianism" (Rawls 1980, 344) eine Form dieses Intuitionismus darstelle und dass „Sidgwick, Moore und Ross" die Personen sind, von denen er die Vorstellung des Kantischen Konstruktivismus absetzt (Rawls 1980, 345). Betrachtet man die Personage, die in „Kantian Constructivism" zurückgewiesen wird, so finden sich dort Vertreter der Trias Utilitarismus, Intuitionismus und Perfektionismus, mithin die Theoriefamilien, gegen die Rawls seinen Entwurf der *Theorie* absetzt (TJ, §§ 5–7). Dies mag helfen, die eigentliche Absicht hinter dem Begriff des Konstruktivismus besser zu verstehen: Spätestens seit „Justice as Fairness" (1958) sucht Rawls nach einer grundlegenden Alternative zum Utilitarismus ebenso wie nach einem Kriterium, das eine entsprechend grundlegende Unterscheidung ermöglicht. Dieses Kriterium findet er im Konstruktivismus seiner Version der Vertragstheorie, der er mal den Utilitarismus konkret, mal „teleologische" Theorien insgesamt entgegenstellt. Was *Politischer Liberalismus* dieser Debatte hinzufügt, ist die Unterscheidung des bloß politischen vom breiteren moralischen Konstruktivismus. Behält man diese Bedeutung des Konstruktivismus im Hinterkopf, wird klar, dass der rationale Intuitionismus nur *pars pro toto* für all diejenigen Theoriefamilien steht, die Gerechtigkeitsprinzipien nicht über eine Prozedur konstruieren.

Vier Elemente, die ihn vom politischen Konstruktivismus trennen, zeichnen nun nach Rawls den moralischen Realismus aus. Erstens werden moralische Urteile als Wahrheitsurteile in dem Sinne betrachtet, dass sie sich auf eine „unabhängige moralische Wertordnung" beziehen (PL, 172/91): Moralische Wahrheiten sind entdeckbar oder berechenbar (Rawls 1980, 349). Zweitens findet man diese moralischen Wahrheiten über die theoretische Vernunft heraus: Es handelt sich entweder um intuitive Erkenntnis selbstevidenter Prinzipien durch „Wahrnehmung und Intuition" (PL, 172/92) oder durch die korrekte Berechnung quantifizierbarer objektiver Kriterien (Rawls 1980, 349). Drittens ist die entsprechende Erkenntnisfähigkeit alles, was diese Spielart des moralischen Realismus als Beschreibung einer Person voraussetzt. Entsprechend sei es eine Grundannahme dieser Position, dass die Erkenntnis moralischer Wahrheiten allein ausreicht, um motiviert zu sein, moralisch zu handeln (PL, 172 f./92). Ob diese Folgerung für alle Spielarten des moralischen Realismus gilt, ob also moralischer Realismus gleich Internalismus, erscheint freilich fraglich. Rawls deutet aber auch sofort an, dass er diese extrem sparsame Beschreibung der Person eher zu heuristischen Zwecken verwendet, um sie gegen die voraussetzungsreiche Beschreibung des Politischen Konstruktivismus abzusetzen. Viertens folgt der rationale Intuitionismus einer Korrespondenztheorie der Wahrheit.

Gegen diese Aspekte setzt Rawls den Konstruktivismus des Politischen Liberalismus ab. In Bezug auf den ersten Punkt kann die Angemessenheit von Urteilen nicht in einem unabhängig zu beurteilenden Inhalt liegen, sondern muss sich auf den Nachweis beziehen, bei der Suche nach ihnen einen angemessenen Weg eingeschlagen zu haben. Implizit auf die Konzeption einer reinen Verfahrensgerechtigkeit rekurrierend, die er schon in der *Theorie* (TJ, 105 ff./83 ff.) entwickelt hatte, beschreibt Rawls einen Vorgang, in dem der Inhalt durch die Form qualifiziert wird.

Der zweite Aspekt, dass die Suche nach Prinzipien der politischen Gerechtigkeit nicht der theoretischen, sondern der praktischen Vernunft bedarf, ist nach Rawls ein Merkmal des Konstruktivismus im breiteren Sinne, eines, das er mit einer Kantischen Unterscheidung illustriert und das daher nicht ein Alleinstellungsmerkmal des Politischen gegenüber dem Konstruktivismus per se sein kann. Allerdings weicht Rawls schon hier von Kant in einem wichtigen Punkt ab: Der Vorrang der praktischen Vernunft bei der Konstruktion von politischen Gerechtigkeitsgrundsätzen bedeutet nicht, dass diese Konstruktion ganz im Praktischen verbliebe, vielmehr spielt die theoretische Vernunft eine gewichtige Rolle bei der Formung von „Überzeugungen und Erkenntnissen der an der Konstruktion beteiligten Personen" (PL, 174/93) ebenso wie in Form ihrer „Fähigkeiten des Begründens, Schlußfolgerns und Urteilens".

Drittens wird nach Rawls in der besprochenen Form des rationalen Intuitionismus am Subjekt nicht mehr vorausgesetzt, als dass es erkennt, während „Person" im Politischen Liberalismus in einem doppelten Sinne ungleich komplexer definiert ist. Zum einen besitzt die Person die in der ersten Vorlesung (PL, 85 f./19 f.) eingeführten und auf § 77 der *Theorie* rekurrierenden moralischen Vermögen des Gerechtigkeitssinns und einer Konzeption des Guten, in denen sich die Begriffe des Vernünftigen und des Rationalen widerspiegeln: Der Gerechtigkeitssinn erlaubt es einer Person, die soziale Komponente des Lebens, das Leben als Zusammenleben wahrzunehmen und auf dieses aus nichtegoistischen Gründen hinzuarbeiten; die Konzeption des Guten bezieht sich primär auf die Konsistenz, also das Rationale des Lebensentwurfes einer Person.

Zum anderen verweist der Gerechtigkeitssinn nicht nur auf die geforderte Soziabilität der Personen, sondern auch auf die postulierte Existenz einer bestimmten Konzeption von Gesellschaft als eines „[fairen] System[s] sozialer Kooperation" (PL, 174/93), die als gegebenes Ideal angenommen wird.

Zuletzt verfolgt der Politische Liberalismus keine Korrespondenztheorie der Wahrheit, denn seine Grundsätze sind von hypothetischen Personen in einer hypothetischen Wahlsituation „gemachte" Konstrukte. Dieser Punkt wirft natürlich die unten, Abschnitt 3, ausgeführte Frage nach dem Objektivitätsanspruch des Politischen Liberalismus auf. Hier nur angerissen, deutet Rawls zumindest an, dass dessen Objektivitätsanspruch nur ein Analogon zur Wahrheit sucht, das es ihm ermöglicht, mehr als eine relativistische Theorie zu sein, und dass dieser Anspruch sich in einem Kohärenzkriterium verwirklichen soll, das wiederum primär auf der praktischen, nicht der theoretischen Vernunft basiert: Es ist die „Idee des Vernünftigen", bezogen auf die Gegenstände der politischen Gerechtigkeit, die eine politische Konstruktion rechtfertigt (PL, 174/93). Wahrheit in einem breiten, sozusagen „metaphysischen“ Sinn ist nicht der Anspruch des Politischen Liberalismus (vgl. PL, 213/126 f.), obgleich eine politische Konstruktion als moralische wahr sein kann, wenn sie auf einer wahren Moraltheorie basieren sollte – ob es eine solche gibt, versucht der Politische Liberalismus aber nicht zu beurteilen.

5.2 Moralischer und Politischer Konstruktivismus

Der Politische Liberalismus ist als politischer Konstruktivismus zwar eine moralische Theorie über einen Aspekt menschlichen Zusammenlebens, sie unterscheidet sich vom moralischen aber nicht wie das Teil vom Ganzen. Sie ist also *keine* Spielart eines moralischen Konstruktivismus. Sie ist dies deshalb nicht, weil sie ihre relevanten Phänomene nicht aus einer umfassenden Moraltheorie gewinnt, sondern aus moralrelevanten Betrachtungen der praktischen Vernunft in Bezug auf den „Bereich des Politischen“ (schon in PL, 11/xvii und 33 f./xxxviii).

Wie schon bei der Skizzierung des rationalen Intuitionismus in der Abgrenzung des moralischen Realismus gegen den Konstruktivismus, so verwirrt auch hier zunächst Rawls Herangehensweise, die den politischen nicht vom moralischen Konstruktivismus per se absetzt, sondern ihn neben eine spezifische Spielart dieses Letzteren, nämlich Kants Moralphilosophie stellt. Dies ist bedenklich, weil auch hier unklar ist, inwieweit die Auseinandersetzung mit einer partikularen Spielart von Theoriefamilie X uns etwas über X sagt und inwieweit nur über spezifische Eigenschaften der behandelten Spielart. Gleichzeitig ergibt es sich folgerichtig aus dem Umstand, dass sich die Vorlesung aus einer Rekonstruktion der *Theorie* über den Kantischen Konstruktivismus entwickelt, und damit aus einer Perspektive, die Rawls in *Politischer Liberalismus* modifizieren möchte. Den Politischen Konstruktivismus vom Kantischen abzusetzen ermöglicht es ihm also auch, die Unterschiede zwischen *Politischer Liberalismus* und seinem früheren Werk zu illustrieren.

Wie im vorhergehenden Abschnitt der Vorlesung gibt Rawls auch hier vier Unterschiede zwischen seinem politischen und Kants moralischem Konstruktivismus an. Der erste bezieht sich auf den Anspruch der Theorie: Kants moralischer Konstruktivismus ist eine umfassende Doktrin. Als solche kann sie keine Basis für den politischen Konstruktivismus bilden in dem Sinne, dass sich Letzterer aus ihr als eine Anwendung ihrer Prinzipien auf die Politik verstehen ließe.

Dieser Aspekt trennt den politischen vom moralischen Konstruktivismus, denn wie der Kantische Konstruktivismus, so muss auch der politische autonom sein und seine Prinzipien aus sich selbst schöpfen. Auch er erkennt seine Prinzipien nicht intuitiv, sondern konstruiert sie über eine Prozedur, die, wenn sie vernünftig ist, eo ipso gerechte Prinzipien generiert. Rawls nennt diesen zweiten Unterschied zwischen politischem und moralischem Konstruktivismus doktrinale Autonomie und setzt sie gegen die konstitutive Autonomie Kants ab (PL, 180 f./99), in der es die Aktivität der praktischen Vernunft selbst ist, die eine Wertordnung herstellt.

Hier findet sich eine entscheidende Modifikation gegenüber „Kantian Constructivism". Denn wenn der politische Konstruktivismus seine Prinzipien aus der Anwendung der praktischen Vernunft auf den Bereich des Politischen gewinnt, der sich durch das Verständnis von Personen als freien und gleichen und mit den beiden moralischen Grundvermögen ausgestatteten Bürgern auszeichnet (PL, 181/100) – dann rekurriert Rawls hier auf dieselben Gründe, mit denen im früheren Text der Kantische Konstruktivismus von anderen Theorien abgesetzt wurde (Rawls 1980, 346). Nunmehr verweist Rawls aber auf den transzendentalen Idealismus Kants als metaphysische These – dritter Unterschied –, die damit aus dem Bereich des Politischen herausfällt. Es ist interessant zu sehen, wie Rawls im Laufe der Zeit den Begriff der Autonomie einschränkt: Wird in „Kantian Constructivism" der Vorwurf der Heteronomie auf den Utilitarismus ausgeweitet (Rawls 1980, 345), so trifft nunmehr derselbe Vorwurf Kant: Im Rahmen des politischen Konstruktivismus stellt seine Form der Autonomie eine Heteronomie dar, indem sie eine aus sich generierte Wertordnung vorschreibt, der das Ergebnis der politischen Konstruktion zwar entsprechen kann. Wie beim moralischen Realismus wäre aber auch hier die Prozedur an sich irrelevant: Entspräche ihr Ergebnis nicht den Vorgaben der konstitutiv autonomen Moral, so läge der Vorrang der Beurteilung der Angemessenheit bei der umfassenden Doktrin, beim moralischen Konstruktivismus, und nicht bei der Prozedur – das Ergebnis wäre dasselbe wie beim moralischen Realismus (vgl. PL, 176 f./95 f.). Der Vorrang im politischen Konstruktivismus liegt aber bei der Prozedur selbst.

Der vierte Unterschied liegt nach Rawls im Zweck der Konstruktion. Wo es dem politischen Konstruktivismus um die Ermöglichung eines stabilen, weil vernünftigen Konsenses angesichts eines vernünftigen Pluralismus geht, erstrebe Kant den Nachweis der Einheit der theoretischen und der praktischen Vernunft. An diesem Argument zeigt sich das Problematische von Rawls' Vorgehensweise, seine Theorie nicht gegen allgemein definierte Theoriefamilien, sondern gegen eine partikulare Instanz derselben abzusetzen. Sicherlich zeichnet es nicht den moralischen Konstruktivismus per se aus, dass er die Einheit der theoretischen mit der praktischen Vernunft nachweisen will (vgl. O'Neill 2002, 347 ff.). Und was Kant wollte, interessiert den Leser des *Politischen Liberalismus*, streng genommen, nicht. Der Erkenntnisnutzen der Darstellung hängt davon ab, wie allgemeingültig sich darüber der politische Konstruktivismus vom moralischen absetzen kann.

5.3 Konstruktivismus, Objektivität und Relativismus

Rawls' Untersuchung bewegt sich im Bereich der Gerechtigkeitstheorie. Diese grundlegende Perspektive behält er in seiner Entwicklung von der *Theorie* zum *Politischen Liberalismus* bei. Dies bedeutet, dass auch der Letztere eine Form von Moraltheorie darstellt. Ist der Politische Konstruktivismus also auch keine umfassende Theorie der Moral, sondern nur der politischen Moral, so ist er doch keine Theorie der bloßen politischen Klugheit. Mit anderen Worten, die Konstruktion rekurriert auf die Vernünftigkeit, nicht die Rationalität der Personen. Sie konstruiert sich zwar durch rationale hypothetische Personen, die in einer vernünftigen Entscheidungssituation agieren, sie ist jedoch eine Theorie für vernünftige *und* rationale Personen, für die eine Form von Wechselseitigkeit einen Wert an sich darstellt (vgl. Freeman 2007, 296 ff.).

Entsprechend erhebt der Politische Liberalismus den Anspruch, objektivitätsfähige Aussagen zu produzieren, die die Personen durch ihre Vermögen der Rationalität und der Vernünftigkeit erfassen können. Um einem entsprechenden Objektivitätsanspruch zu genügen, muss eine Theorie nach Rawls sechs Kriterien erfüllen. Sie muss erstens den Raum schaffen für die Anwendung von Urteilen in einem Diskursrahmen. Diesen Raum bezeichnet Rawls als „öffentlichen gedanklichen Rahmen", worin sowohl die Konzeption von „Gründen und Evidenz" (PL, 193 f./110 f.) mitschwingt als auch, im Begriff des Öffentlichen, das moralische Vermögen der Vernünftigkeit. Worin aber besteht dieser Raum für die Anwendung von Urteilen? Rawls hilft uns hier nicht explizit weiter, es bedarf aber offensichtlich „wechselseitig anerkannter Kriterien" (PL, 194/111), wobei diese Kriterien eines vernünftigen Nachvollzugs aller Beteiligten fähig sein müssen, um den durch sie etablierten Raum von „bloße[r] Rhetorik oder Überredung" zu unterscheiden. Zweitens, und an den ersten Punkt anschließend, müssen die angestrebten Urteile selbst bestimmte Kriterien erfüllen: Eine entsprechende Theorie muss erklären können, wann ein Urteil, das in ihrem gedanklichen Rahmen gefällt wird, wahr oder vernünftig ist (PL, 194/111). Drittens muss sie die Ordnung und Gewichtung von Gründen innerhalb ihres gedanklichen Rahmens ermöglichen. Dies ist nicht zuletzt für die Reihung von Gerechtigkeitsprinzipien von Bedeutung. Viertens, wiederum an den früheren Punkt anschließend, ergibt sich aus der von der Theorie ausgehenden Ordnung von Gründen ein besonderer Standpunkt, eben der ‚objektive' Standpunkt, der innerhalb des Konstruktivismus der einer auf bestimmte Art und Weise beschriebenen Person (PL, 199 f./115 f.) ist. Der fünfte und der sechste Punkt sind in gewisser Weise ebenfalls aneinander angelehnt: Das fünfte Merkmal einer objektivitätsfähigen Theorie liegt darin, dass sie erklären kann, warum eine Übereinstimmung nicht eine bloß kontingente Konvergenz von Urteilen darstellt (dieser Punkt wird in Vorlesung IV wichtig), sondern selbst begründet bzw. auf bestimmte Fähigkeiten oder Umstände zurückzuführen ist (PL, 195/112). Der sechste Punkt verstärkt diese Forderung um die komplementäre, dass eine objektive Theorie auch Dissens auf eine bestimmte Art und Weise erklären können müsse (PL, 195/112).

Zusammen genommen hält Rawls diese Punkte für ausreichend, um einer Theorie objektive Gültigkeit zusprechen zu können. Gegen die Frage nach moralischem Realismus oder Antirealismus sind diese Aspekte indifferent, d. h. die gefällten, öffentlich vertretbaren Urteile können wahr sein oder auch „nur" vernünftig im Sinne von „folgerichtig in Bezug auf ein als angemessen ausgezeichnetes Konstruktionsverfahren". Daneben ist für Rawls vor allem wichtig, dass aufgrund der besonderen, nämlich auf das Politische bzw. die Wahl politischer Gerechtigkeitsprinzipien eingeschränkten Reichweite seines Konstruktivismus bestimmte Unterscheidungen, so die zwischen moralischem Realismus und Antirealismus, unerheblich seien. So könne der rationale Intuitionist die Ansprüche des politischen Konstruktivisten akzeptieren und dessen Ergebnisse schlicht um die Aussage erweitern, dass dessen Gerechtigkeitsprinzipien aus wahren Urteilen über die Gerechtigkeit flössen, insofern er die Vernünftigkeit der Konstruktion als ein Zeichen der Wahrheit der entsprechenden Aussagen deuten könnte (PL, 197 f./113). Entsprechend könnten viele umfassende Doktrinen aus dem Umstand eines übergreifenden Konsenses schließen, dass die Gerechtigkeitskonzeptionen, die Gegenstand dieses Konsenses sind, wahr sind (PL, 215/128). Der Politische Liberalismus insistiert lediglich, dass dieser Wahrheitsanspruch für die politische Konstruktion nicht konstitutiv ist und enthält sich eines Urteils darüber (vgl. Freeman 2007, 354).

Allgemein lässt sich an dieser Stelle folgende Frage stellen: Wenn der Politische Liberalismus eine objektivitätsfähige Theorie sein soll, die Vertreter anderer Formen objektivistischer Moralphilosophie überzeugen und deren Theorien in einen übergreifenden Konsens vernünftiger umfassender Doktrinen einschließen soll, gilt dann der Relativist eo ipso als Vertreter einer der „unvernünftige[n] und irrationale[n] und sogar irrsinnige[n] umfassende[n] Lehren", die der politische Liberalismus um der Einheit der Gesellschaft willen eindämmen muss (PL, 13/xviii f.)? Oder muss der Politische Liberalismus auch angemessen relativistisch für den Relativisten sein? (Zumindest für den moralischen Konstruktivismus von „Kantian Constructivism" gilt nach Samuel Freeman, dass moralische Relativisten tatsächlich aus dem Feld der vernünftigen Lehren ausgeschlossen seien: Freeman 2007, 291.)

Diese Frage scheint Rawls wenig zu kümmern. In der Einführung der Objektivitätskriterien stellt er einem für Objektivität ausreichenden Denkrahmen (PL, 194/110) lediglich „psychisch[e] Zustände" gegenüber. Diese kann freilich auch der Relativist als Quelle von Urteilen ablehnen, ohne die Vorstellung zu verneinen, dass man sinnvolle moralische Urteile abgeben kann. Lehnt Rawls dementsprechend nur Emotivisten als Vertreter eine vernünftigen Theorie ab (ähnlich den Egoisten in der *Theorie*: TJ, 158 f./135 f.)? Ansonsten scheinen für Rawls vor allem Vertreter religiös motivierter Allgemeinheitsansprüche der Adressat zu sein (PL, 191 f./109, 293 f./196 f.) – eine Fixierung, die sich vielleicht aus der Bedeutung erklären lässt, die Rawls der Reformation für die Entwicklung liberaler Theorien zurechnet (PL, 19 ff./xxiv ff.).

Im Laufe der Vorlesung behauptet Rawls, vernünftige Personen seien „fähig [...], die Begriffe und Grundsätze der praktischen Vernunft ebenso wie die Grundsätze des Rechten und Gerechten, die sich aus dem Konstruktionsverfahren ergeben, zu erlernen und zu beherrschen" (PL, 195/112). Dies könnte fast nach moralischem Realismus klingen, verstünde man „lernfähig" im Sinne eines Aneignens von moralischen Fakten. Die Behauptung kann aber auch konstruktivistisch, hier allerdings als moralisch konstruktivistisch verstanden werden, dann meint sie die Fähigkeit der praktischen Vernunft, die es ihr ermöglicht, aus sich selbst heraus ihre eigenen Prinzipien zu konstruieren – hier ginge es um die Dinge, die im politischen Konstruktivismus „einfach nur dargelegt" werden (PL, 185/103).

In Abschnitt 7 dreht Rawls das Argument um und gibt den empirischen Erfolg einer „practice" (steht seit „Justice as Fairness" für „any form of activity specified by a system of rules which defines offices, roles, moves [...], and which gives the activity its structure": Rawls 1958, 47 FN) als ein Element an, das zum Nachweis von deren Objektivität genüge. „[H]inreichende Gründe für das Urteil zu nennen" (PL, 205/120) sei ausreichend für Objektivität, Dissens wiederum rekurriert für Rawls auf „psychologische Erwägungen" (PL, 206/121), die „Bürden des Urteilens". Diese erschöpfen sich letztlich bei Rawls in kognitiven Grenzen der Evidenzfindung oder -gewichtung, welche allerdings in den einzelnen Fällen wiederum als solche nachgewiesen werden müssen, um selbst im Begründungsrahmen des politischen Konstruktivismus tragbar zu sein: Die bloße Existenz von Dissens ist kein Beleg für ein kognitives Versagen. Wiederum geht Rawls davon aus, dass unter günstigen Umständen die Anwendung von Rationalität und Vernünftigkeit öffentlich als vernünftig vertretbare, inhaltlich weitgehend deckungsgleiche politische Ansichten hervorbringen wird.

Der moralische Relativist freilich kann auch in diesem Rahmen Platz haben. Er kann Objektivität, verstanden als Vernünftigkeit, von der Wahrheitsfrage trennen und, als Vertreter einer umfassenden Doktrin des Relativismus, annehmen, dass die liberalen Prinzipien einer Gesellschaft zeitlich und kulturell kontingent, veränderbar und bestenfalls intersubjektiv gültig sind, diese politische Konstruktion aber zugleich für alle Beteiligten für hinreichend mitteilbar, überindividuell und diskursiv vernünftig halten. Interessant ist hier allerdings, dass dieser Relativist, den der Leser in den *Politischen Liberalismus* hineininterpretieren muss, der Rawls der *Theorie* zu sein scheint: Dort ist es völlig klar, dass die Grundlagen der Konstruktion Gegenstand vernünftiger Überlegungen und gegebenenfalls Modifikationen bleiben (TJ, 627/578), eine Vorstellung, die in *Politischer Liberalismus* vollständig fehlt. An der Stelle dieser Bescheidenheit des konstruktivistischen Anspruchs erhalten wir hier Verweise auf kognitive Defizite als Grundlage von Dissens.

5.4 Rawls' Politischer Liberalismus als adäquate Instanz eines politischen Konstruktivismus

Dem Nachweis, dass der Politische Liberalismus beiden Anforderungen genügt – er ist ein moralischer Antirealismus, der objektivitätsfähig ist –, sind die Absätze 3–4 und 7–8 der Vorlesung gewidmet.

a. Der Politische Liberalismus als Konstruktivismus

In Abschnitt 3 widmet sich Rawls zunächst der Frage, was am Politischen Liberalismus konstruiert ist. Rawls isoliert drei Momente, die in diesen Zusammenhang gehören und die er entlang dieser Fragestellung erörtert: Die Akteure und ihre Situation, die Prozedur, die die Gerechtigkeitsprinzipien generiert, sowie diese Prinzipien selbst. Dass der Gegenstand der Konstruktion im Politischen Liberalismus die Gerechtigkeitsprinzipien sind, wissen wir bereits. Es ist jedoch interessant zu fragen, warum die beiden anderen Momente nicht konstruiert sind.

Gemäß der Liste der konstruktivistischen Eigenschaften, die Rawls in § 1 entwickelt, ergibt sich, dass seine Gerechtigkeitsprinzipien keinen Anspruch auf Wahrheitsfähigkeit erheben, Prinzipien sind, die nicht der theoretischen Vernunft entspringen, und die bei den Akteuren mehr als eine kleine Anzahl theoretisch-kognitiver Fähigkeiten voraussetzen, deren praktische Urteile wiederum nicht wahr, sondern vernünftig sind (PL, 174 f./93 f.). Im Bereich des Politischen Liberalismus, so ist anzumerken, wird die Vernünftigkeit eines Urteils bereits auf die „vernünftige politische Gerechtigkeitskonzeption" zurückgeführt, die sich letztlich auf die ‚allgemeine Mitteilbarkeit' (PL, 198/114) und auf die beiden moralischen Vermögen vernünftiger Personen bezieht.

Für die Prozedur selbst gilt nach Rawls, dass sie lediglich „dargelegt" wird (PL, 185/103). Sie baut auf dem Moment der Definition der Akteure und ihrer

Situation auf, wobei sie weder konstruiert, noch von diesem Moment abgeleitet ist. Vielmehr stellt sie ein Verfahren dar, die zwei moralischen Grundvermögen der Akteure auszudrücken sowie die Konzeption einer wohlgeordneten Gesellschaft in die Gestaltung einer Entscheidungssituation einfließen zu lassen. Wenn die Prozedur die Ausgestaltung einer Entscheidungssituation, aufbauend auf selbst nichtkonstruierten Elementen, ist, so liegt natürlich die Vermutung nahe, dass die Letzteren für den Politischen Liberalismus entscheidend sind. In ihnen verwirklicht sich das klassische Element der Naturzustandsbeschreibung in der Vertragstheorie. Wo aber klassischerweise eine Anthropologie und, darauf aufbauend, allgemeine psychologische Merkmale der Akteure die Ausformung der Entscheidungssituation, den Naturzustand, bedingen, rekurriert Rawls auf die Modellierung epistemischer Vermögen – die Fähigkeit zur Ordnung der eigenen Ziele in einer konsistenten Hierarchie und das Vermögen, sich auf normativ relevante, nämlich zur allgemeinen Mitteilbarkeit der eigenen Normen befähigenden Weise zu beschränken. (Diese Prozedur rekurriert freilich auf eine lange Tradition, die spätestens mit Hume und Smith beginnt: Rawls 1971, 201 FN.) Diese Vermögen verbinden sich bei Rawls mit einer breiten Informationsbasis über konkrete Eigenschaften der Gesellschaft, sodass Rawls die Theorie des Gesellschaftsvertrags nicht nur, wie in der *Theorie* (TJ, 27 f./11) behauptet, auf eine abstraktere Ebene hebt, indem sie von umstrittenen anthropologisch-psychologischen Annahmen absieht, sondern auch gleichzeitig konkreter gestaltet und idealisiert, indem er diese Annahmen durch eine spezifische Konzeption politischer Gerechtigkeit ersetzt (vgl. PL, 185/103; zu Abstraktion und Idealisierung bei Rawls vgl. O'Neill [3]2013)

Dabei findet sich nach Rawls in der Definition der Akteure und ihrer Entscheidungssituation kein Gegenstück zum moralischen Realismus, denn diese Definition baut lediglich auf den Anforderungen der praktischen Vernunft auf. Die beiden entsprechenden moralischen Fähigkeiten ermöglichen das grundlegende normative Postulat in *Politischer Liberalismus*, die allgemeine Mitteilbarkeit der eigenen politischen Überzeugungen, also die Fähigkeit, Positionen zu formulieren, die nicht begründet abgelehnt werden können (Rawls verweist mit dieser Formulierung auf Scanlon 1998, 4 ff.).

Gleichzeitig bedeutet der Umstand, dass, was nicht konstruiert wird, nur dargelegt wird, dass die Konstruktion selbst zirkulär erscheint: Die Gerechtigkeitsprinzipien sind Überzeugungen von hypothetischen Personen, die so konstruiert sind, dass sie diese Überzeugungen entwickeln. Auch wenn innerhalb der Konstruktion die Konzeption des Guten nur auf ihre Kohärenz hin überprüft wird und ihre Vernünftigkeit sich durch ihre allseitige Kommunizierbarkeit ausdrückt, bleibt die Definition des Akteurs, wenn auch unterbestimmt gegenüber einer breiteren Moralpsychologie oder Anthropologie, so doch präzise so bestimmt, dass sie Raum nicht für Widerstreit, sondern nur für vernünftigen Widerstreit lässt. Hierin folgt sie Rawls' Ankündigung, das Projekt auf den Nachweis der Tragfähigkeit seiner Konzeption für den Fall eines vernünftigen Pluralismus einzuschränken (PL, 12 f./xviii f.).

Entsprechend schließt Rawls auch mit der Feststellung: „Es wird also nicht alles konstruiert; wir benötigen sozusagen das Ausgangsmaterial. In einem wörtlicheren Sinne: Nur die inhaltlichen Gerechtigkeitsgrundsätze werden konstruiert" (PL, 186/104). Alle anderen Elemente gehören in einen Darlegungszusammenhang von Vernünftigkeit als allgemeiner Mitteilbarkeit und sind als solche postuliert.

Ist *Politischer Liberalismus* demnach, wie die *Theorie*, doch nur eine umfassende moralische Lehre, die ihre Prinzipien zwar konstruiert, deren Prozedur aber auf Elementen beruht, die die Resultate der Prozedur determinieren? Und sind diese Elemente nicht letztlich moralische Intuitionen, der Politische Konstruktivismus in Wirklichkeit also doch nur ein verschleierter moralischer Realismus?

Abschnitt 4 der Vorlesung scheint diese Einwände entkräften zu wollen. Dort beginnt Rawls mit der Feststellung, dass der Grund für seine Konzeption von Gesellschaft und Person darin liege, dass die praktische Vernunft allein nicht ausreiche zur Konstruktion politischer Gerechtigkeitsgrundsätze, da ihnen dann sozusagen der „Träger" fehle: Praktische Vernunft ohne vernünftelnden Akteur wird nicht praktisch (PL, 190/107). Der Akteur wiederum wird zwar moralisch zweifach eingeschränkt: Der Schleier des Nichtwissens als epistemische Selbstbeschränkung vernünftiger Akteure verhindert, dass empirische Elemente in seine Überlegung einbezogen werden, die auf partikulare individuelle Vorteile, auf die in der Rationalität der Akteure ausgedrückte Ordnung des für sie selbst Guten, abzielen. Zweitens kann er nicht auf umfassende moralische Lehren zurückgreifen. So stellt Rawls' *Theorie* eine Art von Konstruktivismus dar, die den Bereich des Politischen auf entscheidende Weise zu einer umfassenden Doktrin hin überschreitet, sodass für die entsprechenden „Rawlsianer" bedeutete, „daß das Insistieren auf ihren eigenen umfassenden Ansichten von den anderen als ein schlichtes Bestehen auf ihren eigenen Überzeugungen angesehen werden muß" (PL, 214/127 f,; vgl. 135 f./60 f.).

Entsprechend reduziert sich die politisch adäquate Definition des Akteurs nach Rawls auf die Zuschreibung der zwei moralischen Vermögen zu einem Gerechtigkeitssinn und zur Entwicklung einer konsistenten Konzeption des Guten. Freilich bedingt diese Definition bereits eine normative, egalitaristische Komponente, allerdings wiederum eine politische: Die vorausgesetzten zwei moralischen Vermögen, die allen Akteuren unterstellt werden, repräsentieren die normativ relevante Form der Gleichheit im politischen Liberalismus. Und da dessen Gegenstand auf den „Bereich des Politischen“ eingeschränkt ist, und zwar auf der grundlegenden Ebene der Wahl von Verfassungsgrundsätzen, die das öffentliche Leben regeln und das private weitgehend unbeeinflusst lassen sollen, interessiert diese Gleichheit nicht einmal im Bereich der gesamten Moral, sondern wird nur postuliert für den Bereich der Wahl von Gerechtigkeitsgrundsätzen (PL, 191/109). Diese Einschränkung bedingt aber auch eine Erweiterung: Indem es nur um politische Grundsätze geht, ist der moralische Akteur „der freie und gleiche Bürger als Gesellschaftsmitglied und nicht der moralisch Handelnde im allgemeinen“ (PL, 191/109).

Diese Einschränkung auf politische, nicht moralische Grundannahmen, verhindert zwar, dass der *Politische Liberalismus* Rawls’ als umfassende Lehre erscheint, als bloß normative Postulate tragen sie aber weiterhin zur Zirkularität der Theorie bei.

Um dieses Zirkularitätsproblem zu umgehen, könnte man auf den schon am Anfang der Vorlesung angekündigten Umstand verweisen, dass die Gerechtigkeitsprinzipien im Politischen Liberalismus „als das Ergebnis eines bestimmten Konstruktionsverfahrens [...] dargestellt werden können“ (PL, 169/89 f.), während sie im Rahmen des moralischen Konstruktivismus Resultat der Konstruktion *sind* (vgl. Freeman 2007, 354): Im Grunde könnte man argumentieren, dass Rawls’ Darstellung in *Politischer Liberalismus* gegen die Frage nach Konstruktivismus und Realismus indifferent sei. Politische Gerechtigkeitsprinzipien können im Überlegungsgleichgewicht als Resultat einer Konstruktion dargestellt werden, unabhängig davon, wie diese Prinzipien gefunden wurden (Freeman 2007, 354). In dieser Lesart wird die Gefahr der Zirkularität umgangen, allerdings zu dem Preis, dass unklar wird, warum überhaupt eine konstruktivistische Position eingenommen wird. Darüber hinaus wirft sich hier die Frage auf, inwieweit in einer konstruktivistischen Position mit ihrer Betonung prozeduraler Elemente der Umstand, dass Gerechtigkeitsprinzipien aus ganz unterschiedlichen Gründen unterstützt werden, die von Rawls angestrebte „Stabilität aus den richtigen Gründen“ (PL, 59/lviii) gewährleistet werden kann (vgl. O’Neill 2002, 349 und Roberts 2007, 47, der Stabilität durch Toleranz gewährleistet sehen will).

b. Der Politische Liberalismus als objektivitätsfähige Theorie

Die letzten beiden Abschnitte der Vorlesung widmet Rawls der Frage, was unter der Objektivitätsfähigkeit eines konstruktivistischen Ansatzes in der politischen Philosophie zu verstehen ist. Erinnern wir uns an die sechs Elemente objektivitätsfähiger Theorien: Sie müssen (1) einen wechselseitigen Kommunikationsrahmen ermöglichen, in dem alle Beteiligten sich über Qualifikationsmerkmale von Gründen, Urteilen etc. verständigen können, (2) welche wiederum entweder vernünftig oder wahr sind. Diese Gründe müssen (3) durch die Prinzipien der Theorie einer Gewichtung zugänglich sein, die (4) von einem allgemeinen, nicht partikularen Standpunkt aus erfolgt (Rawls 1980, 307 und 340 spricht von einem „suitably constructed social point of view", der letztlich der der hypothetischen Entscheidungsträger hinter dem Schleier des Nichtwissens ist: Rawls 1980, 353; vgl. O'Neill 2002, 353). Schließlich muss die Theorie die Gründe sowohl (5) für Konsens als auch (6) für Dissens erklären können.

Im Lichte der bisher Gesagten ist es wenig überraschend, dass Objektivität im Politischen für Rawls nicht auf Wahrheitsfähigkeit, sondern auf Vernünftigkeit rekurriert. Schließlich war es gerade der Inhalt der Gerechtigkeitskonzeption, der konstruiert wird. Da deren Prinzipien, um ihre politische Funktion, die allseitig anerkannte Ausgestaltung politischer Institutionen, erfüllen zu können, allseitig geteilt werden müssen, bedürfen sie einer allgemeinen Qualität der Akteure, bei Rawls der zwei moralischen Vermögen, mittels deren die Prinzipien gefunden werden. Entsprechend hängt die Objektivität politischer Konzeptionen an einer bedeutenden Anzahl von Elementen, die letztlich alle in den Rahmen des Politischen Konstruktivismus eingebaut werden. Politische Überzeugungen sind objektiv, wenn die Akteure sich auszeichnen durch (a) die für die zwei moralischen Vermögen, Vernunft und Rationalität, sie (b) ausreichend intelligent und gewissenhaft in der Ausübung dieser Vermögen sind und (c) sich nicht bei der konkreten Ausübung dieser Vermögen irren. Durch die Erfüllung dieser kognitiv-motivationalen Vorbedingungen finden sie Einigkeit über die entsprechenden Überzeugungen oder verringern zumindest „die Differenzen zwischen ihnen beträchtlich" (PL, 204/119). Dabei ist es keine logische Konsistenz, die die Objektivität politischer Überzeugungen beweist, sondern vielmehr ihr empirischer Erfolg über eine gewisse Zeit. Rawls macht deutlich, dass es der Erfolg einer „gemeinsam geteilten Praxis" ist, allerdings nur unter denen, die „vernünftig und rational" sind, der den Nachweis des dritten Objektivitätskriteriums erbringt (PL, 204/119), wobei die ersten zwei vorausgesetzt sind.

Allerdings bedeutet dieser *a posteriori*-Nachweis, dass es lediglich darum geht, eine „Überzeugung" zu stützen. Obwohl es nur auf Überzeugungen abzielt, „genügt diese wohlerwogene Übereinstimmung im Urteilen [...] normalerweise für Objektivität" (PL, 205/120). Das fünfte Objektivitätskriterium wird also ebenfalls empirisch erbracht. Schwieriger steht es beim letzten und hier wird der Objektivitätsanspruch am rationalistischsten vertreten. Da vernünftiges und rationales Überlegen nämlich zu Einigkeit oder zumindest einer signifikanten Annäherung der Akteure führt, bedarf es einer Zusatzannahme, wenn nicht jeder (langfristige und signifikante) Dissens als Nachweis mangelnder Objektivität der politischen Konzeption gelten soll. Dabei insistiert Rawls, dass der entsprechende

Dissens einerseits, erfüllen die Akteure alle Voraussetzungen für die Objektivität politischer Überzeugungen, auf dem basieren kann, was Rawls die „Bürden des Urteilens“ nennt (PL, 206/121). Diese beziehen sich auf die notwendigen Grenzen der Individuen bezüglich Informationsbeschaffung und kognitiver Kapazitäten in Anbetracht potentiell zu großer sachlicher Komplexität (PL, 129 f./56 f.).

In diesem Argument lässt sich die objektive Vernünftigkeit einer politischen Konzeption durch ihren Erfolg nachweisen, vorausgesetzt, die Akteure, die diesen Erfolg begründen, erfüllen die kognitiven und motivationalen Voraussetzungen der Theorie. Ein zweites Argument verweist auf die politische Konstruktion selbst, indem sich in ihr nicht nur eine Prozedur findet, deren Ergebnisse „vernünftigerweise nicht zurückgewiesen“ werden können, sondern auch eine zugehörige Motivation (PL, 210/124). In diesem zweiten Argument tritt der Allgemeinheitsanspruch der Rawls'schen Konzeption praktischer Vernunft nicht als postulierte und nur in Teilen überprüfbare Voraussetzung der empirischen Resultate auf, sondern als Quelle einer Prozedur, die bestimmte politische Überzeugungen zurückweisen kann, andere nicht (vgl. Rawls' Sklaverei-Argument: PL, 209 f./123 f.). Dabei schränken die Kohärenzbedingungen einer politischen Konzeption diese auf bestimmte normative Aussagen ein. Basierend beispielsweise auf den gemachten Gleichheitsannahmen über vernünftige und rationale Akteure, gilt für Rawls, dass die Institution der Sklaverei politisch nicht konstruiert werden kann. Sklaverei ist keine „Konstruktionsmöglichkeit“ des Politischen Liberalismus. Dabei ist es wichtig festzustellen, dass hier kein normatives Urteil über die Sklaverei gefällt werden soll, sondern ein deskriptives über die Möglichkeit, ein positives normatives Urteil über Sklaverei in einen kohärenten Argumentationszusammenhang mit dem Rest der politischen, also nicht-umfassenden Doktrin des politischen Liberalismus zu bringen. Der Grund, warum diese Konstruktionsmöglichkeit nicht gegeben ist, liegt wiederum in einer anderen Art von Faktum, das wiederum kein normatives Urteil darstellt, namentlich der Definition von „Sklaverei“ („einigen Personen [ist es] erlaubt, andere als Eigentum zu besitzen“: PL, 207/122). Als Fakten sind weder die eine Feststellung noch die andere konstruiert. Vielmehr gehört Letztere zum ersten Objektivitätskriterium, dem allgemeinen Denkrahmen der Theorie, Erstere ist eine Konsequenz der Gleichheitsbedingungen der praktischen Vernunft der Akteure, die die politische Konstruktion vornehmen.

5.5 Schluss

Für Rawls ist es von größter Bedeutung, dass der Politische Liberalismus den Anforderungen eines vernünftigen Pluralismus umfassender Doktrinen in einer Gesellschaft genügt. Um Orientierung in politischen Grundfragen zu geben, muss er zweierlei leisten: Er muss einerseits für alle vernünftige umfassende Doktrinen akzeptable Gerechtigkeitsgrundsätze generieren, andererseits einen Standard bereitstellen, um unvernünftige umfassende Doktrinen ausschließen zu können. Er darf also einerseits keine umfassende Moraltheorie sein, andererseits aber auch kein breiter moralischer Relativismus. Rawls' Lösung führt darauf hinaus, dass der Politische Liberalismus seine Gerechtigkeitsgrundsätze über eine Prozedur konstruiert, die es ihm erlaubt, als Konstruktionsbedingungen Annahmen über die zugehörigen Akteure und deren Vorstellung über die Gesellschaft zu machen, die nur auf Fähigkeiten rekurrieren, die für die entsprechende Prozedur und ihren Zweck selbst konstitutiv sind: Die Akteure sind in der Lage, konsistent ihre Ziele zu ordnen und ein Verständnis dafür zu entwickeln, dass bestimmte Gleichheitsvoraussetzungen bei der Zielverfolgung angemessen sind. Ergebnis ist eine nicht-realistische und nicht-relativistische Theorie politischer Gerechtigkeit, die sich allerdings an entscheidender Stelle nur um den Preis einer zweifelhaften Zirkularität erkaufen lässt.

Literatur

Freeman, S. 2007: Rawls, Oxon/New York.

O'Neill, O. 2002: Constructivism in Rawls and Kant, in: S. Freeman (Hrsg.), The Cambridge Companion to Rawls, Cambridge, Mass, 347–367.

O'Neill, O. [3]2013: The Method of A Theory of Justice (§§ 7, 9, 23–26, 63–64, 87), in: O. Höffe (Hrsg.), John Rawls. Eine Theorie der Gerechtigkeit, Berlin, 25–40.

Roberts, P. 2007: Political Constructivism, Oxon/New York.

Scanlon, T. 1998: What We Owe To Each Other, Cambridge, Mass/London.

Otfried Höffe

6 Die Idee eines übergreifenden Konsenses (Vorlesung IV)

Mit der vierten Vorlesung beginnt der zweite Teil des *Politischen Liberalismus*. Auf die vier „grundlegenden Ideen" (*fundamental ideas*) der ersten Vorlesung – die politische Gerechtigkeitskonzeption, die Gesellschaft als ein faires Kooperationssystem, der Urzustand und die wohlgeordnete Gesellschaft – folgen jetzt drei zu ihnen subsidiäre Ideen, „Hauptideen" (*main ideas*) genannt: der übergreifende Konsens, die mit dem Vorrang des Rechten verbundenen Ideen des Guten (als Plural) und die öffentliche Vernunft.

Erneut pflegt unser Philosoph den bislang praktizierten Stil: Er fasst die bisherigen Überlegungen zusammen, gibt einen Ausblick auf das neue Thema, das er dann in acht in sich noch gegliederten Paragraphen sorgfältig, allerdings gelegentlich auch mit einer durch Wiederholungen ermüdenden Penibilität behandelt.

Beginnen wir mit einer Zusammenfassung, die durch Rawls' gelegentlich umständliche Argumentation erschwert, durch seine eigenen Zwischenbilanzen und Schlusszusammenfassungen aber wieder erleichtert wird. Daran schließen wir einige teils analysierende, teils problematisierende Überlegungen an.

6.1 Die Idee eines übergreifenden Konsenses

Weil er sie für so grundlegend hält, wiederholt Rawls als erstes seine selbstgestellte Aufgabe: Der politische Liberalismus, also die Sache, nicht etwa in einer dann maßlosen Selbstüberschätzung das Buch, soll eine stabile und gerechte Gesellschaft von freien und gleichen Bürgern ermöglichen, obwohl diese durch sich ausschließende religiöse, philosophische und moralische Lehren getrennt sind. Danach erinnert Rawls an den Inhalt des ersten Teiles, dessen drei Vorlesungen.

Im Unterschied zu der in der „Einleitung 1992" (PL, 14/xviii) genannten Abfolge „stabile und gerechte" Gesellschaft widmet sich der jetzt folgende zweite Teil des Werkes zunächst der als Fairness bestimmten Gerechtigkeit und erst danach der Stabilität, die einleitend, aber nicht durchweg um das Stichwort „Einheit" ergänzt wird. Dafür brauche es nach der als grundlegend qualifizierten Idee einer politischen Gerechtigkeitskonzeption eine zweite elementare Idee, die des übergreifenden, wörtlich: überlappenden Konsenses (*overlapping consensus*) (PL, 220/134). Rawls qualifiziert beide Ideen als „basic" (PL, 220/134). Um den Unterschied zu den „grundlegenden" (*fundamental*) Ideen nicht zu verwischen, weiche ich von der veröffentlichten Übersetzung „grundlegend" ab und schlage statt dessen „elementar" vor.

Unter der Frage von § 1 der Vorlesung IV, wie der politische Liberalismus möglich sei, unterscheidet Rawls Gerechtigkeitskonzeptionen, die eine Pluralität vernünftiger, aber konträrer Lehren zulassen, von denen, die es nicht tun. Dass das Letztere gleichermaßen für Platon und Aristoteles, Augustinus und Thomas von Aquin sowie die klassischen Utilitaristen Bentham, Mill und Sidgwick, nicht zuletzt für Zeitgenossen wie Joseph Raz und Ronald Dworkin sowie Jürgen Habermas zutreffe, wird exemplarisch zu prüfen sein (s. Abschn. 6.2).

Es folgen zwei Merkmale für die politischen Beziehungen innerhalb einer konstitutionellen Ordnung: Im Unterschied zu Vereinigungen (*associational*) (PL, 224/137) tritt man ihr nicht freiwillig bei. Man wird vielmehr in sie hineingeboren, was allerdings die Frage aufdränge, wie es mit Einwanderern (und Asylsuchenden) aussehe. Rawls verschiebt diese Frage auf ein „Recht der Völker" (s. in diesem Band Kap. 11). Weiterhin sei die politische Macht „letztlich die Macht der Öffentlichkeit", für Rawls „die kollektive Macht freier und gleicher Bürger" (PL, 222/136).

Rawls erkennt an, dass diese Macht sanktionsbefugt ist, erwähnt diese Qualifikation aber erstaunlich beiläufig. Die für ein Gemeinwesen und für dessen Rechtfertigung doch erhebliche Zwangsbefugnis wird nirgendwo begründet. In einer empfindlichen Einschränkung des Themenfeldes der klassischen, vor allem neuzeitlichen politischen Philosophie entfällt die Legitimation politischer Herrschaft. Die einschlägigen Stichworte „Autorität", „Sanktion" und „Zwangsmacht", aber auch „Herrschaft" kommen nicht einmal im Register vor. Rawls interessiert sich bei der Zwangsbefugnis nur für ihre angemessene Ausübung („appropriately exercised") (PL, 223/137):

Nach seinem „liberalen Legitimitätsprinzip" (PL, 223/137) sieht er die Angemessenheit dort gegeben, wo die wesentlichen Inhalte die Anerkennung seitens der einschlägigen gemeinsamen Instanz, der menschlichen Vernunft, vernünftigerweise erwarten lassen. Weil diese Bestimmung zweifach auf die Vernunft rekurriert, lässt sich hier ein hermeneutischer Zirkel oder eine Petitio principii vermuten: Rawls erklärt nicht, die Vernunft lasse die Anerkennung erwarten, sondern lediglich, wo die Vernunft agiere, gebe es eine vernünftige Erwartung, so dass die Vernunft eine Voraussetzung und, qua Erwartung, das Ergebnis zugleich ist (s. auch Abschn. 6.3).

In einer Art Zusammenfassung taucht am Ende von § 1.3 ein drittes Merkmal des Politischen auf: Es sei nicht wie das Persönliche und Familiäre gefühlsbetont (*affectional*) (PL, 224/137). Dabei bleibt unklar, ob das Politische auf andere Weise oder aber gar nicht gefühlsbetont ist. Insofern Rawls mehrfach auf eine (von Aristoteles bekannte – *Nikomachische Ethik* VIII 1, 1153a22 ff. u. a. –, auf ihn aber nicht bezogene) Bürgerfreundschaft (*civic friendship*) wert legt, scheint er für das Politische doch eine gewisse Gefühlsbindung anzunehmen.

Im Rahmen seiner Grundthese, in Verfassungsfragen berufe man sich möglichst ausschließlich auf politische Werte, setzt sich Rawls mit der berühmten Behauptung „extra ecclesiam nulla salus“ auseinander, was man üblicherweise als „außerhalb der Kirche kein Heil“ (nicht wie in der deutschen Übersetzung „keine Erlösung“) (PL, 224/138) übersetzt. Von seinem politischen Liberalismus her überzeugt Rawls in beiden Hinsichten, einmal dass er die Wahrheit der Behauptung nicht diskutiert – diese Aufgabe gehört nämlich in den Bereich einer umfassenden Lehre –, zum anderen dass er erklärt, wenn man dieser Lehre denn anhänge, dürfe man sie nicht mit Gewalt durchsetzen. Und generell sei der politische Liberalismus in dem Sinn eine freistehende Lehre, als er nicht auf die religiöse oder moralische Begründung einer umfassenden Lehre angewiesen sei.

Dass nach Rawls die Geschichte der Religion und der Philosophie – sie hängen übrigens kaum so eng zusammen, wie diese Formulierung suggeriert – viele vernünftige Möglichkeiten zeigen, den politischen Liberalismus zu unterstützen, wäre allerdings zu belegen. Beispielsweise ruft das nicht seltene Selbstverständnis eines Volkes, auserwählt zu sein, Skepsis auf den Plan. Zwar spricht das neutestamentalische Wort „gebt dem Kaiser, was des Kaisers, und Gott, was Gottes ist“ (Matthäus 22,21) eher dafür, während es im Islam, im Hinduismus und im Buddhismus je anders aussieht. Und in der von der Religion ziemlich unabhängigen Geschichte der Philosophie gibt es von Nikolaus von Kues, Spinoza (beide werden von Rawls nicht erwähnt) und Locke bis Kant und Mill zweifellos nicht bloß viele Belege zugunsten von Rawls, sondern auch zahlreiche Gegenbelege.

Das anschließend, in § 2, behandelte Problem der Stabilität erörtert Rawls ausdrücklich nicht als praktische Angelegenheit von Überredung und zwangsweiser Durchsetzung. Es komme vielmehr auf eine „Stabilität aus den richtigen Gründen“, dabei auf einen entsprechend wirksamen Gerechtigkeitssinn und ein „begründetes Zugehörigkeitsgefühl“ (PL, 230/142) an (wörtlich Treue, ohne den in der Übersetzung „-gefühl“ anklingenden affektiven Unterton: „reasoned allegiance“): Um freien und gleichen Bürgern als anerkennenswert zu erscheinen, richte man sich an deren öffentliche Vernunft.

Der Titel von § 3 kündigt „Drei Merkmale eines übergreifenden Konsenses“ (PL, 231/144) an. Deutlicher werden aber bloß die zwei Hauptaspekte, an die Rawls erinnert: Der Konsens betrifft zwar umfassende Lehren, aber nur die vernünftigen unter ihnen. Außerdem löst er sich so weit wie möglich von deren religiösen, philosophischen und moralischen Lehren, womit nur die freistehende Lehre übrigbleibt.

In diesem Zusammenhang drängt sich eine Frage auf, der sich Rawls selbst nicht stellt: Wie soll man mit unvernünftigen Lehren umgehen? Gibt es sie in der wohlgeordneten Gesellschaft nicht mehr, oder werden sie, da es sie doch gibt, so lange geduldet, wie sie das liberale Legitimitätsprinzip nicht verletzen?

Statt dessen kündigt Rawls im Fortgang von § 3 vier Einwände an, mit deren Entkräftung er beim ersten Einwand, einem bloßen *modus vivendi*, beginnt. Während dieser auf der glücklichen Konvergenz von Interessen und auf einem relativen Kräfte-Gleichgewicht, also Opportunitätsgründen, beruht, daher sich bei veränderten Umständen auflöst, hat die politische Gerechtigkeitskonzeption schon für sich einen moralischen Charakter. Und da sie zusätzlich aus moralischen Gründen bejaht wird, erhalte sie eine weit größere Stabilität. Das Ergebnis ist ein Konsens, der sich durch die drei zunächst bloß angekündigten Merkmale auszeichnet: Seiner „Tiefe“ nach reicht er bis zu den grundlegenden Ideen, in seiner „Weite“ deckt er die Grundsätze und Werte einer politischen Konzeption ab und hinsichtlich der „Bestimmtheit“ (PL, 237/149) gilt er für die gesamte Grundstruktur einer Gesellschaft.

§ 4 entkräftet den zweiten Einwand: Obwohl der übergreifende Konsens grundlegende religiöse, philosophische oder moralische Fragen beiseite setzt, macht er sich weder eines fundamentalethischen Relativismus, der Gleichgültigkeit gegen die Wahrheit der genannten Fragen, noch eines nicht minder fundamentalen ethischen Skeptizismus gegen sie schuldig. Er überlässt es nämlich den einzelnen Bürgern, die Wahrheitsfrage gemäß ihren Auffassungen zu beantworten.

Dem dritten Einwand, eine politische Konzeption müsse umfassend sein, hält § 5 entgegen, dass die nichtpolitischen Werte außer Betracht bleiben können. Um angesichts des vernünftigen Pluralismus zu einer „Versöhnung“ (*reconciliation*) (PL, 248/157) mittels öffentlicher Vernunft zu gelangen, genügen nämlich die politischen Werte.

Dem vierten und letzten Einwand, dem des Utopischen (besser wäre es, von einer realistischen Vision zu sprechen), begegnet Rawls mit dem Gedanken eines stabilen „Verfassungskonsenses“ (*constitutional consensus*) (PL, 249/148), der unter drei Voraussetzungen zustande komme: Gewisse Grundrechte und Freiheiten werden ein für allemal festgelegt; ihre Anwendung erfolgt über eine den Bürgern allgemein zugängliche Argumentation, „also durch den common sense“ (PL, 253/162); schließlich fördern die einschlägigen politischen Institutionen die kooperativen Tugenden des politischen Lebens.

§ 7 skizziert die Kräfte, die vom Verfassungskonsens in Richtung eines übergreifenden Konsenses drängen und die drei in § 3 eingeführten Aspekte betreffen. *Tiefe*: Um in der öffentlichen Debatte zum Zweck, eine Mehrheit zu finden, sich anderen Gruppen verständlich zu machen, beruft man sich auf eine allgemein anerkannte Diskussionswährung, auf politische Gerechtigkeitskonzeptionen. *Weite*: Ein rein politischer und prozeduraler Verfassungskonsens ist deshalb zu eng, weil seine Rechte, Freiheiten und Verfahren nur einen begrenzten Teil der grundlegenden politischen Fragen abdecken. *Bestimmtheit*: Der übergreifende Konsens, so vermutet Rawls, ist nur beim Vorliegen von zwei Bedingungen möglich: dass die Gerechtigkeitskonzeption bei Interessenskonflikten auf zentralere grundlegende Ideen zurückgreift und dass sie im Blick auf die sie stützenden Interessen stabil ist.

Der abschließende § 8 erörtert die Beziehung zwischen Konzeptionen und Lehren. Gegen die Annahme, der übergreifende Konsens sei als ein Kompromiss zu verstehen, behauptet Rawls von (a) allen historisch wichtigen Religionen, was er dann sukzessive nicht für sie, wohl aber (b) für Kants Moralphilosophie der Autonomie, (c) für den klassischen Utilitarismus von Bentham und Sidgwick (der in § 1.1 auch erwähnte Vertreter Edgeworth fehlt hier) und (d) für eine pluralistische Erklärung des Reiches der Werte skizziert: Sie alle lassen sich zwar als vernünftige, aber doch umfassende Lehren betrachten.

Die vierte Vorlesung schließt mit der Erinnerung an die Kantische Aufgabe, einen vernünftigen Glauben zu verteidigen. Dabei geht es, sagt Rawls in der 3. Vorlesung (§ 2.2), nicht um „das ältere philosophische Problem", die Vereinbarkeit von Glaube und Vernunft, sondern um „die Kohärenz und Einheit der theoretischen und praktischen Vernunft mit sich selbst". Dem *Politischen Liberalismus* kommt es dabei nicht auf die Philosophie insgesamt an, sondern lediglich auf „die Verteidigung des Glaubens an die Möglichkeit einer gerechten konstitutionellen Ordnung" (PL, 4. Vorl., § 8.4). – So weit Rawls' Gedankengang; es folgen einige kritische Rückfragen.

6.2 Ist die traditionelle politische Philosophie von Metaphysik und Theologie kontaminiert? Zum Beispiel Aristoteles

Rawls vertritt sein bescheidenes Konzept des politischen Liberalismus auf die für viele Philosophen charakteristische Weise der Unbescheidenheit. Denn seiner Ansicht nach herrscht in der gesamten Philosophie, von den Griechen bis zum klassischen Utilitarismus und über ihn hinaus, eine durch drei Eigenschaften bestimmte Tradition vor. Erstens gebe es „nur eine einzige vernünftige und rationale Konzeption des Guten" (PL, 220/135). Zweitens sei es das Ziel der politischen Philosophie, „Wesen und Inhalt" (PL, 220/135) dieser Konzeption zu bestimmen. Und drittens werde die politische Philosophie „zusammen mit der Theologie und Metaphysik stets als ein Teil der Moralphilosophie betrachtet" (PL, 4. Vorl., § 1.1, 220/135). Er, John Rawls, erklärt der Autor stillschweigend, sei nun der erste politische Denker, der mit dieser Tradition breche und in einer revolutionären Wende die Pluralität konkurrierender vernünftiger Konzeptionen des Guten erlaube. Dieser Anspruch mag für Rawls' politischen Liberalismus nicht wesentlich sein. Er ist aber für das Selbstverständnis des Autors, überdies für ein angemessenes Verständnis der Tradition, auf die sich Rawls bezieht, nicht belanglos, daher einer Überprüfung wert.

Ohne eine nähere Betrachtung der doch facettenreichen Geschichte der politischen Philosophie lässt sich Rawls' ebenso pauschale wie unbescheidene These schwerlich überprüfen. Zunächst eine ebenso pauschale Antwort: In der *Politeia* kommt Platon der genannten Tradition wegen der dort vertretenen Ideenlehre fraglos nahe, im späteren, auf die Ideenlehre verzichtenden Dialog *Politikos* hingegen kaum. Augustinus lässt sich in *De Civitate Dei* annäherungsweise unter die genannte Tradition subsumieren, Aristoteles, will ich zeigen, aber nicht. Und weil Thomas von Aquin der große Neoaristoteliker des Mittelalters ist, verdient auch er ein Fragezeichen. Im Folgenden beschränke ich mich aber auf einen einzigen politischen Philosophen, der zudem im Mittelalter zum Ausgangspunkt einer facettenreichen Politikwissenschaft wird, auf Aristoteles.

Mein erstes Gegenargument gegen Rawls: Weil dessen Leitbegriff in der Gerechtigkeit als einem vor- und überpositiven Begriff besteht, ist Aristoteles' Gerechtigkeitsabhandlung, also Buch V der *Nikomachischen Ethik*, entscheidend und sind es innerhalb ihrer die Überlegungen zum Naturrecht. Beide kommen aber sowohl ohne jede Religion bzw. Theologie als auch ohne jede Metaphysik im Sinne (1) einer allgemeinen Ontologie oder (2) einer Philosophie der Theologie, auch im abgeschwächten Sinn einer (3) auf andere Weise umfassenden Lehre aus. Insofern haben sie einen rein säkularen und, darf man sagen, modernen Charakter.

Die Religionsgeschichte zeigt, dass selbst Religionen, die von ihrer Gründung her so friedlich wie das Christentum und der Buddhismus sind, bald polemogene Züge offenbaren können. Auch der Metaphysikgeschichte sind bekanntlich Streitigkeiten, glücklicherweise aber nur intellektuelle Dispute, nicht fremd. Indem Aristoteles' Naturrecht sich von allen religiösen und metaphysischen Einfärbungen freihält, ist es beiden Streitigkeiten, sowohl den religiösen und konfessionellen als auch den metaphysischen Kontroversen (im Sinne der drei genannten Arten von Methaphysik), enthoben. Es hat insofern den von Rawls für sich reklamierten angeblich zum ersten Mal praktizierten „freistehenden Charakter".

Aristoteles' Grundthese einer politischen Anthropologie (*Politik* I 2, vgl. dazu Höffe [4]2014, Kap. 15.2), die politische Natur des Menschen, kommt ebenfalls ohne religiöse und weithin ohne im genannten Sinn metaphysische Elemente aus. Dasselbe gilt im Rahmen der Verfassungslehre für den Gegensatz von Gemeinwohl und Herrscherwohl und für den Vorrang der Politie. Auch in der „Polis nach Wunsch" spielen Religion und Politik keine zentrale Rolle (s. Geiger 2013). All diese Überlegungen erfüllen also Rawls' Liberalitätskriterium für eine politische Theorie; sie sind „freistehend".

Mein zweites Gegenargument fragt, worin denn der positive Gehalt des Aristotelischen Naturrechts liegt. Bekanntlich gehen auf den Stagiriten die für Gerechtigkeitstheorien seitdem maßgeblichen Unterscheidungen zurück. Beispielsweise setzt Aristoteles eine allgemeine Gerechtigkeit, eine umfassende Rechtschaffenheit, gegen die Gerechtigkeit im Sinne einer besonderen Tugend ab und unterscheidet bei ihr Fragen der Verteilung, die *iustitia ditributiva*, von zivil- und strafrechtlichen Fragen der Ordnung und des Austausches, die *iustitia commutativa*. Gegen diesen Gesamtbereich setzt er die Gerechtigkeit in Institutionen ab. Bei deren politischem Bereich, idealiterweise – wie bei Rawls! – einer Selbstregierung freier und gleicher Bürger, taucht nun der Begriff des Naturrechts auf. Denn innerhalb des politisch Gerechten führt Aristoteles aperçuhaft knapp eine Unterscheidung ein, die in Sophokles' *Antigone* anklingt, von den Sophisten die seither üblichen Bezeichnungen erhält und von Aristoteles für das abendländische Rechts- und Gerechtigkeitsdenken gewissermaßen kanonisiert wird. Es ist die Unterscheidung des Natürlichen (*to physikon* bzw. *physei* oder *kata physin*) und des Gesetzlichen (*to nomikon*; *Nikomachische Ethik* V 10, 1134 b18–1135a5; vgl. *Rhetorik* I 13,1373b4 ff.). Später spricht man von Naturrecht und positivem Recht.

Während nach Aristoteles die eine Seite sich der Übereinkunft und Ordnung verdankt (*Nikomachische Ethik* V 10, 1134b21 ff., b32; 1135a10), zeichnet sich die andere durch Universalität („was überall mit gleicher Kraft": *dynamis*) und Nichtbeliebigkeit aus. Das von Natur aus Gerechte ist eine ungeschriebene (vgl. VIII 15, 1162b22), den Polisgesetzen übergeordnete, objektive Rechts- und Verfassungs„idee". Das Handeln von Sophokles' Antigone, dass sie trotz des entgegenstehenden Verbotes ihren Bruder Polyneikes bestattet, fällt nach Aristoteles' *Rhetorik* (I 13, 1373b9–18) unter die Beispiele, die üblicherweise für das im natürlichen Sinne Gerechte angeführt werden.

Erstaunlicherweise gilt das Naturrecht bei Aristoteles als veränderlich (*kinêton*), was seiner Universalität zu widersprechen scheint. Der Philosoph schränkt allerdings ein. Veränderlich sei es nicht bei den Göttern, nur bei uns (*Nikomachische Ethik* V 10, 1134b 28–30). Gemäß dem Vergleich mit der Hand – die Rechte sei von Natur aus stärker, nach entsprechendem Training könne man aber beide Hände gleich gut gebrauchen (1134b33–35) – denkt Aristoteles kaum an eine Aufweichung der universalen Gültigkeit, sondern eher an (illegitime?) Abweichungen. Und bei den Verfassungen erklärt er ausdrücklich eine einzige zu der von Natur aus besten (1135a4 f.). Bei der entsprechenden Verfassung geht es gemäß der einige Zeilen vorher vertretenen Ansicht um ein von Freien und Gleichen geführtes Zusammenleben zum Zweck der Autarkie (1134a 26 f.). Ein derartiges Zusammenleben, eine nach heutigen Begriffen partizipative oder auch

„republikanische“ Demokratie, erfüllt zugleich ein anderes Kriterium von Rawls’ politischem Liberalismus.

Die naheliegende Frage, worin das Naturrecht denn inhaltlich besteht, greift Aristoteles nicht auf – außer der angedeuteten These, dass es eine Autarkie, also Selbstgenügsamkeit, freier und gleicher Bürger zugunsten ihres Gemeinwohls geben soll. Offensichtlich vertritt er hier also keine umfassende Lehre. Dass Aristoteles’ gesamtes Denken einen inhaltlich umfassenderen Charakter hat, spricht für seinen gegenüber Rawls weit größeren philosophischen Horizont, aber nicht gegen ein hohes Maß an politischer Liberalität innerhalb seiner Gerechtigkeits- und seiner Politiktheorie.

Aristoteles ist sogar noch bescheidener als Rawls mit dem Gedanken des übergreifenden Konsenses. Denn, erfahren wir in der *Politik* (z. B. III 11, 1282b2 f.; vgl. III 16, 1287a18 ff.), die Selbstregierung darf nicht willkürlich sein, sie muss sich vielmehr an Gesetze binden und eine gewisse Gewaltenteilung anerkennen. Der Inhalt der Gesetze bleibt aber offen. Und der für Rawls wichtige Gedanke von unveräußerlichen Grundfreiheiten ist Aristoteles nicht etwa kontingenterweise, sondern grundsätzlich fremd. Denn nach ihm gibt es Sklaven von Natur aus (*physei douloi*: *Politik* I 5–6). Und weil auch Frauen, ohnehin Barbaren nicht gleichberechtigt sind, wird keineswegs der Mensch als Mensch zum Subjekt und Maß der politischen Ordnung. Der dafür notwendige Vorschritt aber, der Gedanke eines der menschlichen Willkür entzogenen und allem positiven Recht vorgeordneten Naturrechts, geht dank Aristoteles ins allgemeine europäische Rechtsdenken ein. In dieser Hinsicht, so mein zweites Gegenargument gegen Rawls, ist schon Aristoteles ein liberaler Denker, dessen Liberalismus gemäß dem ersten Gegenargument metaphysikfrei ist.

Wie sieht es, so ein dritter gegen Rawls skeptischer Argumentationsschritt, mit der Theorie des Guten und einem eventuellen Vorrang des Rechten aus? Hier ist schon deshalb keine schlichte Antwort möglich, weil Aristoteles zwei Grundarten des *dikaion*, des Rechten und Gerechten, kennt. Die eine Grundart ist die allgemeine Gerechtigkeit, verstanden als Inbegriff aller auf andere bezogenen Tugenden. In dieser generellen Rechtschaffenheit wird die Frage nach einem Vorrang hinfällig, denn das Gute besteht im Tun des Rechten und das Rechte im Tun des Guten.

Einwenden mag man, das Rechte bzw. Gerechte werde nach Aristoteles doch um der Eudaimonie, also um des Guten willen verfolgt. Das ist richtig und hat trotzdem nicht die Kraft eines Einwandes. Denn wie Aristoteles exemplarisch bei einer anderen Tugend, der Tapferkeit, andeutet (*Nikomachische Ethik* I 1, 1094b 16–19), kann man durch rechtschaffenes Handeln Nachteile erleiden. Diese Nachteile, also Beeinträchtigungen des Guten im Sinne von Eigenwohl, erlauben aber keinerlei Abweichen von der Rechtschaffenheit.

Hat nun Aristoteles vom Guten die von Rawls behauptete umfassende Theorie? Seine Theorie der *Eudaimonia* ist mit den zwei Kriterien: *telos teleiotaton*, schlechthin höchstes Ziel, und *autarkeia*, Selbstgenügsamkeit, so formal (*Nikomachische Ethik* I 5), dass die Qualifikation als umfassende Theorie nicht so recht passt. Hinzukommt, dass Aristoteles insofern eine Pluralität zulässt, als er zwei Lebensformen (*bioi*) für vom Leitziel der Eudaimonie her vertretbar hält, außer dem theoretischen auch das sittlich-politische Leben. Im übrigen versteht er unter der Eudaimonie das, was die Bürger letztlich selber wollen, nämlich ein gelungenes Leben. In einer Art von Aufklärung zeigt er ihnen „nur", wie sie das, was sie eigentlich wollen, strukturell verfehlen: Wer letztlich ausschließlich oder vornehmlich den Genuss oder Ehre und Macht oder Reichtum sucht, erreicht die Eudaimonie nicht (*Nikomachische Ethik* I 3). Die glückstauglichen Lebensformen dagegen, wie beispielsweise das sittlich-politische Leben, werden den freien und gleichen Bürgern nur empfohlen. Dass sie nicht rechtlich oder politisch, nicht einmal moralisch vorgeschrieben werden, zeigt eine weitere Nähe zu Rawls' politischem Liberalismus.

6.3 Vernünftige Lehren: ein hermeneutischer Zirkel?

Nicht für beliebige umfassende Lehren sucht Rawls einen übergreifenden Konsens, er nimmt vielmehr eine Vorab-Selektion vor: Die Lehren dürfen nicht unvernünftig, vor allem nicht irrational sein (PL, 4. Vorl., § 3.1). Sie müssen also über die Eigenschaft schon verfügen, die die dritte elementare Hauptidee von Rawls' politischen Liberalismus auszeichnet, über das Vernünftig-sein. Diese Selektion stimmt mit Rawls' Ausgangspunkt im *Politischen Liberalismus* überein. Sie folgt aus dem Faktum eines Pluralismus, der erneut kein beliebiger, sondern nur ein vernünftiger Pluralismus sein darf.

Dass der übergreifende Konsens ohne diese Vorab-Selektion nicht möglich ist, räumt unser Philosoph selber ein. Handelt es sich aber hierbei um eine zureichende Rechtfertigung: dass man eine Voraussetzung macht, um sein Argumentationsziel erreichen zu können? Mehr noch: Darf die Voraussetzung schon das fürs Argumentationsziel wesentliche Element enthalten? Zugegeben: Als eine Art Zwischenrechtfertigung taugt die Erreichbarkeit, gewiss. Aber von einer zureichenden Rechtfertigung erwartet man mehr, zumal man sich in einem Zirkel bewegt, wenn man schon voraussetzt, was doch erst bewiesen werden soll, hier die Qualifikation des Vernünftigen.

„Vernünftig" soll der für den politischen Liberalismus entscheidende Teil des Pluralismus sein. Das Vernünftige besteht hier darin, dass die entsprechenden Lehren aus der freien praktischen Vernunft resultieren, die wiederum in freien

Institutionen wirksam ist. Institutionen sind nun frei, wenn es den freien und gleichen Bürger erlaubt ist, ihrer Freiheit, insbesondere ihrer Meinungsfreiheit, folgen zu dürfen. Dabei ist dieses Dürfen, ein wesentlicher Bestandteil der Grundfreiheiten, nämlich Ausdruck jener wechselseitigen Anerkennung als frei und gleich, die ihrerseits Zeichen der in politischer Hinsicht praktischen Vernunft ist. Die wechselseitige Anerkennung wiederum zeichnet eine demokratische Verfassung bzw. eine konstitutionelle Demokratie aus. Damit hat sich in Rawls' politischem Liberalismus tatsächlich ein Zirkel gefunden:

Der politische Liberalismus ist die politische Theorie einer als gerecht vorausgesetzten lebendigen konstitutionellen Demokratie. Denn setzt man eine derartige Gesellschaftsstruktur voraus, so findet man – in einer nur geringen Idealisierung – all die Elemente, auf die Rawls Wert legt: (1) Es gibt eine gemeinsam anerkannte Gerechtigkeitskonzeption. (2) Diese Konzeption mag sich aus religiösen, philosophischen oder moralischen Quellen speisen, die bei Rawls „umfassende Lehren" heißen. Sie benötigen von diesen Lehren aber nur einen kleinen Teil, jenen „vernünftig" genannten genuin politischen Kern, der für ein konstitutionell demokratisches, das heißt von Freiheit und Gleichheit geprägtes Zusammenleben unverzichtbar ist und sich, nimmt Rawls an, glücklicherweise als Teil eines übergreifenden Konsenses entpuppt. (3) „Vernünftig" heißt sowohl dieser Kern, wegen seiner Unverzichtbarkeit nämlich, als auch die dafür zuständige Einstellung. Als vernünftig gilt nicht zuletzt das Ergebnis dieser Art von Zusammenleben, die wechselseitige Anerkennung als frei und gleich.

Was also leistet Rawls' politischer Liberalismus? Fehiges (1997, 315) Verdikt: „Rawls hat also gepredigt, nicht begründet" unterbewertet Rawls' methodische Leistung. Unser Philosoph geht von einem Vorverständnis politischer Vernunft aus, das methodisch in zweierlei Weise existiert: Empirisch gesehen gibt es in hinreichender Annäherung konstitutionelle Demokratien in Rawls' Sinn und normativ betrachtet soll es sie auch geben. Dieses zweifache Vorverständnis wird nach und nach, allerdings mit Wiederholungen und in einer gewissen Umständlichkeit, über sich aufgeklärt. Ein derartiges Vorgehen fällt in der Tat methodisch gesehen unter den hermeneutischen Zirkel. Gemäß Rawls' eigener methodischen Maxime, dem Überlegungsgleichgewicht, besteht sein politischer Liberalismus in einer Selbstaufklärung der konstitutionellen Demokratie: Ohne Rawls' Grundelemente, ohne einen vernünftigen Pluralismus, ohne eine politische Gerechtigkeitskonzeption, ohne einen übergreifenden Konsens und ohne eine öffentliche Vernunft kann es die konstitutionelle Demokratie nicht geben.

Ohne Zweifel wird diese Selbstaufklärung in normativ-kritischer Absicht unternommen. Rawls verfolgt mit Nachdruck ein praktisch-politisches Ziel; sein politischer Liberalismus ist eine im emphatischen Sinn praktische Philosophie:

Die Selbstaufklärung hat durchaus einen motivationalen Aspekt. Die Aufklärung der Bürger einer konstitutionellen Demokratie über sich als derartige Bürger und über ihre Demokratie stärkt die Zustimmung der Bürger zu ihr.

In Klammern sei ein vielleicht nicht ganz ernst zu nehmender Vergleich erlaubt: Verhält es sich beim politischen Liberalismus wie bei einem US-amerikanischen Strafprozess, sofern man ihn vom Standpunkt des Verteidigers betrachtet? Es kommt dort nicht darauf an, ob der Angeklagte schuldig oder unschuldig ist, hier: ob der politische Liberalismus bzw. die konstitutionelle Demokratie legitim ist oder nicht. Entscheidend ist allein, dort dem Angeklagten, hier der konstitutionellen Demokratie, die bestmögliche Verteidigung zukommen zu lassen. Und dafür muss man in Rawls' Fall einen übergreifenden Konsens ausfindig machen.

Überschreitet man die Grenzen der westlichen Demokratien und lässt sich auf eine globale Debatte ein, so muss man sich der Frage stellen, warum es die konstitutionelle Demokratie geben soll. Zweifellos ist diese Frage weder philosophisch gesehen illegitim noch politisch inaktuell, da manche Kulturen Rawls' Grundannahme von freien und gleichen Bürgern nicht teilen. Aus beiden Gründen hat die klassische politische Philosophie recht, die Frage ernst zu nehmen.

Gegen Anfang der Geschichte der politischen Philosophie steht Aristoteles' Antwort des *physei politikon*, also dass der Mensch von Natur aus ein politisches, deshalb letztlich auf die Polis als Gemeinschaft von Freien und Gleichen angelegtes Wesen ist. Und die Begründung, die allerdings nicht alle Menschen, insbesondere keine Barbaren und keine Sklaven einschließt, lautet: Weil man auf diese Weise überhaupt (*zên*), vor allem aber glücklich-gelungen leben kann (*eu zên*: *Politik* I 2 1252b 29f). Dabei darf man den Unterschied für nur sekundär wichtig halten, dass das gelungene Leben wie in der US-*Declaration of Independence* und auch von Rawls auf eine bescheidene Weise, nämlich als Recht auf seinen eigenen *pursuit of happiness*, definiert wird, bei Aristoteles dagegen anspruchsvoller, da aufgrund guter Argumente nicht jedes faktische Glücksverlangen tatsächlich das Glück erwarten lässt.

Auf dem Höhepunkt der europäischen Aufklärung wiederum beantwortet Kant die genannte Frage mit dem Prinzip der Kompatibilität von Freiheit: „Das Recht ist also der Inbegriff der Bedingungen, unter denen die Willkür des einen mit der Willkür des anderen nach einem allgemeinen Gesetz der Freiheit zusammen vereinigt werden kann" (*Rechtslehre*, § B, S. 230).

Gewiss, auch Aristoteles und Kant argumentieren nicht aus dem Nichts. Sie gehen aber im Vergleich zu Rawls einen Schritt zurück. Sie setzen bei einer Anthropologie an, Aristoteles sowohl beim Aufeinander-Angewiesensein der Menschen (als Mann und Frau, als Wirtschaftsbürger unterschiedlicher Kompetenz und als Eltern und Kinder) als auch bei ihrer Sprach- und Vernunftbegabung; Kant hingegen geht vom Menschen als einem Freiheitswesen aus. In beiden

Fällen braucht es nicht, was Rawls befürchtet, einen „repressiven Gebrauch der Staatsgewalt“ (PL, 107 f./37).

6.4 Gibt es überhaupt einen weltanschauungs-freien politischen Liberalismus?

Unter der Überschrift dieses Abschnittes lassen sich zwei weitere systematische Rückfragen zusammenfassen: (1) Ist Rawls' politischer Liberalismus überhaupt weltanschauungsfrei? Und: (2) Lässt sich angesichts der heute relevanten „Weltanschauungen“ überhaupt eine gehaltvolle Schnittmenge, also der übergreifende Konsens, finden?

Zunächst eine historische Vorbemerkung: Klammert man liebenswürdigerweise zwei Gegebenheiten ein, sowohl das Staatskirchentum, das mancherorts bis heute besteht, als auch die andernorts gepflegte Zwangsverbindung von Staat, Sozialismus und Atheismus, so kann man sagen, Europa habe nach Jahrzehnten der blutigen Konfessionskriege die einschlägige Lektion gelernt, die da lautet: Religiöse Bekenntnisse und generell Glaubensfragen werden von seiten des Staates besser nicht als verpflichtend erklärt. In diesem Sinn gehören nach Rawls („Einleitung 1992“: PL, 21/xxiii f.) die nachreformatorischen Konfessionskriege zur Wiege des Liberalismus.

Zugunsten der entsprechenden Toleranz sprechen zusätzlich wirtschaftliche und wissenschaftliche Gründe, ferner eine Aufklärung, die das Recht unabhängig von Religion und Theologie zu begründen vermochte, schließlich die Einsicht christlicher Theologen, dass die Botschaft des Neuen Testaments in Geduld, Liebe und einer freien Annahme des Glaubens besteht und dass für die eigene Aufgabe, die genuin geistlichen Dinge, der Staat lediglich die Religionsfreiheit zu gewährleisten hat. Ohnehin bringt der Staat für typisch konfessionelle Streitpunkte wie die Frage der Rechtfertigung, wie das Sola scriptura-Prinzip, wie die Sakramentenlehre, die Ekklesiologie oder Fragen des Jenseits erstens keinerlei Fachkompetenz mit und ist er an ihnen zweitens, von seinen Leitzielen her, dem Recht, der Gerechtigkeit und dem Gemeinwohl, gar nicht interessiert. Statt dessen wird, wenn der Staat sich doch einmischt, ein weiteres ebenso wichtiges Leitziel, der innere Friede des Gemeinwesens, gefährdet.

Aus derartigen Gründen konnten sich religiöse und theologische Dispute aus dem öffentlichen Diskurs zurückziehen. Sowohl anders als auch schwieriger sieht es dagegen bei manchen Weltanschauungsfragen aus. Zu ihnen zählt noch nicht die Frage, ob Gottesglaube oder Atheismus „vernünftig“ sind. Da sie in einem formalen, nicht konfessionsgebundenen Sinn theologischen Charakter hat, ist sie nämlich unmittelbar nicht öffentlichkeitsrelevant. Aus dem öffentlichen Disput lässt sich dagegen weder die Frage nach der Reichweite von Staatsaufgaben noch die der Wirtschaftsform ausklammern, die stark vereinfacht in der Alternative von Nachtwächterstaat und sozialer Marktwirtschaft besteht. Nachdem sich, allerdings nur in den westlichen Demokratien, das Prinzip der Religionsfreiheit mehr oder weniger durchgesetzt hat, beherrschen die entsprechenden Debatten einen Großteil der öffentlichen Dispute. Und diese sind dabei kaum schlechthin weltanschauungsfrei.

Zu den von einer Weltanschauung durchtränkten Problemen gehören zwei von Rawls' Grundannahmen, sein Personenverständnis bzw. seine politische Anthropologie und sein Verständnis von Gesellschaft. Für die erste Annahme, der Mensch sei, wie Rawls implizit erklärt, ein zutiefst soziales Wesen, sprechen zwar zahlreiche Argumente, die aber die sogenannten libertären Denker für nicht überzeugend halten. Und wenn man ihre Ansicht für unplausibel hält, ist Kants Gedanke der ungeselligen Geselligkeit überzeugend, dem zufolge der Mensch beides ist, ein soziales und ein asoziales Wesen zugleich (*Idee*, 4. Satz). Gegen Rawls' andere Annahme, die Gesellschaft sei wesentlich ein Kooperationsunternehmen, spricht die grundlegende, selbst der Kooperation noch sachlich vorangehende Bedeutung von Konflikten. Das klassische Kooperationsmodell geht bekanntlich auf Aristoteles, das ebenso klassische Konfliktmodell auf Hobbes zurück. Und zumindest das zweite Modell macht die von Rawls vernachlässigte Legitimation von politischer Herrschaft dringlich. Ein weltanschauungsfreier politischer Liberalismus müsste sich jedenfalls gegen beide Annahmen, sowohl gegen den Personen- als auch gegen den Gesellschaftsbegriff, neutral verhalten, was erstens bei Rawls nicht der Fall ist und zweitens einer denn doch umfassenderen, hier eine philosophische Anthropologie einschließenden Lehre bedarf.

Während diese Dispute noch fortleben, drängen sich seit einiger Zeit zusätzlich Fragen in die öffentliche Diskussion, die nicht bloß nicht von Weltanschauungsfragen, sondern auch von theologischen und metaphysischen Anteilen weder frei sind noch freigehalten werden können. Nach Ansicht einiger Diskussionsteilnehmer gehört dazu schon mancher Aspekt der ökologischen Diskurse, etwa die Kontroverse um Anthropozentrik und Biozentrik (dazu Höffe 2014, Kap. 3).

Noch deutlicher trifft es auf medizinethische Fragen zu. Bei den Kontroversen um die Abtreibung, um den (ontologischen) Status von Embryonen oder um die Suizidbeihilfe, schließlich bei dem Komplex von Fragen um das fraglos plakative Stichwort „Design-Baby“ stehen Grundüberzeugungen hinsichtlich Leben und Tod sowie der Begriff der Person auf dem Spiel.

Rawls will derartige Debatten zwar entschärfen, indem er – vielleicht etwas voreilig – am Beispiel der Abtreibung von Werteabwägung spricht, die zu einem klaren Ergebnis führe: Angesichts der Achtung vor dem menschlichen Leben, der Reproduktion der menschlichen Gesellschaft und der Gleichheit der Frauen müsse man den Frauen das Recht zugestehen, „innerhalb des ersten Drittels selbst darüber zu entscheiden, ob sie ihre Schwangerschaft fortsetzen wollen oder nicht“ (PL, 6. Vorl., § 7.2, 349/234).

Diese angeblich allein vernünftige Werteabwägung macht aber eine Annahme, die strittig ist und deren Gegenannahme schwerlich als unvernünftig beiseite geschoben werden kann. Unterstellt wird, dass der menschliche Embryo noch kein menschliches Leben und keine Person in jenem strengen Sinn ist, der von Notwehr abgesehen keine Tötung erlaubt. Weil diese Annahme umstritten ist, kann sie nicht zum übergreifenden Konsens gehören. Sie hat vielmehr in dem heute abgeflachten Verständnis einen metaphysischen Charakter, womit ein Element in die Debatte kommt, das Rawls' politischer Liberalismus von ihr fernhalten wollte.

Trifft diese Diagnose zu, so schaffen spätestens die neuen medizinethischen Fragen eine Wirklichkeit, die ihrerseits das für Rawls' politischen Liberalismus entscheidende Faktum des Pluralismus auf eine diesen Liberalismus herausfordernde Weise verschärft. Die Diagnose gibt nämlich auf zwei Teilfragen eine negative Antwort, die folglich gegen Rawls' Projekt spricht.

Um mit der zweiten Teilfrage zu beginnen: Die für einen übergreifenden Konsens notwendige gehaltvolle Schnittmenge lässt sich hier schwerlich finden. Denn Rawls' politischer Liberalismus braucht einen Personenbegriff, der zu den genannten Kontroversen zumindest stillschweigend eine klare Stellungnahme abgibt. Diese weist entweder die Richtung für eine „liberal“ zu nennende Lösung oder aber sie enthält nicht einmal die Richtung zu einer „liberal“ verbindlichen Lösung. Im ersten Fall gehört der Personenbegriff nach Rawls' eigenem Kriterium zu einer umfassenden Lehre, die dann mit einer anderen umfassenden Lehre in Konkurrenz steht, was die erste Teilfrage negativ beantwortet: Rawls' politischer Liberalismus ist gar nicht weltanschauungsfrei. Im zweiten Fall dagegen gäbe Rawls' eventuell freistehender Personenbegriff nichts für eine gehaltvolle Schnittmenge her, was die zweite Teilfrage negativ beantwortet: Rawls' politischer Liberalismus enthält für wichtige Kontroversen keine gehaltvolle Schnittmenge, so dass er in beiden Fällen sein Ziel verfehlt.

Diese Situation, wenn sie denn richtig diagnostiziert ist, hat eine erhebliche Tragweite. Es stehen nämlich Grundüberzeugungen auf dem Spiel, weshalb sich die Frage des bürgerlichen Ungehorsams stellt. Das erste Hauptwerk, die *Theorie* (§§ 55–59), widmet ihr gründliche Überlegungen. Im zweiten Hauptwerk dagegen, dem *Politischen Liberalismus*, ist das Thema verschwunden. Der Grund dürfte in Rawls' Erwartung liegen, der politische Liberalismus könne bei allen Bürgern Zustimmung finden und dank dieser Zustimmung die Einheit und Stabilität des Gemeinwesens sichern. Bei genauer Prüfung erweist sich diese Erwartung als realitätsrenitenter Optimismus.

Eine Autorin wie Antonella Besussi heißt die skizzierte Entwicklung der Gesellschaft willkommen. Nach der dramatischen Diagnose ihrer Schrift *Disputandum est. La passione per la verità nel discorso* (2012) besetzen erneut metaphysische Kontroversen den öffentlichen Raum, weshalb „Wahrheitskonflikte" nicht länger zum Schweigen gebracht werden könnten. Und diese neue Sachlage hält sie für positiv, da die vorher an Bedeutung verarmte öffentliche Sphäre jetzt wieder (stärker) politisiert werde. Bei dieser „Rückkehr der Wahrheit auf die Bühne" könne über grundlegende Uneinigkeit wieder in aller Öffentlichkeit diskutiert werden.

Besussis implizite These, wirtschaftliche, gesellschaftliche und politische Fragen habe es in den letzten Jahren und Jahrzehnten nicht gegeben, lässt sich bestreiten, ist aber hier nicht so wichtig. Entscheidend ist, dass es in den öffentlichen Debatten fundamentale Dissense gibt, die glücklicherweise aber, blickt man auf die genannten medizinethischen Debatten, noch zu keinem mit den Konfessionskriegen auch nur annähernd vergleichbaren Bürgerkriegen geführt haben. Zu überlegen ist also beides, sowohl die Frage, warum es wieder unversöhnliche Grundüberzeugungen gibt, als auch, warum sie trotzdem ziemlich friedlich ausgetragen werden.

Das Muster der Antwort dürfte in einer „neuen politischen Philosophie" liegen, da sie im Verhältnis zu Rawls in einem „halbierten" politischen Liberalismus besteht. Die von Rawls' Theorie begründete gegenseitige Achtung verbindet sich nämlich mit einem von Rawls' Theorie nicht gedeckten Dissens. Auch nach Rawls sind zwar Dissense zulässig. Sie dürfen sich aber nicht auf Tiefenüberzeugungen, die in umfassenden Lehren wurzeln, erstrecken. Genau sie muss aber eine „neue politische Philosophie" zulassen. Wäre der Ausdruck des Fundamentalismus nicht mit negativen Assoziationen belastet, könnte man beim Dissens, weil er grundlegende, also fundamentale Überzeugungen betrifft, von einem halbierten Fundamentalismus sprechen. Denn trotz des Grundlagendissenses wird die gegenseitige Achtung gewahrt. Die damit angedeutete „neue politische Philosophie" besteht jedenfalls in einem Fundamentalismus, der in Liberalität auftritt, oder kürzer: in einem „liberalen Fundamentalismus".

6.5 Braucht es keine Rechtfertigung von Zwangsbefugnis?

Auch wenn Bürger über einen Gerechtigkeitssinn verfügen, muss dieser nicht stets hinreichend wirksam sein. Selbst Bürger, die beispielsweise von der Notwendigkeit von Steuern überzeugt sind, müssen diese nicht gern bezahlen, so dass sich ein gewisser Zwang nahelegt. Nicht zuletzt muss man mit Bürgern rechnen, deren Gerechtigkeitssinn schwach entwickelt ist, sogar mit einigen, die einen Gerechtigkeitssinn gar nicht kennen. Trotzdem erhalten sie kein Recht, sich von den Rechts- und Gerechtigkeitsanordnungen zu dispensieren.

Rawls ist zwar nicht so naiv, allen einer konstitutionellen Demokratie innewohnenden Zwangscharakter zu leugnen. Er hält die Zwangsbefugnis aber für kein so wichtiges Thema, dass es auch in einem politischen Liberalismus einer ausdrücklichen und dann gründlichen Rechtfertigung bedarf. Die entsprechende Aufgabe, systematisch gesehen: die Legitimation einer Herrschaft von Menschen über Menschen, die sich mit einer Kritik aus Gedanken der Herrschaftsfreiheit bzw. Anarchie verbindet, findet sich weder unter den Grundelementen noch den Hauptideen oder den Institutionen seines politischen Liberalismus. (Für diese in der neueren politischen Philosophie generell vernachlässigte Aufgabe s. Höffe ^{4}2003, 2. Teil.)

Ein Grund für Rawls' Aufgabendefizit zeichnete sich im letzten Abschnitt ab: Weil Rawls die Gesellschaft primär für ein Kooperationsunternehmen hält und nicht für den Versuch, grundlegende, selbst Leib und Leben bedrohende Konflikte zu überwinden, unterschätzt er die philosophisch und politisch unverzichtbare Aufgabe der Herrschaftslegitimation.

In der vierten Vorlesung, der zum übergreifenden Konsens, wäre die Aufgabe im § 2, zum Stabilitätsproblem, abzuhandeln. Rawls wirft hier zwar zwei Fragen auf, von denen er aber die erste als schon beantwortet erklärt: Nach der Moralpsychologie der zweiten Vorlesung (§ 7) sollen Bürger, die in gerechten Institutionen aufwachsen, einen hinreichend starken Gerechtigkeitssinn entwickeln, dem zufolge sie sich an die gerechten Regelungen halten. Fraglos plausibel ist hier, dass die Bürger sich so weit an die Regelungen zu halten pflegen, dass sie nicht kriminell werden. Um beim Beispiel der Steuern zu bleiben, dürfte aber für manche die Versuchung, ihre Steuerabgaben zu begrenzen, gelegentlich doch sehr groß sein. Das Gemeinwesen vertraut daher nicht schlicht auf Freiwilligkeit, sondern lässt Steuerbescheide notfalls mittels eines Gerichtsvollziehers begleichen. Und gegen Steuerhinterziehung droht es Bußen, selbst Strafen an, die, wo erforderlich, auch durchgesetzt werden.

Auf eine zweite, für die Zwangsbefugnis in systematischer Hinsicht vorrangige Frage, ob die politische Gerechtigkeitskonzeption zum Fokus eines übergreifenden Konsenses werden kann, antwortet Rawls mit der Art und Weise, wie dieser Konsens den in meinem Abschnitt 6.1 zusammengefassten Schwierigkeiten begegnet. Hier bleibt nun ein analoges Problem: Es ist eines, die Gerechtigkeitskonzeption gemäß dem eigenen Gerechtigkeitssinn für vernünftig und gerecht zu halten, und ein anderes, dieser Einsicht von allein zu folgen, statt die mit den gerechten Rechtsvorstellungen verbundene Zwangsbefugnis nie zu benötigen.

Überdies: Ob empirisch nötig oder nicht – zur Rechtsmoral im Unterschied zu einer weiter reichenden Tugendmoral gehört rein begrifflich die Zwangsbefugnis hinzu, weshalb eine gründliche politische Philosophie sie zu rechtfertigen sucht oder aber die Möglichkeit der Rechtfertigung bestreitet, folglich für ein streng herrschaftsfreies, mithin an-archisches Zusammenleben votiert.

Literatur

Aristoteles: Nikomachische Ethik, übers. u. hrsg. v. U. Wolf, Reinbek 2006; griech. Ethica Nicomachea, hrsg. v. I. Bywater, Oxford 1894; zahlreiche Nachdrucke.

Aristoteles: Politik, übers. v. F. Suhsemihl, hrsg. v. U. Wolf, Reinbek 1994; griech. Politica, hrsg. v. W. D. Ross, Oxford 1957; zahlreiche Nachdrucke.

Besussi, A. 2012: Disputandum est. La passione per la verità nel discorso, Turin.

Fehige C. 1997: Rawls und Präferenzen, in: Philosophische Gesellschaft Bad Homburg/W. Hinsch (Hrsg.): Zur Idee des politischen Liberalismus. Frankfurt/M., 304–379.

Geiger, R. 2013: Aristoteles über Politik und Religion, in: D. Brantl/R. Geiger/S. Herzberg (Hrsg.): Philosophie, Politik und Religion. Klassische Modelle von der Antike bis zur Gegenwart, Berlin.

Höffe, O. [4]2003: Politische Gerechtigkeit. Grundlegung einer kritischen Philosophie von Recht und Staat, Frankfurt/M.

Höffe, O. 2014: Die Macht der Moral im 21. Jahrhundert. Annäherungen an eine zeitgemäße Ethik, München.

Höffe, O. [4]2014: Aristoteles, München.

Kant, I.: Die Metaphysik der Sitten. Erster Theil. Metaphysische Anfangsgründe der Rechtslehre, in: Kants Werke. Akademie-Textausgabe, Berlin 1968, Bd. VI, 203–372.

Elif Özmen

7 Der Vorrang des Rechten und die Ideen des Guten (Vorlesung V)

In der fünften Vorlesung widmet sich Rawls den Konzepten des Rechten und Guten und ihrer Beziehung zueinander, die er bereits in der *Theorie der Gerechtigkeit* als Vorrangs- (*priority of the right over the good*) und Übereinstimmungsverhältnis (*congruence of the right and the good*) beschrieben hat. Der Vorrang des Rechten gilt ihm aber nunmehr (neben dem übergreifenden Konsens und dem öffentlichen Vernunftgebrauch) als eine von den drei Hauptideen, die zur Lösung des Stabilitätsproblems herangezogen werden: Er spielt als „ein wesentliches Element" eine „zentrale Rolle" für den politischen Liberalismus (PL, 266/171).

Um das naheliegende Missverständnis auszuräumen, dass die Prioritätsthese mit einer völligen Verwerfung des Guten identifiziert wird, präsentiert Rawls fünf Ideen des Guten, die vom politischen Liberalismus in Anspruch genommen werden (so wie er überhaupt der allerdings nicht weiter erläuterten Auffassung ist, dass *jede* Gerechtigkeitstheorie sich auf das Rechte *und* das Gute beziehen und eine Verbindung zwischen beiden herstellen müsse). Als politische Ideen sind sie freistehend (sie setzen keine umfassende Lehre voraus, sind aber mit verschiedenen solcher Lehren vereinbar: PL, 269/176), in ihrem Gegenstandsbereich beschränkt in Hinsicht auf die Funktion und den Nutzen, den sie für die politische Konzeption haben (in deren Rahmen müssen sie passen: PL, 302/203), und sie können von freien und gleichen Bürgern geteilt werden (PL, 269/176).

Diese Einschränkungen des Guten erscheinen notwendig, um zwei Problemen gerecht zu werden, die Rawls in der Einleitung zur Vorlesung formuliert. Erstens: Wie kann eine Konzeption der Gerechtigkeit Ideen des Guten in Anspruch nehmen, ohne Wahrheitsansprüche zu erheben, die mit umfassenden Lehren verbunden sind? Rawls' Antwort besteht in eben den genannten Einschränkungen der Ideen des Guten, deren Unterschied zu umfassenden Lehren er in § 1 in Erinnerung ruft. Seine folgenden Ausführungen sind im Sinne eines *Grenzsetzungsprojekts* zu verstehen – die Gerechtigkeit zieht die Grenze, das Gute setzt das Ziel (*justice draws the limit, and the good shows the point*).

Zweitens: Wie können Konzeptionen des Guten durch das Rechte begrenzt und zugleich die mit ihnen verbundenen Lebensweisen, die für die Stabilität der Gesellschaft besonders wertvoll erscheinen, nicht nur zugelassen, sondern unterstützt werden? Die Grenzsetzung muss „ausreichend Platz" für vernünftige Konzeptionen des Guten lassen, also „darf die Gerechtigkeit ihre Grenzen nicht zu eng ziehen" (PL, 267/174). Was aber die richtige Grenze ist, lässt sich wiederum nur politisch beantworten, sodass sich die Eigenart und Funktion der Vorrangthese erst im Zuge der Argumentation für die Ideen des Guten aufklärt.

In § 2 greift Rawls die aus der *Theorie* bekannte Idee von dem Guten als dem Rationalen auf. Demzufolge unterziehen Personen, die ihre Konzeption des Guten in sinnvoller und möglichst befriedigender Weise verfolgen wollen, ihre Ziele und Ressourcen einer Prüfung und bilden rationale Lebenspläne. Diese Besonderheit des menschlichen Lebens sollte allgemein, also auch innerhalb der liberalen Demokratie, als etwas Gutes betrachtet werden (PL, 270/177) und bildet den rationalitäts- und motivationstheoretischen Ausgangspunkt für die Bestimmung der Grundgüter-Liste.

Die Grundgüter als zweite Idee des Guten werden in §§ 3 und 4 mit Rückgriff auf die politische Personenkonzeption und den Reziprozitätsbegriff eingeführt als das, was freie und gleiche, kooperationswillige Bürger brauchen. Sie beziehen sich auf die Rolle und die damit verbundenen höherrangigen (nicht bloß rationalen, sondern auch vernünftigen) Interessen von Bürgern demokratischer Ordnungen. Damit schärft sich das zugrunde gelegte Verständnis von sozialer Kooperation: Die Grundgüter drücken eine „gemeinsame, für politische Zwecke geeignete Idee des für die Bürger Guten" (PL, 274/180) aus. Umgekehrt bringen die Bürger nur bezüglich der Grundgüter öffentliche Ansprüche vor und rechtfertigen diese mit Bezug auf die objektiven, d. h. allgemein zustimmungsfähigen Gründe, die sich aus der Gerechtigkeitskonzeption ergeben.

Die Idee zulässiger Konzeptionen des Guten und die Idee politischer Tugenden werden in §§ 5 und 6 gemeinsam entwickelt und verteidigt. Die von den Gerechtigkeitsgrundsätzen geformten politischen und sozialen Institutionen haben eine (durchaus wünschenswerte) Wirkung, weil sie bestimmte Konzeptionen des Guten und die mit ihnen verbundenen Lebensweisen, Einstellungen und Charakterdispositionen der Bürger befördern, andere hingegen beeinträchtigen. Das wirft die Frage auf, ob diese Wirkungsweise bzw. Einflussnahme des liberalen Staates legitim ist. Rawls räumt ein, dass sie jedenfalls nicht umfassend neutral ist, weil der politische Liberalismus von moralisch gehaltvollen Ideen getragen wird und zudem keine Neutralität der Ergebnisse beansprucht: Es ist ja sein erklärtes Ziel, eine Grenze für zulässige Konzeptionen des Guten zu bestimmen und Tugenden, die das kooperative faire Miteinander der Bürger anleiten, auszuzeichnen. Insofern er dabei keiner bestimmten umfassenden Lehre folgt und ein hohes Maß an gesellschaftlichem Pluralismus ermöglicht, betrachtet Rawls den politischen Liberalismus bzw. seine selektierende institutionelle Praxis als legitim.

Mit dem Gut der politischen Gesellschaft wird in § 7 die fünfte und letzte Idee präsentiert und von dem Ideal der politischen Gemeinschaft wie auch der privaten Gesellschaft unterschieden. Als individuelles und kollektives Gut steht die politische Gesellschaft gewissermaßen in der Mitte zwischen kommunitärer Verbundenheit und libertärer Vereinigung. Die Bürger haben sowohl eine Vorstellung von ihrem rationalen Wohl als auch gemeinsame letzte Ziele, sowohl eine Konzeption des Guten wie auch des Rechten, sodass soziale Einheit nur durch einen übergreifenden Konsens hervorgehen kann.

Damit ist die Konzeption der Gerechtigkeit vollständig (§ 8), d. h. sie bringt alle notwendigen Ideen des Guten „aus sich selbst hervor“ (PL, 307/207 f.) und setzt damit zugleich den zulässigen Konzeptionen des Guten legitime Grenzen. Zum Abschluss der Vorlesung wird diese Bedeutung und Funktion der Vorrangthese endgültig spezifiziert (PL, 309/209 f.).

7.1 Die Konzepte des Rechten und des Guten

Rawls verwendet die Begriffe des Rechten und Guten mit einer großen Selbstverständlichkeit, was angesichts einer gewissen Prominenz dieses Begriffspaares in verschiedenen Debatten der praktischen Philosophie begreiflich (vgl. Özmen 2015), in Anbetracht ihrer Strittigkeit aber erläuterungsbedürftig erscheint.

Zum einen werden mit Rückgriff auf das Rechte und das Gute *Typen normativer Ethik* unterschieden. So seien teleologische Theorien wie der Utilitarismus, Perfektionismus oder aristotelische Humanismus charakterisiert durch Vorstellungen des Guten (wie „öffentliches Wohl“, „Werte“, „Glück“, „Bedürfnisse“), die eine eigene Klasse von (Wert-)Urteilen begründen, welche unabhängig vom Begriff des Rechten und (Gerechtigkeits-)Urteilen zustande kommen bzw. ihnen vorgeordnet sind (TJ, Abschn. 5; PL, 304 f./206 f.). Demgegenüber habe in deontologischen Theorien das Rechte Vorrang vor dem Guten, insofern etwa im politischen Liberalismus die Grundsätze der Gerechtigkeit einschränkende Bedingungen dafür formulieren, was gut bzw. zu erstreben legitim ist, welche Befriedigungen und Vorstellungen vom eigenen Wohl berechtigt sind und welche dem „absoluten Gewicht“ bestimmter Güter (z. B. Grundrechte, PL, Vorl. 8, § 2) und dem „absoluten Vorrang der Forderungen der Freiheit und des Rechts“ (TJ, 46/28) weichen müssen.

Zum anderen dient die Rede vom Guten und Richtigen zur Unterscheidung von *Gegenstandsbereichen der praktischen Philosophie*, die verschiedene Aspekte unseres Daseins konzeptionalisieren. Wir haben Hoffnungen, Bestrebungen und Ziele, die unsere persönliche Identität formen und unsere Lebensführung anleiten, und wir sind soziale Wesen, deren Zusammenleben durch Normen, Prinzipien und Institutionen strukturiert wird. Konzeptionen des Guten stehen für eine persönliche Ethik letzter Ziele, Werte, Tugenden und Bindungen, die die eigene Lebensweise und Identität tief prägen und eine normative Orientierung für (m)ein gutes Leben bieten (PL, 78/13). Der moralische Kern der politischen Konzeption ist hingegen nicht in diesem Sinne umfassend oder ethisch, sondern gründet auf normativen und moralischen Ideen „aus eigenem Recht" (PL, 34/xxxvi). Die moralischen Begriffe, Grundsätze und Standards, die in die Gerechtigkeitstheorie eingehen, haben einen bestimmten Gegenstandsbereich (die Grundstruktur), der eine bestimmte Problemstellung nach sich zieht („Dies ist eine Frage der politischen Gerechtigkeit und nicht des höchsten Gutes", PL, 23/xxv) und nur bestimmte Lösungen für legitim erachtet (die allgemeinen Normen, die von gleichen, freien, vernünftigen Personen unter fairen Bedingungen Zustimmung erlangen können).

Zum dritten verdeutlicht Rawls mit Rückgriff auf das Rechte und Gute *epistemische und begründungstheoretische Unterschiede* normativer Theorien. Wenn er von rationalen Lebensplänen oder umfassenden Lehren spricht, meint er das System letzter Ziele und Bindungen der Bürger, die sich „in Formen der Zuneigung, Hingabe und Loyalität verwirklichen, von denen sie glauben, dass sie sich niemals von ihnen distanzieren könnten und auch niemals von ihnen distanzieren sollten, um sie objektiv zu beurteilen" (PL, 100/31). Die normative Geltungskraft des Guten ist daher subjektiv, d. h. durch nicht-öffentlichen Vernunftgebrauch begründet (Vorl. 6, § 3). Zudem ist ihre Wirkung subjektivierend: Konzeptionen des Guten konstituieren ein Selbst im Sinne einer persönlichen, nicht-öffentlichen Identität. Demgegenüber ist die politische Konzeption objektiv, sie wird durch wechselseitige Gründe gestützt, „die wechselseitig anerkannt werden; Gründe, die ausreichen, alle Personen davon zu überzeugen, daß sie vernünftig ist" (PL, 204/119). Der öffentliche Vernunftgebrauch zeitigt eine objektivierende Wirkung: Durch das Vernünftige betreten wir die öffentliche Welt der anderen als Gleiche (PL, 126/53), geleitet durch den „Wunsch, unser gemeinsames politisches Leben in einer Weise zu gestalten, die von niemandem vernünftigerweise abgelehnt werden kann" (PL, 210/124).

Die Begriffe des Rechten und des Guten bieten einen konzeptionellen Rahmen für den politischen Liberalismus. In der Theorie-Klassifikation, der Bestimmung seines Gegenstandsbereichs und seinem begründungstheoretischen Aufbau hat die Dichotomie von Rechtem und Guten eine (er-)klärende und den Liberalismus von alternativen Theorien abgrenzende Funktion. Zugleich wird diese Dichotomie aufgebrochen durch die Ideen des Guten, auf die die Theorie der Gerechtigkeit nichtsdestoweniger verwiesen bleibt.

7.2 Die Ideen des Guten

Als erstes fällt auf, dass, anders als in der *Theorie*, nicht mehr nur von dem Guten bzw. der Theorie des Guten im Singular gesprochen wird, sondern von pluralen und politischen Ideen – so aber „verändert sich das Verständnis der Auffassung als ganzer beträchtlich“ (PL, 270, Fn. 3/176 f., Fn. 3). Was meint Rawls mit dieser beiläufig geäußerten Einschätzung?

Meines Erachtens betrifft die Veränderung nicht das Verhältnis von umfassenden Lehren und rationalen Lebensplänen, denn Rawls' diesbezügliche Ausführungen im *Politischen Liberalismus* (eine umfassende Lehre ist ein ausgearbeitetes System von Wertvorstellungen, Tugend- und Persönlichkeitsidealen: PL, 268/175) und der *Theorie* (ein rationaler Lebensplan systematisiert Lebensziele, Werturteile und Interessen, Abschn. 63) bringen durchaus analoge Auffassungen zum Ausdruck. Umfassende Lehren und rationale Lebenspläne prägen die Identität, Integrität und die Konzeption des Guten einer ihre praktischen Überzeugungen und Ziele abwägenden und selbstbestimmenden Person. Darüber hinaus gelten Lehren oder Pläne als vernünftig, insofern sie mit den Gerechtigkeitsgrundsätzen vereinbar sind (PL, Vorl. 2, § 3; TJ, 436/398).

Was sich hingegen im *Politischen Liberalismus* beträchtlich verändert hat, ist Rawls' Auffassung vom Guten. In der *Theorie* gingen in die „schwache Theorie des Guten“ Annahmen über die Beweggründe der Parteien im Urzustand ein, um die anthropologischen und rationalitätstheoretischen Voraussetzungen der Grundgütertheorie und der darauf bezogenen Verteilungsgrundsätze zu erklären (vgl. Kersting [3]2013). Als Ausdruck einer bestimmten Lebens- und Rationalitätsform beschränken sich Grundgüter „auf das Allernotwendigste“ (TJ, 434/398), auf das, was als das rationale Gute für jede Person unter den Bedingungen der Gleichheit und Unparteilichkeit (d. h. hinter dem Schleier des Nichtwissens) gelten kann. Grundgüter sind formale, allgemeine und vorteilhafte Allzweckmittel für jeden beliebigen Lebensplan, „d. h. Dinge, von denen man annehmen kann, dass sie jeder vernünftige Mensch haben will“ (TJ, 83/62). Diese Bestimmung des rationalen Vorteils erfolgt unabhängig von der Konzeption des Rechten. Im *Politischen Liberalismus* hingegen knüpft Rawls an eine Kantische, mithin deontologische Forderung an, die schon dieser als ein „Paradoxon der Methode“ begriffen hat, „daß nämlich der Begriff des Guten und Bösen nicht vor dem moralischen Gesetze (dem er dem Anschein nach sogar zum Grunde gelegt werden müßte), sondern nur (wie hier auch geschieht) nach demselben und durch dasselbe bestimmt werden müsse“ (Kant 1788, A 110, vgl. Doğan 2011). Rawls versucht diesem Paradox dadurch gerecht zu werden, dass die Ideen des Guten nicht mehr unabhängig von der politischen Konzeption, sondern nach und durch dieselbe bestimmt werden.

a. Das Gute als das Rationale (§ 2)

Eine Konzeption des Guten zu haben und in sinnvoller und befriedigender Weise zu verfolgen, setzt für Rawls eine rationale Prüfung und Ordnung des eigenen Lebens voraus, einen Lebensplan, mit Blick auf den Personen ihre wichtigen Vorhaben, Präferenzen und Beziehungen festlegen und ihre verschiedenen Ressourcen (einschließlich ihrer körperlichen und geistigen Talente, Zeit und Energie) einsetzen wollen. Mit dem Hinweis auf die ausführliche Darstellung in der *Theorie* geht Rawls auf die Kriterien dieser rationalen Selbstprüfung und -orientierung (die Grundsätze der vernünftigen Entscheidung und der abwägenden Vernunft, die Berücksichtigung wesentlicher Tatsachen und wahrscheinlicher Folgen; TJ, Abschn. 63) nicht weiter ein, sondern hebt die Funktionen der Idee des Guten als des Rationalen für die politische Konzeption hervor:

- Sie ist das „gedankliche Grundgerüst (PL, 271/178), der Ausgangspunkt für die Bestimmung der Grundgüter-Liste: Personen, die in dieser Weise ihren rationalen Vorteil bestimmen, werden die Vorteilhaftigkeit der Grundgüter für jeden beliebigen Lebensplan rational einsehen können.
- Damit ist sie die Grundlage von rationaler Autonomie, der intellektuellen und moralischen Fähigkeit, eine Konzeption des Guten ausbilden, verfolgen, aber auch verändern zu können (PL, Vorl. 2, § 5).
- Sie hat ihren Platz in jeder brauchbaren (d. h. zustimmungsfähigen) Gerechtigkeitskonzeption durch die institutionelle Garantie einer freien individuellen Praxis der rationalen Lebensbestimmung.

b. Grundgüter (§§ 3/4)

Eine brauchbare Liste von Grundgütern greift nicht nur auf die Idee des rationalen Guten zurück, sondern auf die gehaltvollere Konzeption dessen, was freie und gleiche Bürger als kooperative Mitglieder einer Gesellschaft brauchen, was „öffentlich als vorteilhaft“ (PL, 271/178) betrachtet werden kann. Dieser Bürgerbegriff ist ein der öffentlichen Gerechtigkeitskonzeption zugrundeliegendes Ideal, wodurch nicht nur das „gleiche politische Selbstverständnis“, sondern auch eine „teilweise Ähnlichkeit in den zulässigen Konzeptionen der Bürger“ (PL, 274/180) zu erwarten ist. Des Weiteren geht Rawls davon aus, dass die Grundgüter-Theorie in empirischer und wissenschaftstheoretischer Hinsicht große Plausibilität (und damit auch Praktikabilität) aufweist: Sie ist mit den Grundtatsachen des sozialen Lebens und den Bedingungen der menschlichen Entwicklung kompatibel; sie passt zur *Common-Sense*-Psychologie menschlicher Bedürfnisse; sie genügt dem Grundsatz der Einfachheit und Verfügbarkeit von Informationen (PL, 272 ff./178 ff.).

Die Stammliste der Grundgüter ändert sich durch die Einführung der politischen Personenkonzeption nicht (vgl. PL, 275/181, wenngleich Freizügigkeit und Berufsfreiheit eigenständig aufgeführt, statt unter den Grundfreiheiten subsumiert werden und Rawls andere Grundgüter, wie Freizeit und Schmerzfreiheit, beiläufig anspricht), aber ihr Status sehr wohl. Einerseits bleiben sie allgemein dienliche Mittel für die Verfolgung eines jeden rationalen Lebensplans (PL, 274/180), andererseits beschreiben sie die „Bedürfnisse der Bürger als solche, das heißt einen Teil von dem, was für sie als Bürger in Fragen der Gerechtigkeit gut ist" (PL, 283/188). Eine spezifische Vorstellung von den Zielen sozialer Kooperation ist dieser politischen Personenkonzeption bereits eingeschrieben. Anders oder jedenfalls deutlicher als in der *Theorie* geht Kooperation nicht in der Vorstellung des wechselseitigen Vorteils auf – diese könnte höchstens einen Modus Vivendi stiften und somit dem Stabilitätsproblem nicht gerecht werden (vgl. hierzu PL, Vorl. 2, Fn. 7). Sondern soziale Kooperation ist ein Ausdruck von Reziprozität, einer Beziehung zwischen Bürgern, von der jeder vom Standpunkt der Gleichheit aus in einem ganz bestimmten Sinne profitiert.

Als Bürger betrachtet Rawls Personen, die aufgrund ihrer moralischen Vermögen dauerhaft und uneingeschränkt kooperative Mitglieder der Gesellschaft sein können (PL, Vorl. 1, §§ 3, 5; Vorl. 2, §§ 1, 2, 8). Damit erstreben sie aber weder bloß ihr egoistisches Eigen- noch das Allgemeinwohl als solches, sondern „eine soziale Welt um ihrer selbst willen, in der sie als freie und gleiche mit anderen unter Bedingungen kooperieren können, die für alle akzeptabel sind" (PL, 122/50). Weder die Maximierung individueller rationaler Präferenzen, Wünsche oder des Gesamtwohls, noch die Vervollkommnung menschlicher Vortrefflichkeit, sondern die objektiven Bedürfnisse als „Ausdruck davon, was Personen mit bestimmten höherrangigen Interessen, einer bestimmten Rolle und einem bestimmten Status brauchen" (PL, 284, Fn. 20/189, Fn. 20), sind der Bezugspunkt der Grundgüter-Theorie. Mit dieser sind dann auch objektive Merkmale der sozialen Lebensbedingungen der Bürger gewonnen, die einen interpersonellen Vergleich und gegebenenfalls eine gerechte Korrektur der politischen Institutionen ermöglichen.

Gegen diese vereinheitlichende (oder objektivierende) Personen- und Bedürfniskonzeption wurde schon in den 1970er Jahren, unter anderem von Kenneth Arrow und Amartya Sen (vgl. Arrow 1973, Sen 1979), eine Kritik formuliert an der vermeintlich allgemeinen Vorteilhaftigkeit der Grundgüter. Wenn Personen nicht nur verschiedene Konzeptionen des Guten, sondern zudem unterschiedliche Fähigkeiten und (subjektive) Interessen und Bedürfnisse haben, werden sie einen nicht nur unterschiedlichen, sondern unfairen, d. h. besonders vorteilhaften oder nachteiligen Gebrauch von den Grundgütern machen können. Rawls geht auf diese Kritik ausführlich ein, indem er die Fairness der Grundgüter-Auswahl und ihrer gleichen Verteilung gegenüber den genannten Unterschieden betont (PL, 276–281/182–186). So würde das für soziale Kooperation relevante Minimum an moralischen, intellektuellen und physischen Fähigkeiten durch eben die sozialen Praktiken hervorgebracht, die den Gerechtigkeitsgrundsätzen folgen (also Chancengleichheit, Regulierung von Einkommens- und Vermögensunterschieden, ein nicht weiter spezifiziertes Gesundheits- und Sozialversicherungssystem).

Unterschiede zwischen Präferenzen und Vorlieben unterliegen hingegen (ebenso wie Unterschiede zwischen Konzeptionen des Guten) der Eigenverantwortung der Bürger, die diese zum Teil kostspieligen, ungewöhnlichen oder unbedachten Ziele für sich wählen. Ein Anspruch auf Erfüllung dessen, was wir nur in Hinsicht auf unsere persönlichen Interessen wollen, kann nicht allgemein gerechtfertigt sein und muss daher nicht-öffentlich bleiben, anders als die höherrangigen Interessen, die wir als kooperationsfähige und -willige Bürger teilen und die einen berechtigten Anspruch auf einen fairen Anteil an den Grundgütern begründen. Mehr noch: Wenn die Gesellschaft die Verantwortung für die gerechte institutionelle Verteilung der Grundgüter übernimmt, ist der einzelne Bürger angehalten, seinen Teil der Verantwortung zu leisten, indem er seine Konzeption des Guten dem zu erwartenden fairen Anteil an Grundgütern anpasst (PL, 285 f./189 f.), das heißt:

- Bürger bringen nur bezüglich der Grundgüter (und nicht anderer, subjektiv dienlicher Güter) öffentliche Ansprüche vor.
- Sie rechtfertigen diese Ansprüche in einer spezifischen Weise (nicht durch heftiges Verlagen, dringende Wünsche, natürlich auch nicht durch ihr Fürwahrhalten, sondern mit Bezug auf die Gründe, die für die Gerechtigkeitskonzeption sprechen).
- Schlussendlich verändern sie ihre Ziele und Ambitionen, aber auch ihre Leidenschaften und ihre innere Haltung gegenüber dem, was sie individuell für wahr und gut halten und nähern diese der politischen Konzeption an.

c. Zulässige Konzeptionen des Guten (§§ 5/6)

Die politische Konzeption legt den individuellen Lebensplänen und umfassenden Lehren der Bürger Beschränkungen auf, insofern diese mit jener vereinbar sein müssen. Zulässige Konzeptionen des Guten sind aber nicht bloß das Ergebnis der eigenverantwortlichen Anpassungsleistung der Bürger, sondern ein institutionell gewirkter Effekt. Die von den Gerechtigkeitsgrundsätzen geformten politischen und sozialen Institutionen „fördern unausweichlich einige Lebensweisen und beeinträchtigen andere oder schließen sie sogar ganz aus" (PL, 292/195). Rawls versucht mit Rückgriff auf den (etablierten, aber missverständlichen, nur als

„Schaustück"/*stagepiece* verwendeten) Begriff der Neutralität zu zeigen, dass diese Auswirkungen und Einflüsse des liberalen demokratischen Staates auf seine Bürger legitim sind, d. h. weder durch die Begünstigung einer umfassenden Lehre zustande kommen, noch unfair gegenüber bestimmten Konzeptionen des Guten sind.

Prozedurale Neutralität wird den politischen Konzeptionen nur mit einer gewichtigen Einschränkung zugesprochen. In das Rechtfertigungsverfahren gehen zwar einige neutrale Werte (ich würde eher sagen: Rationalitätsbedingungen) ein, wie konsistente Regelanwendung, Unparteilichkeit, Gleichheit der Verhandlungsposition und Werte, die die freie und rationale Abwägung der Alternativen ermöglichen. Aber im politischen Liberalismus spielen auch eine Reihe von nicht-neutralen, eben substantiellen Werten eine begründende Rolle, vor allem die politische Personen- und Gesellschaftskonzeption und damit ein moralisch gehaltvolles Verständnis von Bürgersein, Vernünftigkeit, Kooperation und Reziprozität (PL, 286 f./190 f.).

Eine *Neutralität der Ziele* wird geltend gemacht, insofern die grundlegenden liberal-demokratischen Institutionen, deren Politiken und wesentlichen Verfassungsinhalte als Teil der öffentlichen politischen Konzeption im übergreifenden Konsens Zustimmung finden können, mithin keiner umfassenden Lehre verpflichtet sind. Aber Zielneutralität im Sinne einer *Neutralität der Ergebnisse* ist nicht gegeben:

- Wegen des Vorrangs des Rechten sind in der liberalen Demokratie nur solche Konzeptionen des Guten zulässig, „die die Gerechtigkeitsgrundsätze achten" (PL, 289/193).
- Zulässige (oder „vernünftige") Konzeptionen werden befördert, einfach schon weil die Grundstruktur Auswirkungen darauf hat, welche umfassenden Lehren dauerhaft Zustimmung finden und welche nicht.
- Also werden die Lehren, die im direkten Gegensatz zum liberalen Verfassungsstaat stehen (z. B. Befürwortung der Sklaverei) oder in einem dauerhaften Spannungsverhältnis (z. B. intolerante Religionen), „untergehen", „nur mühsam bestehen" oder dauerhaft „keine Anhänger gewinnen" (PL, 290/193, 294/197).

d. Politische Tugenden (§§ 5, 6)

Als Tugenden bezeichnet man die vorbildlichen Charakterdispositionen von Personen. Sie sind, wie es schon Aristoteles in der *Nikomachischen Ethik* beschreibt, das Ergebnis eines Lern- und Übungsprozesses, in dem sich entsprechende evaluative Einstellungen und Haltungen etablieren und nicht nur einzelne Handlungen, sondern das Gesamt der Person in ihren Empfindungen, Bewertungen und praktischen Entscheidungen dauerhaft anleiten. Auch der politische Liberalismus betrachtet bestimmte moralische Ausformungen des Charakters als überlegen, insofern sie der gesellschaftlichen Praxis fairer sozialer Kooperation zuträglich sind. Rawls greift hier einen Gedanken aus der 4. Vorlesung wieder auf: Wenn die Tugenden der politischen Kooperation „in der Gesellschaft weitverbreitet sind und deren politische Gerechtigkeitskonzeption unterstützen, bilden sie ein sehr großes öffentliches Gut, das zum politischen Kapital einer Gesellschaft gehört" (PL, 248/157). Denn:

- Tugenden reduzieren die Möglichkeit schwerer Konflikte mit anderen Wertehaltungen.
- Sie leiten die Verständigung und das kooperative faire Miteinander der Bürger an.
- Sie flankieren den Weg zu einem übergreifenden Konsens und ermöglichen damit eine dauerhafte bereitwillige Akzeptanz der politischen Institutionen (vgl. PL, Vorl. 2, §§ 5–7).

An verschiedenen Stellen des Werkes führt Rawls solche politischen Tugenden an, allerdings ohne sie in ein Verhältnis zu setzen oder sie zu ordnen: Toleranz, Vernünftigkeit, Sinn für Fairness, Bereitschaft anderen entgegenzukommen, Vertrauen (das gemeinhin nicht als Tugend gilt) und Höflichkeit/*civility* (eine unglückliche Übersetzung, passender wäre „bürgerlicher Anstand"). Dass diese die Gesellschaft befriedenden, Kohäsion stiftenden und Stabilität sichernden Charakterdispositionen ein wichtiges politisches Kapital darstellen, ist unbestreitbar. Aber wie verhält es sich mit der Legitimität und Fairness der politischen Tugendlehre?

Insofern sie, wie die zulässigen Konzeptionen des Guten, als eine Art beiläufiges Ergebnis der liberalen institutionellen Praxis betrachtet werden können, ist Rawls' Antwort wie folgt: Diese Wirkungsweise der Grundstruktur ist legitim, insofern die politische Konzeption, auf der sie gründet, eingeschränkt, aber ausreichend neutral ist – ihre politischen Ideen und Grundsätze können von allen Bürgern geteilt werden, weil sie von keiner besonderen umfassenden Lehre abhängig sind. Dass die institutionelle Praxis bestimmte umfassende Konzeptionen, Lehren und Charakterhaltungen befördert oder behindert, gilt Rawls daher als eingeschränkt, aber ausreichend fair. Eine Welt ohne soziale Verluste, ohne Ausschluss einiger Lebensweisen und Lebenspläne, kann es nicht geben. Aber für den politischen Liberalismus spricht zum einen, dass seine Verlust-Effekte nicht durch willkürliche oder ungerechte Voreingenommenheit zustande kommen (das ist die Legitimitätsthese), und zum anderen, dass er viele Konzeptionen des Guten als zulässig betrachten kann, also ein hohes Maß an gesellschaftlichem Pluralismus ermöglicht (das sei die historische Erfahrung, PL, 296/198). Somit lässt der

Liberalismus nicht nur mehr Raum für die Pluralität des Guten als alternative politische Ordnungen, sondern dieser ist, im Lichte der politischen Konzeption, ausreichend (zur Erinnerung: für die Grenzsetzung gibt es kein Kriterium außerhalb der Gerechtigkeitstheorie selbst).

Meines Erachtens kann diese Argumentation für die Idee politischer Tugenden nicht überzeugen, wenn der liberale Staat, wie Rawls am Beispiel staatlicher Erziehung ausführt, aktiv „vernünftige Maßnahmen [ergreifen soll], um die Formen des Denkens und Empfindens zu stärken, die die faire soziale Kooperation zwischen seinen als frei und gleich angesehenen Bürgern erhalten" (PL, 292/195). Diese Parteinahme des Staates, der aktiv ein Interesse an der Rolle der Kinder als künftige Bürger verfolgt, verlangt nach einer weitergehenden Legitimierung, schlichtweg weil die Einflussnahme, wenn man sich die Logik von Tugenden vor Augen führt, eine andere Qualität hat. Tugenden formen die persönliche Identität in einem sehr viel höherem Maße als Konzeptionen des Guten, daher werden die staatlichen Maßnahmen zur Förderung politischer Tugenden eine größere Tiefenwirkung und Nachhaltigkeit haben – eben darum betrachtet Rawls sie ja als politisches Kapital der Gesellschaft. Bezüglich der Konzeptionen des Guten haben die Bürger ein „Recht", nicht mit ihnen identifiziert zu werden (PL, 99/30) – was aber könnte es heißen, dass sie ein vergleichbares Recht haben, nicht mit ihren Tugenden identifiziert zu werden? Tugenden haben als Charakter- und Handlungsdispositionen notwendigerweise eine subjektivierende, identitätsstiftende Wirkung, die derjenigen von umfassenden Lehren zu entsprechen scheint. So drängt sich der Verdacht auf, dass die staatliche Tugenderziehung nicht nur wie, sondern als eine umfassende Lehre durchgeführt wird. Damit wäre sie aber nicht mehr ausreichend neutral und fair, um als legitim betrachtet werden zu können.

e. Das Gut der politischen Gesellschaft (§ 7)

Als letzte Idee führt Rawls das Gut der politischen Gesellschaft (*good of political society*) ein, das individuell und kollektiv realisiert ist, wenn die Bürger die gerechten Institutionen unterstützen, einander in gerechter Weise behandeln wollen, politische Tugenden ausbilden, die Priorität politischer Werte anerkennen usw. Die politische Gesellschaft ist in zwei Hinsichten ein Gut. Erstens bietet sie den evaluativen Hintergrund dafür, dass die Bürger ihre moralischen Vermögen schätzen können. Ihre Befähigung zu einer Konzeption des Guten und zu einem Gerechtigkeitssinn werden durch die liberal-demokratische Gesellschaft ausdrücklich anerkannt, daher werden sie ihre Rolle als Bürger *individuell* „als etwas Gutes erfahren" (PL, 301/203). Besondere Aufmerksamkeit verdient, dass sich Rawls in diesem Zusammenhang über dasjenige Grundgut äußert, zu dem sich in seinem gesamten Werk nur wenige Stellen finden lassen. Die politische Gesellschaft schaffe die Voraussetzungen für die Selbstachtung (*self-respect*) der Bürger durch deren öffentliche Anerkennung als Freie und Gleiche.

Zweitens ist die politische Gesellschaft ein *soziales* Gut (*cooperation good*), weil es nur durch die gemeinsame und dauerhafte Anstrengung der Bürger zustande kommt und eine Quelle darstellt für den Stolz, die Historie und Erinnerungskultur eines Volkes (PL, 302/204).

Hervorzuheben ist, dass Rawls für das Gut der *political society* und nicht der *political community* argumentiert und das Ideal der politischen Gemeinschaft mit Rückgriff auf das Faktum des Pluralismus explizit aus der Konzeption der Gerechtigkeit ausschließt (PL, 299/201). Die von dem Soziologen Ferdinand Tönnies 1887 getroffene Unterscheidung von Gemeinschaft und Gesellschaft, welche durch die kommunitaristischen Kritiker der Rawlsschen Theorie aufgegriffen wurde, steht im Hintergrund dieser Ablehnung. Ein Gemeinschaftsverständnis, das die soziale Einheit auf eine geteilte Konzeption des Guten zurückführt, steht im Widerspruch zum Pluralismus moderner Gesellschaften. Dieser ist ja nicht nur ein hinzunehmendes Faktum, sondern stellt einen Wert dar, weil er sich als Konsequenz des individuellen Freiheitsgebrauchs und der Selbstbestimmung ausbildet. Das bedeutet mitnichten, dass in der liberalen Demokratie „Jeder für sich alleine und im Zustande der Spannung gegen alle Übrigen“ gestellt ist (Tönnies 2005, 46), denn die politische Gesellschaft besteht nicht aus atomistischen, bloß ihren eigenen Vorteil suchenden Individuen (das wäre laut Rawls nur eine Vereinigung oder eine private Gesellschaft: PL, 112 ff./41 ff., 299 f./201 f.). Die Bürger haben durchaus gemeinsame letzte Ziele, die in den politischen Werten der Gerechtigkeitskonzeption verortet sind und ihren Gerechtigkeitssinn prägen. Der politische Liberalismus unterscheidet sich in dieser Hinsicht sowohl von den Laissez faire- wie auch den perfektionistischen Liberalismus-Varianten. Erstere (z. B. Robert Nozicks Libertarismus) sind ethisch zu „dünn“, um soziale Einheit zu stiften, letztere (z. B. Joseph Raz’ wertebasierter Liberalismus) führen die Einheit auf den falschen (umfassenden) Typ von Gründen zurück. Mehr als die soziale Einheit, die aus dem umfassenden Konsens hervorgeht, ist in der pluralistischen Demokratie nicht zu haben – „sie ist der Grenzfall des praktisch Besten“ (PL, 300/202).

Mit den fünf Ideen des Guten ist die Konzeption der Gerechtigkeit als Fairness vollständig:

- Sie bringt die kognitiven, moralischen und motivationalen Ressourcen, die für die Lösung des Stabilitätsproblems notwendig sind, aus sich selbst hervor als politische Ideen des Guten.
- Damit kann sie aus eigenen Kräften erklären, inwiefern die Gerechtigkeitskonzeption aus moralischen (d. h. weder egoistischen noch umfassenden) Gründen bejaht werden und tiefe bürgerschaftliche Loyalität erfahren kann.

7.3 Der Vorrang des Rechten und das Stabilitätsproblem

Rawls begreift die Vorrangthese als ein Definitionsmerkmal des Liberalismus, zugleich macht er deutlich, dass dessen metaphysische Theorie-Varianten den mit der Priorisierung verbundenen begründungstheoretischen Anspruch nicht einholen können. Wenn wir den „unversöhnlichen latenten Konflikt" (PL, 23/xxvi) zwischen einander widersprechenden umfassenden Lehren und politischer Gerechtigkeit, zwischen Wahrheit und Stabilität, ernst nehmen – und daran führt im Bewusstsein um das Faktum des Pluralismus kein philosophischer Weg vorbei – muss der Liberalismus auf all seinen Ebenen politisch, nicht metaphysisch begründet werden.

Das gilt auch für die Prioritätsthese selbst. Zum einen ist sie nicht explanatorisch zu verstehen (mit der Konzeption des Rechten wird nicht erklärt, was das Gute ist), sondern konzeptionell (der Begriff des Guten ist abhängig von dem des Rechten, vgl. Wedgwood 2009, 500). Was als Konzeption des Guten vernünftigerweise vertreten und verfolgt werden kann, wird durch die politische Konzeption beschränkt. „Vorrang" meint also weder eine lexikalische Vorordnung, noch den Triumph der Gerechtigkeitskonzeption und der mit ihr verbundenen Gründe über alles andere, sondern die Bestimmung einer legitimen Grenze für die Verfolgung des individuell Guten. Insofern es um die Grenzen unserer Ziele und nicht um ihre Inhalte geht, stellt der Vorrang des Rechten ein deontologisches Element der Theorie der Gerechtigkeit dar.

Zum anderen ist die Priorität des Rechten nicht nur ein Merkmal der institutionellen Struktur der liberalen Demokratie, sondern sie prägt deren Mitglieder. Die Vorrangthese ist in ihrer allgemeinen Bedeutung so zu verstehen, „daß die in Anspruch genommenen Ideen des Guten politische Ideen sein müssen, (...) in seiner besonderen Bedeutung, daß die Gerechtigkeitsgrundsätze den zulässigen Lebensweisen Grenzen setzen" (PL, 309/209). Diese Grenze ist in der richtigen Weise gezogen, wenn die Gerechtigkeitskonzeption (und das ihr inhärente Vorrangverhältnis!) von den Bürgern, die zugleich vernünftige umfassende Lehren bejahen, anerkannt wird. Im übergreifenden Konsens zeigt sich also zweierlei: dass sich das Rechte wie ein Modul in verschiedene Lehren vom Guten einfügen lässt (PL, 78/12, und sich damit der Vorrang des Rechten in seiner allgemeinen Bedeutung erfüllt) und „daß die freien grundlegenden Institutionen dieser Konzeption ausreichend Raum für Lebensweisen lassen, die die uneingeschränkte Treue der Bürger verdienen" (PL, 266 f./319, das ist die besondere Bedeutung des Vorrangs). Trivialerweise würde der Konsens nicht zustande kommen, wenn die Bürger den Vorrang des Rechten nicht anerkennen. Insofern ein übergreifender Konsens aber möglich ist, bestätigt diese Tatsache sich selbst (PL, 310/210): Die

Grenzsetzung für zulässige Konzeptionen des Guten ist anerkennungsfähig und dadurch auch gut genug begründet, um das Ideal des öffentlichen Vernunftgebrauchs und des demokratischen Staatsbürgers normativ anzuleiten.

Man könnte sagen, dass die politische Konzeption und die in ihr enthaltenen Ideen einschließlich des Vorrangs des Rechten als ihre eigene Stabilisierungsinstanz fungieren. In der wohlgeordneten Gesellschaft entwickeln die Bürger allmählich den Wunsch, eine bestimmte Art von Person zu sein und ein gemeinsames politisches Leben zu führen mit spezifischen politischen Werten, Tugenden und Pflichten. Der Gerechtigkeitssinn umfasst daher nicht nur die Fähigkeit, eine Gerechtigkeitskonzeption verstehen und befolgen zu können, sondern auch die Bereitschaft, sich anderen gegenüber in einer Weise zu verhalten, der sie öffentlich zustimmen können. Damit sind die Bürger der liberalen Demokratie intellektuell und moralisch in der Lage, dem Rechten den gebührenden Vorrang vor dem Guten zuzugestehen und ihr Handeln dementsprechend zu orientieren. Zudem umfasst ihr zweites moralisches Vermögen, die Befähigung zu einer Konzeption des Guten, nicht nur die Freiheit, nach eigenem Urteil und Begehren einen individuellen Lebensplan verfolgen zu können, sondern auch das Recht, mit diesem nicht identifiziert zu werden. Die Bürger sind nicht nur als „selbstbeglaubigende Quellen gültiger Ansprüche“ (PL, 102/32), sondern zugleich als von besonderen Konzeptionen des Guten unabhängige Rechtspersonen zu achten – beides begreift Rawls als Ausdruck von Freiheit. Die Trennung von persönlicher und öffentlicher Identität scheint daher in der politischen Konzeption der Personen zu verschwimmen, insofern sie als fähig erachtet werden, „in Fragen der Gerechtigkeit ihre Ansprüche auf diejenigen Dinge zu beschränken, welche die Gerechtigkeitsgrundsätze zulassen“ (PL, 103/34). Der Vorrang des Rechten ist somit bereits im Bürger-Konzept platziert.

Schon bezüglich der in der *Theorie* breit, aber wenig systematisch ausgeführten Kongruenz des Rechten und Guten (Abschn. 60–86) drängte sich manchen Kritikern die Frage auf, ob Rawls nicht stillschweigend auf ein ethisch gehaltvolles Autonomiekonzept zurückgreift (vgl. Larmore 1995, 125–138, Freeman 2003). Ist der „Wunsch, seine Natur als freies und gleiches Vernunftwesen auszudrücken“ (TJ, 623/574), nicht erst durch eine umfassende Lehre verständlich zu machen? Rawls' rückblickende Bemerkungen gehen jedenfalls in diese Richtung. Die *Theorie* erscheint ihm defizitär in zwei Hinsichten: Zum einen arbeitet sie mit einem kantischen Personen- und Autonomie-Konzept, zum anderen kann sie das Stabilitätsproblem nicht lösen (vgl. „Einleitung 1995“). Die Kongruenzthese spielt daher im *Politischen Liberalismus* keine Rolle mehr, statt dessen wird die Deckungsgleichheit von umfassenden Lehren und Gerechtigkeitskonzeption in den übergreifenden Konsens, aber eben auch in den Bürger hinein verlagert. Das wirft jedoch ganz eigene Fragen auf, zuvorderst: Handelt es sich überhaupt noch um eine *Übereinstimmung* von Rechtem und Gutem oder wird das Rechte nicht vielmehr zu einem *Teil* des Guten? Anders gesagt: Wird das Politische, jedenfalls aus der Perspektive des einzelnen Bürgers, nicht zu einer ethischen Kategorie umgeformt? Wenn ja, hätte sich der Anspruch der Prioritätsthese im Sinne eines Grenzsetzungsprojekts (vgl. 5.1) im Laufe der Argumentation verändert.

Meines Erachtens erhellt sich die Prioritätsthese erst im Lichte des Stabilitätsproblems. Rawls geht es eben nicht bloß um die Stabilität politischer Institutionen (deswegen muss er die klassischen liberalen Lösungen wie „Furcht" bei Hobbes, „Vertrauen" bei Locke ablehnen), sondern um eine „Stabilität aus den richtigen Gründen" (PL, 35/xxxvii), um eine auf (politischer, nicht umfassender) Gerechtigkeit gründende Stabilität. Zudem darf sie nicht bloß auferlegt sein (deswegen spielt die staatliche Zwangsbefugnis nur eine marginale Rolle), sondern sie muss sich aus einer inhärenten Quelle speisen (vgl. Weitham 2010, 43 ff.). Daher bezieht sich der Gerechtigkeitssinn der Bürger nicht nur auf ihre äußeren Handlungen – dann wäre formale Rechtstreue hinreichend –, sondern vor allem auf ihre inneren Haltungen – die aristotelisch anmutende Rede von politischen Tugenden und Bürgerfreundschaft (*civic friendship*; PL, 49/xlix, 361 f./253 f.) erscheint nur folgerichtig. Das Rawlssche Stabilitätsproblem ist komplex, denn seine Lösung muss erstens erklären können, warum Bürger sich nicht mit einem Modus Vivendi zufriedengeben können, und zweitens, wie es möglich ist, dass sie dem Rechten den ihm angemessenen vorrangigen Ort in ihren rationalen Lebensplänen wirksam zusprechen (vgl. Freeman 2003, 280 ff.).

Für die Lösung des ersten Teilproblems wird der Gerechtigkeitssinn mit moralpsychologischen und anthropologischen Elementen angereichert. Dem Aristotelischen Grundsatz zufolge spielen die „bekannten Werte der persönlichen Zuneigung und Freundschaft, der sinnvollen Tätigkeit und gesellschaftlichen Zusammenarbeit, des Strebens nach Wissen und der Schaffung und der Betrachtung schöner Gegenstände (...) nicht nur in unseren vernünftigen Plänen eine hervorragende Rolle, sondern lassen sich meist auch im Einklang mit der Gerechtigkeit verwirklichen" (TJ, 464/425). Der Gerechtigkeitssinn stellt ein deliberatives und regulatives Vermögen dar, mit dem diese Werte geordnet und realisiert werden können. Damit verleihen wir unserem Wunsch Ausdruck, als autonome, freie und gleiche Personen anerkannt zu werden: „Um also unsere Natur zu verwirklichen, haben wir keine andere Möglichkeit, als den Plan, unseren Gerechtigkeitssinn [und damit den Vorrang des Rechten, E. Ö.] als maßgebend für alle unsere Ziele zu bewahren" (TJ, 623/574).

Aber auch dann, wenn die regulative Funktion des Gerechtigkeitssinns für eine gelungene autonome Lebensplanung nachvollzogen ist, stellt sich ein zweites Teilproblem der Stabilität: Es kann *inner*personell noch immer zu Konflikten zwischen dem Rechten und Guten kommen. Die Kongruenzthese kann dieses Problem nicht beheben (so auch Freeman 2003, 278), daher entwickelt Rawls im *Politischen Liberalismus* ein weitreichenderes Konfliktlösungsmodell. So ist in der Idee der politischen Person die Unterscheidung von dem (nichtöffentlichen) Wahrheitsanspruch der eigenen umfassenden Lehren und der öffentlichen Berechtigung von gerechten Ansprüchen bereits konzeptionell angelegt. Zudem lässt die Idee der Zulässigkeit/Vernünftigkeit von Konzeptionen des Guten diese nicht „unbeschadet", d. h. das moralische Vermögen zur Ausbildung einer Konzeption des Guten ist, wie auch der Gerechtigkeitssinn, als ein kritisches Vermögen zu verstehen. Während in der *Theorie* das Vermögen zur Ausbildung eines rationalen Lebensplans moralisch neutral ist (aber dennoch zu individuellen und evaluativen Urteilen über das Gute kommen kann, die mit den Urteilen über das Rechte koinzidieren), ist das Rationale im *Politischen Liberalismus* zwar unabhängig vom Vernünftigen, bleibt aber auf es verwiesen: „Wenn sie ausschließlich an Vorteilen für sich selbst interessiert sind, nähern sich rational Handelnde dem Zustand eines Psychopathen" (PL, 123 f./51). Diese Sozialpathologie wird erst durch die Kongruenz von Rationalem und Vernünftigem geheilt: „Durch die öffentliche Anerkennung und informierte Anwendung der Gerechtigkeitsgrundsätze in ihrem politischen Leben erreichen Bürger ihre volle Autonomie" (PL, 155/77).

Theorieintern hat das eine gewisse Logik, schließlich muss der Einzelne in seiner individuellen Konzeption des Guten die Gründe bzw. die Interpretationen für das Rechte finden, dabei zugleich von dem übergeordneten Willen zur Kooperation und den politischen Tugenden geleitet sein. Damit die politischen und unpolitischen Seiten des Lebens (oder das Vernünftige und Rationale, das Rechte und das Gute) einander auf diese Weise stützen können, müssen die Bürger aber eine Art zivilisatorischen Prozess durchlaufen: von formaler (klassisch-liberaler Rechts-)Loyalität hin zu substantieller (politisch-liberaler Tugend-)Loyalität (vgl. hierzu den Weg vom anfänglichen Modus Vivendi über den Verfassungs- zum übergreifenden Konsens: PL, Vorl. 4, §§ 6, 7).

Damit wird aber – das ist mein abschließender Interpretationsvorschlag für die Vorrangthese – die ursprüngliche Gegenüberstellung von Rechtem und Gutem (oder in der klassisch-liberalen Formulierung: von Politischem und Privatem) zunehmend unscharf. Zwar betont Rawls, dass die volle Autonomie der Bürger ein politischer und nicht ethischer Wert sei (PL, 155/77), aber zugleich fühlt man sich an die „sehr bemerkenswerte Veränderung" von *homme* zu *citoyen* erinnert, die in Jean-Jacques Rousseaus ethischem Liberalismus den bürgerlichen Stand und die bürgerliche Freiheit erst ermöglicht (Rousseau 1762, 22). Denn einerseits wird erst dadurch, dass Gerechtigkeit „politisch" verstanden wird, die tiefer gehende innere Zustimmung der Bürger überhaupt möglich. Diese haben ja, abhängig von ihren Überzeugungssystemen und Weltanschauungen, je eigene

Gründe für den Konsens. Hinsichtlich dieser Begründungen, Ableitungen, Einbettungen und Interpretationen im Lichte umfassender Lehren besteht zwar weiterhin Uneinigkeit, aber die Methode der öffentlichen Vermeidung dieser strittigen Lehren bringt einen gemeinsamen Kern hervor, hinsichtlich dessen ein übergreifender Konsens möglich ist.

Andererseits müsste man sagen: Hinsichtlich dessen bereits Konsens besteht, insofern die politische Konzeption ihre selbststabilisierende normative Kraft aus den Überzeugungen der Bürger als Anhängern umfassender Lehren gleichsam parasitär abschöpfen muss. Damit das gelingen und das zweite Teilproblem der Stabilität gelöst werden kann, muss ein großer Teil der Bürger der liberalen Demokratie den Vorrang des Rechten bereits internalisiert haben, d. h. politische Werte besonders wichtig nehmen, politische Tugenden ausbilden und ihre beiden moralischen, kritisch-deliberativen Vermögen einsetzen, die das individuell Gute in den zulässigen Rahmen des Rechten einpassen. Nur so können ihre jeweiligen „Wahrheiten", ihre unterschiedlichen, aber nicht geteilten Gründe für den Konsens, einen Begründungs-, Verbindlichkeits- und Verwirklichungskontext des selbst keinen Wahrheitswert beanspruchenden politischen Liberalismus darstellen. Ich denke daher, dass die Zweideutigkeiten (die Larmore 1995 schon für die *Theorie* feststellt) zwischen einer moralischen (nicht metaphysischen) Lösung des Kooperationsproblems und einer ethisierenden (metaphysischen) Lösung des Stabilitätsproblems im *Politischen Liberalismus* bestehen bleiben.

Literatur

Arrow K. 1973: Some Ordinalist Notes on Rawls' Theory of Justice, in: Journal of Philosophy 70, 245–263.

Doğan, A. 2011: On the Priority of the Right to the Good, in: Kant-Studien 102, 316–334.

Freeman, S. 2003: Congruence and the Good of Justice, in: Ders. (Hrsg.), The Cambridge Companion to Rawls, Cambridge, Mass, 277–315.

Kant, I. 1788: Kritik der praktischen Vernunft, Werkausgabe, hrsg. von W. Weischedel, Bd. VII, Frankfurt/M. 1991.

Kersting, W. [3]2013: Die Gerechtigkeit zieht die Grenze, das Gute setzt das Ziel, in: O. Höffe (Hrsg.): John Rawls. Eine Theorie der Gerechtigkeit, Berlin, 209–230.

Larmore, Ch. 1995: Strukturen moralischer Komplexität, Stuttgart/Weimar.

Özmen, E. 2015: Normative Limits of Pluralism. The Right, the Good, and the Priority-thesis, i. E.

Rousseau, J.-J. 1762: Vom Gesellschaftsvertrag oder Grundsätze des Staatsrechts, Stuttgart 2003.

Sen, A. 1979: Equality of What?, in: The Tanner Lecture on Human Values I, Cambridge, 197–220.

Tönnies, F. 2005: Gemeinschaft und Gesellschaft, Darmstadt.

Wedgwood, R. 2009: The „Good" and the „Right" Revisited, in: Philosophical Perspectives 23, 499–519.

Weithman, P. 2010: Stability and Congruence, in: Ders.: Why Political Liberalism? On John Rawls' Political Turn, New York, 41–67.

Charles Larmore

8 Grundlagen und Grenzen der öffentlichen Vernunft (Vorlesung VI)

Einer der Hauptbegriffe von Rawls' Spätphilosophie ist der öffentliche Gebrauch der Vernunft. In der sechsten Vorlesung von *Politischer Liberalismus* (1993, 2. Aufl. 1996) wird dieser Begriff ausführlich dargelegt und dann später in dem Aufsatz „Nochmals: Die Idee der öffentlichen Vernunft" (1997) einigen wichtigen Revisionen unterzogen. Es geht hierbei nicht bloß um einen politischen Wert unter anderen. Wie Rawls in dem Aufsatz von 1997 erklärt, führt dieser Begriff all die Grundwerte eines demokratischen Rechtsstaats zusammen und kennzeichnet somit, wie „die politische Beziehung als solche (*the political relation*) zu verstehen ist" [Übers. C. L.] (Rawls 2002, 167/PL, 441 f.). Daher ist mit der Idee der öffentlichen Vernunft offensichtlich mehr gemeint als nur der Umstand, dass die Grundsätze einer politischen Gemeinschaft allgemein bekannt sind. Sie bezeichnet vielmehr die Basis dieser Prinzipien. Unsere Vernunft sollen wir auf eine Weise in Übereinstimmung mit der Vernunft anderer Bürger bringen, dass wir einen gemeinsamen Standpunkt einnehmen, von dem aus die Regeln unseres politischen Lebens bestimmt werden können. Die Auffassung der Gerechtigkeit, zu der wir dann gelangen, ist eine Auffassung, der wir zustimmen, nicht aus den jeweilig unterschiedlichen Gründen, die jeder von uns dafür haben mag, und nicht aus Gründen, die wir zufälligerweise teilen, sondern aus Gründen, die nur deshalb für uns zählen, weil wir alle sie miteinander als triftige Gründe anerkennen können. In diesem Sinne heißen sie eben „öffentliche" Gründe.

Obwohl der Begriff der öffentlichen Vernunft bei Rawls zum ersten Mal als explizites Thema in *Politischer Liberalismus* auftritt, liegen die Wurzeln dieses Begriffs in gewissen Überlegungen seines ersten Buches, *Eine Theorie der Gerechtigkeit* (1971), und dort besonders in seinen Ausführungen zur erforderlichen „Öffentlichkeit" (*publicity*) der Grundprinzipien einer gerechten Gesellschaft. Diese Gedankengänge wurden dann in verschiedenen Veröffentlichungen der 80er Jahre weiterentwickelt und vertieft, bis sie schließlich die Gestalt eines systematischen Begriffs in *Politischer Liberalismus* annahmen. Es handelte sich um einen wesentlichen Teil der Ausarbeitung eines „politischen Liberalismus", in dem Rawls seine Theorie der Gerechtigkeit im Hinblick auf die Leitidee reformulierte, einer gerechten Gesellschaft liege eine gemeinsame Basis zugrunde, auf der freie und gleiche Bürger miteinander agieren können.

Auf die Vorgeschichte des Rawls'schen Begriffs der öffentlichen Vernunft gehe ich hier nicht ein (vgl. dazu Larmore 2008, 197–208). Gegenstand ist die sechste Vorlesung selbst, die für eine Reihe von Vorträgen erst 1990 konzipiert, also relativ spät im Vergleich zu den anderen Kapiteln des Buches geschrieben wurde, sowie auch der Aufsatz von 1997, der ein Jahr nach der zweiten Ausgabe von *Politischer Liberalismus* erschien. (Auf einige aufschlussreiche Formulierungen in der Einleitung zu dieser Ausgabe und in seinem späteren Buch von 2001, *Gerechtigkeit als Fairneß: ein Neuentwurf*, wird ebenfalls verwiesen werden.) Der Reihenfolge von Rawls' eigener Darstellung werde ich aber nicht genau folgen. Obwohl die Vorlesung ziemlich nachvollziehbar mit einer allgemeinen Charakterisierung der öffentlichen Vernunft (§§ 1–4) anfängt, um dann Fragen nach ihrem Bereich (§§ 5–7) und nach den Situationen ihres Gebrauchs (§§ 7–8) anzugehen, sind die Überlegungen innerhalb der jeweiligen Abschnitte nicht immer systematisch dargelegt. Hinzu kommt, dass sich bestimmte Punkte nur durch Heranziehen anderer Stellen des Buches erklären lassen und dass Rawls, wie erwähnt, in der zweiten Ausgabe und in späteren Schriften seine Meinung in gewissen Hinsichten änderte.

Der Klarheit halber habe ich also meine Diskussion nach den folgenden Themen organisiert: die Maßstäbe der öffentlichen Vernunft (8.1), die angemessene Reichweite ihres Gebrauches (8.2), die Umstände, unter denen sie ausgeübt werden muss (8.3), und die eventuellen Ausnahmen, die auch dann erlaubt werden sollten (8.4). Zum Schluss (8.5) werde ich einige Worte über die Ziele sagen, die man durch den öffentlichen Vernunftgebrauch zu erreichen hoffen kann. Bei der Erörterung aller dieser Aspekte der Rawls'schen Theorie werde ich auch einige kritische Einwände erheben.

8.1 Die Regeln der öffentlichen Vernunft

Der öffentliche Gebrauch der Vernunft, schreibt Rawls gegen Anfang dieser Vorlesung, ist eine „Pflicht zur Bürgerlichkeit (*civility*)" (PL, 317/217), eine moralische, keine rechtliche mit Gesetzeskraft versehene Pflicht demokratischer Staatsbürgerschaft. Sie schreibt den Standpunkt vor, von dem aus Bürger in ihrem Umgang als Bürger miteinander die Prinzipien ihres politischen Lebens bestimmen bzw. beurteilen sollten. Sie sollten dabei nicht so vorgehen, dass sie die Konklusionen, die sie aus ihren jeweiligen ethischen oder religiösen Vorstellungen – durch einen sozusagen privaten Gebrauch ihrer Vernunft – gezogen haben, einander mitteilen, um dann die natürlich daraus entstehenden Konflikte durch irgendeinen weiteren Mechanismus wie etwa Verhandlungen oder Mehrheitsbeschlüsse beizulegen. Stattdessen geht es darum, diese Prinzipien durch den öffentlichen

Gebrauch ihrer Vernunft, das heißt aufgrund eines gemeinsamen Gesichtspunkts festzulegen, den sie alle einnehmen sollten und der nach Rawls auf dem Fundament beruht, das er *das liberale Legitimitätsprinzip* nennt:

> „Die Ausübung politischer Macht ist nur dann angemessen und daher zu rechtfertigen, wenn sie in Übereinstimmung mit einer Verfassung geschieht, von deren Wesensgehalten wir vernünftigerweise erwarten können, daß alle Bürger, soweit sie vernünftig und rational sind, dieselben im Lichte der von ihnen bejahten Grundsätze und Ideale anerkennen würden" [Übers. C. L.] (PL, 317/217; s. auch 223/137).

Durch dieses Prinzip wird der Gebrauch der öffentlichen Vernunft geregelt. An einer Stelle spricht Rawls vom „Inhalt" der öffentlichen Vernunft und versteht darunter eine „politische Auffassung der Gerechtigkeit" (PL, 324 ff./223 ff.). In Wirklichkeit macht eine derartige Auffassung nicht so sehr den Inhalt der öffentlichen Vernunft aus, der eher in ihrem Leitprinzip der Legitimität besteht, als vielmehr das Resultat ihres Gebrauchs. Denn wenn wir diesem Prinzip gemäß die Regeln unseres politischen Lebens festlegen, sollen wir genau zu den Grundsätzen einer liberalen Gesellschaft gelangen, die Rawls an dieser Stelle folgendermaßen charakterisiert: Allen Bürgern werden gewisse Grundrechte, Freiheiten und Chancen garantiert, diesen Elementen einen besonderen Vorrang gegenüber dem allgemeinen Wohl zugeschrieben und allen ein angemessener Anteil an den materiellen Mitteln zur Realisierung derselben zugesichert. Dementsprechend erklärt er später in *Gerechtigkeit als Fairneß* (JaF 74 ff., 144 ff./40 f., 89 ff.), dass das liberale Legitimitätsprinzip die Grundlage nicht nur der öffentlichen Vernunft, sondern auch des Begriffs des „Urzustands" (*original position*) und somit der zwei in *Eine Theorie der Gerechtigkeit* dargelegten Gerechtigkeitsprinzipien ausmacht.

Aus mehreren Gründen nennt Rawls eine auf dem öffentlichen Vernunftgebrauch beruhende Gerechtigkeitsauffassung „politisch" in einem engen Sinne. Erstens heißt sie deshalb streng „politisch", weil sie sich zu ihrer Begründung auf keine religiösen oder philosophischen Konzeptionen des menschlichen Guten beruft (PL, 325/223). Das ist eben eine Folge des liberalen Legitimitätsprinzips. Da dieses Prinzip allein diejenigen politischen Grundsätze als legitim gelten lässt, die die Zustimmung vernünftiger Bürger finden können, darf sich die Begründung solcher Grundsätze nicht auf umfassende Lehren des guten Lebens stützen, über die Bürger in der Regel verschiedener Meinung sind. Es gilt, die sogenannten „Bürden des Urteilens" zu respektieren, das heißt die natürliche Tendenz vernünftiger Personen, wenn sie unter freien Institutionen leben, zu unterschiedlichen Konzeptionen des Guten zu kommen, sofern sie sich aufgrund ihrer verschiedenen Erfahrungen und Traditionen darin unterscheiden, wie zentrale Begriffe zu interpretieren, empirische Befunde einzuschätzen und relevante

Erwägungen zu gewichten sind (PL, 127 ff./54 ff.). Die Idee der öffentlichen Vernunft zielt darauf ab, der Vielfalt der Stimmen in einer freien Gesellschaft gerecht zu werden.

Es wird daher deutlich, wie Rawls selbst unterstreicht, dass die öffentliche Vernunft, so wie er sie versteht, nicht der sogenannten „säkularen Vernunft" gleichzusetzen ist (Rawls 2002, 178, 183 f./PL, 452, 457). Zwar sollen sich Bürger, wenn es um die Bestimmung der Grundlagen ihres politischen Lebens geht, aller Berufung auf ihre jeweiligen religiösen Überzeugungen enthalten. Der Glaube soll sich dabei nicht einmischen. Aber auch Überzeugungen, die eine ganz diesseitige Konzeption des Sinns des Lebens verkörpern, müssen desgleichen beiseite gelassen werden. Politische Prinzipien sind nicht einzuführen, soweit sie etwa das individualistische Ideal einer kritischen Überprüfung aller Sitten und Traditionen oder die Auffassung der menschlichen Vernunft als Urheber aller uns bindenden Normen voraussetzen. Insofern erlegt der öffentliche Vernunftgebrauch gläubigen und säkularen Bürgern keine asymmetrische Bürde auf. Beide werden gleichermaßen und auf dieselbe Weise aufgefordert, ihre charakteristischen Gesamtvorstellungen der Stellung des Menschen in der Welt auszuklammern.

Diese radikale Tragweite der Rawls'schen Konzeption wird oft übersehen, besonders wenn man wie selbstverständlich davon ausgeht, dass der öffentliche Vernunftgebrauch ein Ideal des modernen „säkularen" Staates sei. So verfährt etwa Jürgen Habermas, der nur deshalb gegen Rawls und andere liberale Interpreten der Trennung von Staat und Kirche den Vorwurf erhebt, sie erlegen religiösen Bürgern eine ungleiche Bürde auf (Habermas 2005, 142–150), weil er selbst „säkulare Überlegungen" und „säkulare Gründe" (Habermas 2005, 134, 136) als die Basis begreift, auf der politische Entscheidungen in einem demokratischen Rechtsstaat getroffen werden sollten. Der Ausdruck „säkularer Staat", den Rawls in diesem Zusammenhang nie verwendet, ist zweideutig: Einerseits kann er einen Staat bezeichnen, der sich nicht mehr auf religiöse Grundlagen stützt, andererseits aber einen Staat, der sich darüber hinaus durch einige der säkularen Ethiken, die in der Neuzeit als Konkurrenten zu christlichen Lebensauffassungen entstanden sind, legitimieren will. Nur im ersten Sinne ist die öffentliche Vernunft ein säkulares Ideal.

Es fragt sich jedoch, wie weltanschaulich neutral der öffentliche Vernunftgebrauch am Ende eigentlich ist. Denn er richtet sich, wie Rawls sagt, nach einem liberalen Prinzip politischer Legitimität, das zahlreiche Weltanschauungen – und nicht nur in der Vergangenheit – kategorisch zurückweisen. Für viele religiöse Lehren soll sich das politische Gemeinwesen im Grunde genommen dem Willen Gottes, nicht dem Willen des Menschen fügen. Damit äußere ich keine Kritik. Jede politische Ordnung, mag sie wie die liberale auch noch so inklusiv sein wollen, kann gerade infolge der Prinzipien, durch die sie sich definiert, nicht umhin, gewisse Lebensansichten auszuschließen. Wichtig ist nur, dass wir über die Grundannahmen, die die Grenzen ziehen, im Klaren sind, und in diesem Fall vielleicht mehr als Rawls selbst. Darauf werde ich im nächsten Abschnitt weiter eingehen.

8.2 Die Reichweite des öffentlichen Vernunftgebrauchs

Nach Rawls gilt die Gerechtigkeitsauffassung, die durch den öffentlichen Vernunftgebrauch ausgearbeitet wird, auch in einem zweiten Sinne als streng „politisch": Sie beziehe sich allein auf die „Grundstruktur" der Gesellschaft, das heißt auf die Hauptinstitutionen, die sie erst zu einem System sozialer Kooperation machen, und nicht auf alle Interaktionen zwischen Bürgern (PL, 325/223). Eine derartige Einschränkung des Bereichs der politischen Gerechtigkeit wurde bekanntlich von G. A. Cohen zum Gegenstand einer glänzenden Kritik gemacht (Cohen 2001). Ohne diese Debatte hier diskutieren zu können, möchte ich die entsprechende These betrachten, die Rawls in seiner Erörterung der öffentlichen Vernunft vertritt. Denn mehrmals behauptet Rawls, zum Bereich des öffentlichen Vernunftgebrauchs gehören allein wesentliche Verfassungsinhalte (*constitutional essentials*) und grundlegende Fragen der Gerechtigkeit, die die gesellschaftliche Grundstruktur bestimmen (PL, 75/10, 314/214; vgl. Rawls 2002, 168/PL, 442, u. ö.). Zwar folgt eine solche These aus seiner Formulierung des liberalen Legitimitätsprinzips, das von der Begrenzung der politischen Macht allein in den erwähnten Hinsichten spricht. Aber dasselbe Problem stellt sich hinsichtlich dieser Formulierung: Warum soll die Autorität des Staates, Gesetze aller Art zu erlassen und durchzusetzen, nicht ebenfalls einer Legitimation bedürfen? Was spricht für die Ausschließung konkreter, alltäglicher politischer Fragen aus der Reichweite der öffentlichen Vernunft, wenn es sich dabei gleichermaßen um die Ausübung politischer Macht handelt?

Nun ist zu bemerken, dass Rawls in der sechsten Vorlesung zunächst offenzulassen scheint, ob solche Fragen endgültig ausgeschlossen werden müssen: Nur nachdem bewiesen ist, dass wir den Gesichtspunkt der öffentlichen Vernunft in Bezug auf grundsätzliche Fragen aufnehmen müssen, sei es sinnvoll, uns den anderen Fällen zuzuwenden, da „es normalerweise überaus wünschenswert ist, politische Probleme im Rückgriff auf die Werte der öffentlichen Vernunft zu lösen" (PL, 315/215). Aber dann fügt er im nächsten Satz ohne weitere Erklärung hinzu: „Dennoch mag das nicht immer der Fall sein". Diesen enigmatischen Satz – der erstaunlicherweise in der deutschen Übersetzung weggefallen ist –

klärt Rawls in seinem späteren Buch *Justice as Fairness* zumindest einigermaßen: Bei vielen legislativen Fragen, die nicht Verfassungs- oder Gerechtigkeitsgrundsätze, sondern allein etwa Steuerwesen, Umwelt oder Kulturförderung betreffen, sei es, da „nichtpolitische Werte" oft im Spiele sind, „weder möglich noch wünschenswert", dass die Abgeordneten bei ihren Entscheidungen die Disziplin der öffentlichen Vernunft befolgen (JaF, 75 f., 147 f./41, 91). Leider ist das aber alles. Weder hier noch an anderer Stelle geht Rawls tiefer ins Detail.

In diesem Zusammenhang könnte es sich lohnen, auf einen weiteren Umstand hinzuweisen. Soweit liberaldemokratische Verfassungen vorsehen, dass viele politische Fragen nicht durch ihre Vorschriften allein, sondern durch Stimmabgaben in Parlamenten und Wahlen zu entscheiden sind, muss damit gerechnet werden, dass die Verlierer bei der Verwendung dieser Verfahren einer Ausübung der politischen Macht, der sie offensichtlich nicht zustimmen, unterliegen werden. Dadurch wäre gegen das liberale Legitimitätsprinzip verstoßen, wenn es ganz allgemein die Regelung jedweder politischen Frage bestimmen sollte. Angesichts der Unentbehrlichkeit solcher Verfahren für das Funktionieren liberaler Demokratien ist es also besser, eine derartige Verallgemeinerung des Prinzips zu vermeiden. Man wird vielleicht einwenden, dass die Verlierer mit dem Resultat der Abstimmung doch insoweit einverstanden sind, als sie gerade solche Entscheidungsmechanismen akzeptieren. Da diese Mechanismen aber zu den Verfassungsvorschriften gehören, ist Einwilligung im besagten Sinne bereits durch die engere, von Rawls gewählte Formulierung des Legitimitätsprinzips abgedeckt. Damit ist noch nicht der Gedanke gerechtfertigt, dass wir bei der Behandlung politischer Fragen, die nicht grundlegender Art sind, von den Richtlinien des öffentlichen Vernunftgebrauchs abweichen dürfen, und zwar wegen der Gründe, die Rawls vage andeutet. Aber damit ist sozusagen der Raum für eine solche Lockerung geöffnet. Auf jeden Fall ist eines klar: Die wichtige Frage nach der angemessenen Reichweite der öffentlichen Vernunft hat Rawls stark vernachlässigt.

Klar ist ebenfalls, dass die fundamentale Bedeutung des Legitimitätsprinzips für Rawls' Spätphilosophie im Allgemeinen und insbesondere für seine Theorie der öffentlichen Vernunft kaum zu unterschätzen ist. Umso bedauerlicher ist es daher, dass Rawls auch in diesem Fall zu wenig sagt: zu wenig zur Erklärung des Prinzips und fast nichts zu seiner Begründung. Die Gründe, die er im Sinne haben musste, die liberale Auffassung der legitimen Machtausübung anderen Auffassungen vorzuziehen, lassen sich aber unschwer rekonstruieren. Da die Explizierung dieser Gründe helfen kann, seine Idee des öffentlichen Vernunftgebrauchs in einer wichtigen Hinsicht präziser zu bestimmen, als es ihm selbst gelungen ist, empfiehlt es sich, ehe ich weitergehe, die Grundlagen des liberalen Legitimitätsprinzips zu klären.

Nach diesem Prinzip soll die Ausübung politischer Macht nur dann legitim sein, wenn Bürger, soweit sie rational (*rational*) und vernünftig (*reasonable*) sind, der Verfassung und den Vorstellungen grundlegender Gerechtigkeit, auf deren Basis die Macht ausgeübt wird, im Lichte ihrer eigenen Grundsätze und Ideale zustimmen können (PL, 317/217). An anderer Stelle erläutert Rawls, was er unter den unterschiedlichen Begriffen von „rational" und „vernünftig" versteht: Während Menschen rational sind, soweit sie geeignete Mittel zu ihren Zwecken wählen und ihre Zwecke selbst innerhalb eines übergreifenden Lebensplans organisieren, sind sie dann vernünftig, wenn sie bereit sind, faire Bedingungen sozialer Kooperation vorzuschlagen und freiwillig zu achten (PL, 120 ff./48 ff.). Vernünftigkeit in diesem Sinne ist offenbar eine moralische Disposition, und zwar eine, wie Rawls betont, die sich nicht aus der Rationalität allein ableiten lässt. Damit ist schon erkennbar, dass das fragliche Legitimitätsprinzip moralische Grundlagen hat. Es kommt jedoch darauf an, näher zu verdeutlichen, was diese Grundlagen sind. Zu beachten ist zunächst, dass die Zustimmung zu den Verfassungsgrundsätzen eines Staates, ohne die nach Rawls der Staat illegitim sein soll, in zweierlei Hinsicht hypothetisch ist: Es handelt sich um eine Zustimmung, die Bürger nicht so sehr tatsächlich geben, als geben würden, und dann dazu eine Zustimmung aus Gründen, die sie anerkennen würden, soweit sie nicht nur rational, sondern auch vernünftig sind. Aber was hat Zustimmung überhaupt mit Legitimität zu tun? Dass es eine solche Verbindung gibt, mag ein bekannter Refrain des liberalen Denkens sein. Aber worin besteht diese Verbindung genau?

Da Rawls selbst diese Frage nicht stellt, müssen wir versuchen, sie an seiner statt zu beantworten. Eine erste Antwort wäre: Menschen stehen nur dann unter der Verpflichtung, nach irgendeiner sozialen Regel zu handeln, wenn sie – vorausgesetzt, sie sind schon „vernünftig" oder kooperationsbereit – imstande sind, die Rechtfertigung dieser Regel zu akzeptieren. Dass eine derartige Auffassung stichhaltig ist, lässt sich jedoch bestreiten: Sollten wir einfach deshalb aufhören, das Handeln anderer nach gewissen Regeln zu beurteilen, weil sie von ihrem Standpunkt aus die Gründe für solche Regeln nicht einsehen können? Auf jeden Fall aber ist diese Antwort zu allgemein. Denn soweit es sich um Legitimität handelt, sind die Regeln, die in Betracht kommen, Regeln, nach denen Handlungen nicht bloß beurteilt, sondern auch und vor allem zum Gegenstand der Anwendung von Zwang und Strafe gemacht werden können. Darin besteht eben der Unterschied zwischen politischen und anderen moralischen Regeln, ein Umstand, den Rawls' Prinzip dadurch zum Ausdruck bringt, dass es die Bedingungen festlegt, unter denen „die Ausübung politischer Macht" legitim sein soll. Dies deutet meines Erachtens darauf hin, dass die moralischen Grundlagen dieses Prinzips in einem bestimmten Begriff des *Respekts* zu suchen sind: Wenn Bürger Zwangsgesetzen unterliegen, die im Interesse der sozialen Ordnung mit Gewalt und Drohung durchsetzbar sind, würden sie als bloße Mittel dazu und nicht auch als Zwecke an sich behandelt, wenn diese Gesetze ihrer eigenen Vernunft nicht ebenfalls einsichtig wären (vgl. Larmore 2008, Kapitel 6). Zu bemerken ist, dass anders als bei Kant dieser Begriff des Respekts sich allein auf Zwangsverhältnisse bezieht und dadurch eignet, als Grundlage eines politischen Liberalismus zu dienen.

Die vorhergehende Erläuterung des liberalen Legitimitätsprinzips ist keine Abschweifung von unserem Thema. Wie gesagt liegt nach Rawls das Prinzip der Idee der öffentlichen Vernunft zugrunde, und einmal die Grundannahmen des Prinzips herausgestellt, lässt sich ein problematischer Aspekt seiner Darstellung dieser Idee gleichfalls aufklären. Damit befasst sich der nächste Abschnitt. Das angedeutete Problem hat mit den Umständen zu tun, unter denen wir uns an die Maßstäbe der öffentlichen Vernunft halten sollten.

8.3 Die Umstände des Gebrauchs

Ohne Zweifel ist der öffentliche Vernunftgebrauch eine anspruchsvolle Form der Selbstdisziplin. Viele Überzeugungen ethischer oder religiöser Art, wie persönlich bedeutend sie auch sein mögen, müssen Bürger außer Acht lassen, wenn sie so vorgehen, um die Grundsätze ihres politischen Zusammenlebens zu bestimmen. Dennoch ist es wichtig, sich keine übertriebene Vorstellung der erforderlichen Disziplin zu machen. Wenn Bürger ihre Vernunft öffentlich gebrauchen, sind sie nicht genötigt, dabei zu übersehen, dass ihr Verständnis des menschlichen Guten sie dazu geführt hat, sich diesen gemeinsamen Standpunkt zu eigen zu machen. Sie sind auch nicht verpflichtet, ihre ethischen oder religiösen Grundwerte zu verschweigen, wenn sie dann bestimmte politische Prinzipien vorschlagen oder verteidigen. Wesentlich ist nur, dass sie anerkennen, die politische Gültigkeit der fraglichen Prinzipien könne nicht auf solche Ansichten, sondern allein durch eine öffentliche, vom gemeinsamen Boden ausgehende Rechtfertigung begründet werden. Bürger brauchen nicht zu vergessen, wer sie sind, oder vorzugeben, sie hätten keine umfassenderen Loyalitäten. Gleichwohl müssen sie, wenn es nötig ist, bereit sein, sich gerade wie Bürger zu verhalten.

Wann genau sind sie aber aufgefordert, ihr Denken unter die Disziplin der öffentlichen Vernunft zu stellen? Müssen sie so in jeder Debatte verfahren, in der sie politische Fragen behandeln? Oder nur in solchen Beratungsprozessen, die auf kollektiv bindende Entscheidungen mit Gesetzeskraft abzielen? Sicherlich ist Rawls der Meinung, dass Bürger, wenn sie an Wahlen teilnehmen oder als Abgeordnete und Beamte ein Staatsamt ausüben, ihre Entscheidungen auf den gemeinsamen Standpunkt der öffentlichen Vernunft stützen sollten, soweit es wenigstens (wie wir gesehen haben) um Verfassungs- oder Grundfragen der Gerechtigkeit geht. Deshalb dient Rawls das amerikanische Verfassungsgericht, dessen Aufgabe es ist, über solche Fragen verbindlich zu entscheiden, als exemplarisches Organ der öffentlichen Vernunft (PL, 333 f./231 f.). Zugleich betont er aber, dass Bürger, soweit sie in der „Hintergrundkultur der Zivilgesellschaft“ als Mitglieder besonderer Assoziationen (Kirchen, Universitäten, Berufsgruppen) und als Anhänger umfassender ethischer und religiöser Lehren auftreten, politische Fragen, selbst grundsätzlicher Art, untereinander in ihren verschiedenen Einrichtungen und Gemeinschaften unter Berufung auf ihre charakteristischen, „nicht-öffentlichen“ Gründe diskutieren dürfen (PL, 315 f., 321/215, 220). In den verschiedenen Gebieten der Zivilgesellschaft zeigen politische Debatten zu Recht eine größere Vielfalt von Stimmen als in dem begrenzten Bereich der öffentlichen Vernunft.

Es wäre also, wie Rawls bemerkt (PL, 48/l), ein Irrtum zu unterstellen, sein Begriff der öffentlichen Vernunft beziehe sich auf das, was oft in einem weiten Sinne – etwa in der berühmten Studie von Jürgen Habermas (Habermas 1962) – „Öffentlichkeit“ genannt wird und eher dem ähnelt, was er als die „Hintergrundkultur der Zivilgesellschaft“ bezeichnet. Und als Immanuel Kant in seinem Aufsatz *Was ist Aufklärung?* die Formel des „öffentlichen Gebrauchs der Vernunft“ als erster in die Philosophie einführte, dachte er ebenfalls an diese allgemeine Sphäre des Austauschs individueller Meinungen zu Fragen gemeinsamen Interesses (AA VIII, 37). Um im Gegensatz dazu „den Privatgebrauch der Vernunft“ zu bestimmen, gab Kant sogar als Beispiel dafür den Gebrauch an, den jemand „in einem gewissen ihm anvertrauten bürgerlichen Posten oder Amte von seiner Vernunft machen darf“, also gerade die Art von Tätigkeit, die Rawls im Bereich der öffentlichen Vernunft einschließt! Zwischen Rawls einerseits und Habermas und Kant andererseits gibt es daher terminologische Unterschiede, nicht aber notwendigerweise inhaltliche Differenzen. Viel Verwirrung sowie auch falsche Einwände sind durch das Versäumnis entstanden, die spezifische Begriffsverwendung bei Rawls zu beachten und sich die Probleme, die er dadurch angehen will, klar vor Augen zu halten.

Um aber zu der ursprünglichen Frage dieses Abschnitts zurückzukehren: Unter welchen Umständen sollten Bürger ihre politischen Argumente der Disziplin der öffentlichen Vernunft unterziehen? Im Besonderen: Dürfen sie in ihrer Rolle als Anhänger besonderer Assoziationen oder umfassender Konzeptionen des guten Lebens ihre Meinungen zu grundsätzlichen politischen Fragen, soweit sie dafür nicht-öffentliche Gründe angeben wollen, nicht nur an gleichgesinnte Seelen, sondern auch an alle Mitglieder der Gesellschaft richten? Dürfen etwa die katholischen Bischöfe versuchen, Gläubige und Nichtgläubige gleichermaßen zu beeinflussen, wenn sie ihre religiös begründeten Argumente vorbringen, nach denen Abtreibung als Mord zu bezeichnen sei? Oder sollten sich Bürger, wenn sie über die Grenzen ihrer besonderen Gemeinschaften hinaustreten und an politischen Debatten der ganzen Gesellschaft teilnehmen, zurückhalten und nur unter den Einschränkungen der Disziplin der öffentlichen Vernunft sprechen?

Auf diese Frage, die sich Rawls leider nie stellt, gibt es aus seinen Erörterungen der öffentlichen Vernunft keine klare Antwort. Es könnte sogar so aussehen – und hier liegt das Problem, auf das ich oben hingewiesen habe –, dass er die Angemessenheit solcher ganz offenen und freien Debatten tatsächlich verneint. Denn zweimal in der sechsten Vorlesung sagt er vom Ideal der öffentlichen Vernunft, es gelte „für Bürger, wenn sie vor dem Forum der Öffentlichkeit (*public forum*) politisch Stellung beziehen (*engage in political advocacy*)" (PL, 315/215, 361/252), und im Aufsatz von 1997 fügt er hinzu, es bestimme, „welche Arten von Gründen [Bürger] vernünftigerweise untereinander vorbringen können, wenn es um grundlegende politische Fragen geht" (Rawls 2002, 165/PL, 441). Pauschale Aussagen dieser Art legen es nahe, dass jede politische Debatte, deren Ziel es ist, die Gesellschaft als ganze einzubeziehen, nach Rawls vom gemeinsamen Standpunkt der öffentlichen Vernunft nicht abweichen sollte. Eine solche Ansicht ist aber, wie viele Kritiker bemerkt haben, aus verschiedenen Gründen wenig reizvoll.

Erstens ist es wichtig, dass Bürger ihre jeweiligen ethischen und religiösen Überzeugungen sowie die Implikationen, die sie daraus für umstrittene Fragen der Gegenwart ziehen, öffentlich zur Kenntnis nehmen können. In dem Aufsatz von 1997 spricht Rawls selbst von der Bedeutung der Art von gesellschaftsweiten Meinungsaustauschen, die er „Deklarationen" (Rawls 2002, 192/PL, 465; s. auch PL, 356/249) nennt: Wenn Bürger einander ihre unterschiedlichen Konzeptionen des menschlichen Guten kundtun, um auf die Gründe hinzuweisen, die sie darin finden, den gemeinsamen Standpunkt der öffentlichen Vernunft einzunehmen, wird ihr gegenseitiges Vertrauen gestärkt. Diskussionen, in denen alle ihre vollständige Meinung ohne Einschränkung zu politisch kontroversen Themen äußern, haben aber noch weitere Vorteile. Wir können uns etwa dadurch gezwungen sehen, die eigenen ethischen und religiösen Überzeugungen gründlicher zu durchdenken oder sogar zu revidieren. Oder, wenn wir mit den Ressourcen und Einsichten dieser verschiedenen Gesamtansichten vertraut gemacht werden, können wir gerade als Bürger zu einem tieferen oder nuancierteren Verständnis der gemeinsamen Prinzipien gelangen, durch die unser politisches Leben geregelt wird. Und schließlich gehört es zum Wesen vieler Religionen, dass sich ihre Anhänger darum bemühen sollten, allen Menschen von den grundlegenden Wahrheiten zu überzeugen, die sie ihres Erachtens erfasst haben. Dass Bürgern verboten ist, zu diesem Zweck Gewalt auszuüben, ist eine Sache; dass sie aber nicht vor allen Mitbürgern ihre vollständige Meinung zum letzten Sinn gewisser politischer Fragen offen sagen sollten, ist eine andere. Letzteres scheint unangebracht zu sein. Es wäre eine unangemessene Beschränkung der freien Religionsausübung, wenn sich die katholischen Bischöfe gehemmt fühlten, ihre religiöse

Pflicht zu erfüllen, und davon zurückhalten müssten, der ganzen Bürgerschaft zu erklären, warum Abtreibung ihrer Meinung nach Mord sei.

Diese Schwierigkeit lässt sich nun lösen, wenn man zwischen zwei Arten von politischen Debatten unterscheidet. In *offenen Diskussionen* disputieren Bürger aus allen Lebensbereichen unter Berufung auf die ganze Wahrheit, so wie sie sie verstehen, um einander von der Richtigkeit ihrer politischen Ansichten zu überzeugen. In *Entscheidungsprozessen* dagegen erörtern sie als Teilnehmer an verschiedenen Staatsorganen (als Richter, Abgeordnete, Beamte und Wähler), welche Antwort auf eine gegebene politische Frage sie kollektiv verbindlich machen sollten. Nur insoweit, als sie an Debatten der zweiten Art beteiligt sind, müssen sie, so lautet die Lösung, ihre Vorschläge und Argumente den Regeln der öffentlichen Vernunft anpassen. Ein Priester darf, wenn er seine Mitbürger in aller Öffentlichkeit anspricht, freimütig und vollständig sagen, was er zu selbst den grundlegendsten Fragen des politischen Lebens meint. Wenn er aber auch ein Abgeordneter ist, dann muss er sich in dieser Rolle in geeigneter Weise beschränken.

Nicht nur wird diese Unterscheidung den triftigen Einwänden, die ich zitiert habe, gerecht. Sie ergibt sich auch direkt aus dem liberalen Legitimitätsprinzip, das nach Rawls selbst dem Ideal der öffentlichen Vernunft zugrundeliegt. Denn dieses Prinzip, wie oben gezeigt, bezieht sich allein auf die Ausübung politischer Macht. Wenn die Grundsätze der politischen Gemeinschaft derart sein müssen, dass Bürger sie aus ihrer eigenen Perspektive, soweit sie rational und vernünftig sind, akzeptieren können, dann deshalb, weil es sich um Zwangsgesetze handelt, die nur unter dieser Bedingung die Vernunft der Bürger nicht bloß als Mittel zur Absicherung der sozialen Ordnung ausnutzen, sondern auch gebührend respektieren. Daraus folgt, dass die Beschränkungen des öffentlichen Vernunftgebrauchs, der sich eben von diesem Prinzip leiten lässt, nur für solche Stellungnahmen gelten sollten, die als Teil der staatlichen Mechanismen, Entscheidungen mit Gesetzeskraft zu treffen, geäußert werden. Richtig verstanden, verdrängt das Ideal der öffentlichen Vernunft nicht den ungehemmten Austausch politischer Meinungen, an dem man eine lebendige Demokratie erkennt.

8.4 Ausnahmen

Wenn wir uns die grundlegende Rolle des liberalen Legitimitätsprinzips klar vor Augen halten, können wir auch sehen, wie falsch es ist zu unterstellen, das Bestreben der öffentlichen Vernunft, einen gemeinsamen Gesichtspunkt zur Bestimmung der Grundregeln des politischen Lebens herzustellen, erfordere die Entfernung jeder Frage von der Tagesordnung, soweit sie Gegenstand tiefgreifender und heftiger Differenzen ist. Das Ideal der öffentlichen Vernunft verlangt nicht die vollständige Umgehung hartnäckiger gesellschaftlicher Konflikte, als ob sein oberster Wert der innere Frieden wäre. Im Gegenteil besteht sein oberster Wert in dem Respekt vor Personen, so wie dieser Begriff im liberalen Legitimitätsprinzip zum Ausdruck kommt. Fragen der grundlegenden Gerechtigkeit, die sich daraus ergeben, dass der erforderliche Respekt im Fall bestimmter Klassen von Personen gefährdet oder einfach verneint wird, gehören auf die politische Agenda, wie umstritten auch immer sie sein mögen. In dieser Hinsicht konnte Rawls selbst nicht deutlicher Stellung beziehen (PL, 240/151). Es ist daher schwierig zu verstehen, wie man (Sandel 2005, 227–30) behaupten konnte, er hätte sich etwa auf die Seite von denjenigen stellen müssen, die in der Zeit vor dem amerikanischen Bürgerkrieg die Sklaverei als ein Thema betrachteten, das zu kontrovers war, um zum Gegenstand einer politischen Regelung zu werden. (Dazu Rawls 2002, 211/PL 484.)

Die Sklaverei und die abolitionistische Bewegung machen eine der prägenden Erfahrungen des amerikanischen Lebens aus. Die Vorstellung, Bürgerkrieg sei das schlimmste aller politischen Übel, wird kaum ein amerikanischer Denker vertreten, obwohl sie die Devise vieler europäischer Philosophen hobbesianischer Ausrichtung ist. Die Zusicherung der Grundrechte aller geht dem inneren Frieden vor, oder besser gesagt: Sie ist die Voraussetzung dafür, dass man von Frieden wirklich sprechen kann. Es ist keine Forderung der öffentlichen Vernunft, allein solche politischen Argumente zu erlauben, deren Prämissen keine gesellschaftliche Gruppe aufgrund ihrer religiösen, philosophischen oder was immer für tief verwurzelten Überzeugungen ablehnen würde. Denn die für die Legitimität politischer Prinzipien unerlässliche Zustimmung aller Bürger gilt nur insoweit, als die Bürger „vernünftig“, das heißt bereit sind, faire Bedingungen sozialer Kooperation freiwillig zu achten und dadurch einander gebührend zu respektieren.

Nun setzten sich aber die amerikanischen Abolitionisten im 19. Jahrhundert für die Emanzipation der Sklaven, sowie auch in jüngerer Zeit die Bürgerrechtsbewegung für die Abschaffung der Rassendiskriminierung, häufig mit dem Argument ein, dass alle Menschen gleichermaßen Gottes Kinder sind. Offensichtlich wollten sie damit nicht bloß ihre persönlichen Überzeugungen kundtun, sondern andere überreden, als Wähler, Abgeordnete, Beamte und Richter – das heißt in ihrer Teilnahme an dem, was ich „Entscheidungsprozesse“ genannt habe – sich diesen Bibelspruch zu Herzen zu nehmen, um eine fundamentale Form der Ungerechtigkeit abzuschaffen. Überschritten sie dann damit nicht die Beschränkungen der öffentlichen Vernunft? Aber andererseits: Wenn sie sich solcher Argumente enthalten hätten, hätten sie unter den Umständen ebenso erfolgreich sein können?

In diesem Zusammenhang führt Rawls eine wichtige Unterscheidung zwischen zwei Konzeptionen des öffentlichen Vernunftgebrauchs ein (PL, 354 ff./247 ff.). Nach der „ausschließenden“ (*exclusive*) Sichtweise sollten umfassende Lehren religiöser oder philosophischer Art niemals als Argumente für die Entscheidung grundlegender politischer Fragen eingebracht werden. Diese Auffassung weist er zugunsten einer „einschließenden“ (*inclusive*) Sichtweise zurück, nach der sich Bürger in gewissen Situationen auf solche Argumente berufen dürfen, vorausgesetzt, sie tun dies in einer Weise, die das Ideal der öffentlichen Vernunft stärkt. Was sind das für Situationen? In einer „wohlgeordneten“ Gesellschaft – das heißt in einer Gesellschaft, in der alle Bürger nicht nur dieselben Gerechtigkeitsprinzipien gemeinsam akzeptieren, sondern auch zu Recht denken, dass diese Prinzipien in der Grundstruktur der Gesellschaft realisiert sind, und schließlich die Regeln ihrer grundlegenden Institutionen im Allgemeinen deshalb befolgen, weil sie eben gerecht sind (PL, 105/35) – gibt es, sagt Rawls (PL, 355/248), keinen Anlass, über den geteilten Standpunkt der öffentlichen Vernunft hinauszugehen. Aber die Dinge liegen anders, wenn eine Gesellschaft in Bezug auf Grundfragen der Gerechtigkeit und ihrer Verfassung mit sich selbst uneinig ist. Dann gibt es keine allgemein anerkannte Sprache der öffentlichen Vernunft. Unter solchen Umständen dürfen Bürger ihre politischen Entscheidungen auf ihre Gesamtvorstellungen des menschlichen Guten stützen, wenn sie denken oder denken könnten, die Aussichten für die Schaffung einer wohlgeordneten Gesellschaft werden dadurch langfristig gestärkt (PL, 356 ff./249 ff.).

Das war Rawls’ Position in der ersten Ausgabe von *Politischer Liberalismus* (1993). Danach änderte er aber seine Position, nicht aber um auf die „ausschließende“ Auffassung der öffentlichen Vernunft umzustellen. Vielmehr führt er in der Einleitung zur Ausgabe von 1996 und in seinem Aufsatz von 1997 eine dritte, „weite“ (*wide*) Sichtweise ein, durch die die Beschränkungen des öffentlichen Vernunftgebrauchs noch weiter gelockert werden (PL, 50 f./xlix f.; Rawls 2002, 179, 189 f./PL, 453, 462 f.). Anstatt ihre religiösen oder philosophischen Ansichten als Argumente zur Entscheidung politischer Fragen nur dann anführen zu dürfen, wenn es darum geht, eine zutiefst ungerechte Gesellschaft in die Richtung von mehr Gerechtigkeit voranzubringen, dürfen sich Bürger jetzt darauf unter allen Umständen berufen, selbst wenn die Gesellschaft als wohlgeordnet gilt. Die einzige Bedingung sei, was Rawls den „Vorbehalt“ (*proviso*) nennt: „In gebührender Zeit (*in due course*) [müssen] öffentliche Begründungen, so wie eine vernünftige politische Konzeption sie liefert, vorgebracht werden, um das zu stützen, was von den umfassenden Lehren gestützt werden soll.“ So lautet seine endgültige Position.

Ich glaube jedoch nicht, dass diese Revision eine Verbesserung darstellt. Erstens gibt es die Vagheit des Vorbehalts: Wer ist dafür verantwortlich, dem

Vorbehalt zu genügen und die notwendigen öffentlichen Argumente zu liefern – allein diejenigen, die die ursprünglichen, religiösen oder philosophischen Begründungen angegeben haben, oder dürfen andere Bürger es auf sich nehmen, die Verpflichtung zu erfüllen? Und was bedeutet genau „in gebührender Zeit"? Wie lange darf man warten? Rawls gesteht diese Schwierigkeiten ein und sagt dazu, dass keine im Voraus gegebenen Regeln, sondern allein „Urteilsfähigkeit und Verständnis" helfen können, diese Einzelheiten auszuarbeiten (Rawls 2002, 189/PL, 462 f.). Dagegen gäbe es nichts einzuwenden, wenn schon vieles für die „weite" Sichtweise und ihren Vorbehalt sprechen würde. Unklar ist aber, worin die Vorteile dieser Auffassung gegenüber der „einschließenden" Sichtweise liegen sollen. Wozu bräuchte man in einer wohlgeordneten Gesellschaft die Beschränkungen der öffentlichen Vernunft fallenzulassen?

Auf diese Frage antwortet Rawls, dass Bürger, wenn sie unter dem genannten Vorbehalt ihre umfassenden Ansichten in die politische Debatte einführen, dadurch einander bekanntmachen, wie sehr ihre jeweiligen ethischen und religiösen Überzeugungen sie dazu verpflichten, eine gemeinsame Vorstellung der Gerechtigkeit anzustreben, was zum gegenseitigen Vertrauen und zur Stabilität einer wohlgeordneten Gesellschaft beiträgt (PL, 51/l; Rawls 2002, 190 f./PL, 463 f.). Sicherlich sind Vertrauen und Stabilität äußerst wünschenswert. Aber öffentliche Bekanntgaben der hier beschriebenen Art, insoweit als sie solche Konsequenzen nach sich ziehen können, sind im Grunde genommen nichts anderes als das, was Rawls selbst „Deklarationen" (s. oben) nennt, und die wesentliche Frage lautet: Welche Rolle hätten Deklarationen dieser Art in den Verfahren, durch die Bürger einer wohlgeordneten Gesellschaft zu rechtsverbindlichen Entscheidungen kommen? Ich habe oben die wichtige Unterscheidung zwischen „offenen Diskussionen" und „Entscheidungsprozessen" hervorgehoben. Deklarationen gehören zur ersten Gruppe und haben in diesem Maße ihren Platz auch in einer wohlgeordneten Gesellschaft. Aber welche Gründe hätten die Bürger einer solchen Gesellschaft, jemals in den Argumenten, die sie für ihre Entscheidungen zu grundlegenden Verfassungs- und Gerechtigkeitsfragen liefern, vom gemeinsamen Gesichtspunkt der öffentlichen Vernunft abzuweichen? Wenn ihre Gesellschaft, wie angenommen wird, dem liberalen Legitimitätsprinzip vollständig genügt, sind sie eben deshalb verpflichtet, ihre politische Macht in Bezug auf solche Grundfragen nach den Regeln der öffentlichen Vernunft auszuüben.

Rawls hätte meines Erachtens besser getan, bei seiner früheren, „einschließenden" Auffassung zu bleiben. Nur unter Umständen der fundamentalen Ungerechtigkeit haben Bürger bei ihren grundlegenden politischen Entscheidungen gute Gründe, über die Beschränkungen der öffentlichen Vernunft hinauszugehen. Ich vermute, dass sich Rawls deshalb gezwungen fühlte, die „weite" Auffassung zu entwickeln, weil er dem ungehemmten Meinungsaustausch und der freien Ausübung der Religion, die Kennzeichen einer lebendigen Demokratie sind, gerecht werden wollte. Dem wird man aber schon gerecht, wenn man zwischen den zwei Grundtypen politischer Debatten deutlich unterscheidet.

8.5 Schluss

Eine letzte Frage lautet: Wieviel sollen wir von dem öffentlichen Vernunftgebrauch – unter den Umständen, wo er in der Tat angebracht ist – billigerweise erwarten? Da das Ideal der öffentlichen Vernunft einen gemeinsamen Standpunkt inmitten der Vielfalt in einer freien Gesellschaft konkurrierender Auffassungen des menschlichen Guten bezeichnet, könnte man sich denken, dieses Ideal sei nur insoweit sinnvoll, als es uns gestattet, die Grundregeln einer solchen Gesellschaft eindeutig zu bestimmen. Das ist aber nicht so, und Rawls selbst hat das treffend eingesehen. Im Bereich des öffentlichen Vernunftgebrauchs, sagt er mehrmals, sind Differenzen nur zu erwarten (PL, 46, 51 f., 56/xlvi, l f., liv). Da die Grundlage des Ideals das liberale Legitimitätsprinzip ist, lassen sich zwar daraus die Garantie gewisser Grundrechte, Freiheiten und Chancen sowie die angemessene Zusicherung der dafür notwendigen materiellen Mittel ableiten. Aber all diese Elemente können unterschiedlich interpretiert werden. Das Resultat ist das, was Rawls eine „Familie" liberaler Auffassungen nennt (PL, 46/xlvi; Rawls 2002, 176 ff./PL, 450 ff.), eine Familie, in der seine eigene Theorie der Gerechtigkeit – die berühmten Freiheits- und Differenzprinzipien – nur ein Mitglied unter anderen ist.

Zu Unrecht ist gegen den politischen Liberalismus von Rawls häufig der Einwand erhoben worden, das Gerechte sei nicht weniger als das Gute Gegenstand der Kontroverse. Das war Rawls im Gegenteil sehr wohl bewusst. Denn schließlich gelten die Ursachen der für die Vielfalt der Meinungen über das Gute verantwortlichen „Bürden des Urteilens" – die Verschiedenheit von Erfahrungen und Traditionen, die zu Unterschieden in der Interpretation zentraler Begriffe, der Einschätzung empirischer Befunde und der Gewichtung relevanter Erwägungen führt – ebenfalls für Meinungen über das Gerechte, auch wenn ihnen das liberale Legitimitätsprinzip zugrundegelegt wird. Wenn Bürger somit in ihrem öffentlichen Vernunftgebrauch solchen Differenzen begegnen und wenn sie dadurch in ihren eigenen öffentlichen Argumenten eventuell weniger sicher werden, sollten sie nicht deshalb einfach aufgeben oder darin einen Freibrief sehen, sich dann an ihre religiösen oder philosophischen Überzeugungen zu wenden. Stattdessen sollten sie, sagt Rawls, ihr Bestes hinsichtlich der Forderungen der öffentlichen Vernunft tun und vielleicht auch, wo das möglich ist, um der weiteren Reflexion willen eine Entscheidung verschieben oder Kompromisse zwischen ihren gegensätzlichen Meinungen suchen (PL, 55 f., 345 f./ liii f., 240 f.).

In diesem Kommentar zu Rawls' Theorie der öffentlichen Vernunft habe ich meine weitgehende Sympathie damit nicht verheimlicht. Zugleich habe ich aber auch einige wichtige Einwände gegen gewisse Aspekte dieser Theorie aufgezeigt, Einwände, die alle einen gemeinsamen Ursprung haben: Rawls berücksichtigte die grundlegende Rolle des liberalen Legitimitätsprinzips nicht genügend. Wenn wir den moralischen Grundlagen dieses Prinzips, die mit der legitimen Ausübung der politischen Macht zu tun haben, die angemessene Aufmerksamkeit schenken, sehen wir deutlicher, in welcher Reichweite, unter welchen Umständen und mit welchen Ausnahmen die öffentliche Vernunft selbst auszuüben ist.

Literatur

Cohen, G. A 2001: If You're an Egalitarian, How Come You Are So Rich?, Cambridge, Mass.

Habermas, J. 1962: Strukturwandel der Öffentlichkeit, Darmstadt.

Habermas, J. 2005: Religion in der Öffentlichkeit. Kognitive Voraussetzungen für den „öffentlichen Vernunftgebrauch" religiöser und säkularer Bürger, in: Ders., Zwischen Naturalismus und Religion, Frankfurt/M., 119–154.

Kant, I. 1784: Was heißt Aufklärung? in: Kants Werke. Akademie-Ausgabe, hrsg. v. der Königlich Preußischen Akademie der Wissenschaften, Bd. 8, Berlin 1912.

Larmore, Ch. 2008: The Autonomy of Morality, Cambridge.

Sandel, M. 2005: Public Philosophy, Cambridge, Mass.

Lukas H. Meyer

9 Die Grundstruktur als institutionelle Ausprägung von John Rawls' Gerechtigkeit als Fairness[1] (Vorlesung VII)

9.1 Einleitung

Für soziale Institutionen ist Gerechtigkeit, so Rawls, die erste Tugend, so wie die Wahrheit bei Gedankensystemen (TJ, 19/3). Seine Theorie der Gerechtigkeit befasst sich vornehmlich mit einer Teilmenge dieser sozialen Institutionen, nämlich den Institutionen der sogenannten Grundstruktur der Gesellschaft (ebd.). Unter der Grundstruktur versteht Rawls

> „die Art und Weise, in der die wichtigsten gesellschaftlichen Institutionen sich zu einem System zusammenfügen und in der durch sie grundlegende Rechte und Pflichten zugewiesen und die Erträge sozialer Kooperation verteilt werden. So gehören die politische Verfassung, die gesetzlich anerkannten Formen des Eigentums, die Wirtschaftsordnung und die Struktur der Familie zur Grundstruktur" (PL, 367/258; siehe auch z. B. TJ, 23/6 f. und JaF, 31 f./10).

Rawls behauptet, die Grundstruktur der Gesellschaft sei „der erste Gegenstand der Gerechtigkeit" (PL, 367/257) und die Ausarbeitung einer Konzeption von Gerechtigkeit für diesen Gegenstand habe „einen gewissen regulativen Vorrang gegenüber den für andere Fälle angemessenen Grundsätzen und Standards" (PL, 367/257 f.). Die von Rawls ausgewiesenen Grundsätze distributiver Gerechtigkeit gelten für diesen Gegenstand, also für das Set von Institutionen, welche die Grundstruktur ausmachen, und weisen zusätzlich spezifische Regeln aus für die Transaktionen der Individuen, die Mitglieder in der durch die Grundstruktur organisierten Gesellschaft sind.

---

1 Für Kritik an einem ersten Entwurf danke ich den Teilnehmer/innen des „Internationalen Symposiums zu John Rawls' Politischem Liberalismus", insbesondere Otfried Höffe und Wilfried Hinsch. Für zahlreiche Hinweise und Kritik danke ich Georg Schmerzeck und Annette Behrendt.

9.2 Grundstruktur als eine der fünf Hauptideen und methodischer Vorrang der Grundstruktur als Gegenstand der Gerechtigkeit

Die Idee der Grundstruktur als erster Gegenstand seiner Theorie der Gerechtigkeit ist eine von fünf „Hauptideen" seiner „politischen Gerechtigkeitskonzeption" (PL, 77/11). Wie auch die Idee des Urzustands wird die Idee der Grundstruktur zu dem Zweck eingeführt, „die Konzeption der Gerechtigkeit als Fairneß in einheitlicher und transparenter Weise darzustellen" (PL, 80/14 f., Fn. 16). Von diesen beiden Ideen behauptet Rawls nicht, dass sie Elemente der öffentlichen Kultur einer demokratischen Gesellschaft sind und als solche „stillschweigend geteilte[ ] Ideen" sind, welche „dem gebildeten common sense der Bürger ... verständlich" sind (PL, 79/14). Das gilt von den drei anderen Hauptideen, der Idee der „Gesellschaft als eines fairen, generationenübergreifenden Systems der Kooperation", der Idee „der Bürger (derjenigen, die kooperieren) als freier und gleicher Partner" und der Idee einer „wohlgeordneten Gesellschaft als einer Gesellschaft, die wirksam von einer politischen Gerechtigkeitskonzeption reguliert wird" (PL, 79 f./14 f.).

Rawls rechtfertigt die Idee der Grundstruktur als ersten Gegenstand der Gerechtigkeit kohärentistisch im Sinne seiner Methode des reflektierten Gleichgewichts (PL, 73/8 f.): Die Hauptideen begründen einander; die Rechtfertigung der Idee der Grundstruktur beruht im Ausweis ihres systematischen Zusammenhangs mit den anderen Hauptideen (siehe z. B. Daniels 1979 und Scanlon 2002). Entsprechend beleuchten viele der Überlegungen, die Rawls zugunsten der Idee der Grundstruktur vorträgt, den Zusammenhang dieser Idee mit den anderen Hauptideen seiner Konzeption der Gerechtigkeit als Fairness.

Der methodische Vorrang der Grundstruktur als Gegenstand geht einher mit der Anerkennung einer Pluralität von Gegenständen oder Bereichen, für die unterschiedliche Prinzipien der Gerechtigkeit und andere Moralprinzipien gelten. In § 2 „Einheit durch eine angemessene Schrittfolge" erläutert Rawls seine Auffassung eines Pluralismus von Grundsätzen und Standards mit Geltung für je andere Gegenstände. Hier dient ihm der Utilitarismus als Kontrastfolie. Der Utilitarismus geht von der Geltung eines Prinzips, des Prinzips des maximalen Glücks, für alle Gegenstände oder Fälle aus, wenn auch insbesondere ein Regelutilitarismus (wie Rawls ihn selbst in einem frühen Aufsatz vertreten hat: Rawls 1955) anerkennt, „daß gewisse Unterschiede zwischen Gegenständen im Einzelnen zu Problemen führen können" (PL, 370/260). Denn aufgrund der Unterschiede zwischen den Gegenständen im Sinne der Befolgung des utilitaristischen Prinzips können wir womöglich relevante verschiedene tatsächliche Effekte und Kausalbeziehungen feststellen. Haben die grundlegenden Institutionen einer Gesellschaft tatsächlich die von Rawls behaupteten regelmäßigen „durchdringenden ... sozialen und psychologischen Wirkungen“ (PL, 370/260), hat auch der Utilitarist Grund, die Grundstruktur einer Gesellschaft anders zu berücksichtigen als die „einzelnen Vereinigungen in ihr ebenso ... wie [das] größere[ ] sie umgebende[ ] internationale[ ] System“ (PL, 370/260), um möglichst effektiv seinem Prinzip des maximalen Glücks zu genügen. Systematisch werden innerhalb des Utilitarismus für verschiedene Typen von Fällen aus dem einen Prinzip des maximalen Glücks sekundäre Normen abgeleitet (siehe z. B. Birnbacher 1988, Kap. 6 und 7), was aber die universelle Reichweite des einen Prinzips nicht ändert.

Rawls versteht die Geltung und Reichweite seiner Grundsätze der Gerechtigkeit anders. Es sind Unterschiede in der Struktur und der sozialen Rolle von sozialen Formen oder Institutionen und wie sie einander bedingen, welche eine nicht reduzierbare Pluralität von Grundsätzen rechtfertigen (PL, 372/262). Diesen Pluralismus erster Grundsätze schlägt Rawls vor methodisch so zu entwickeln, dass die Grundsätze systematisch in einer bestimmten Abfolge ausgewiesen werden, sodass die sachliche Verschränkung der Gegenstände oder Bereiche berücksichtigt wird. Der methodische Vorrang der Grundstruktur bedeutet, dass Rawls dafür plädiert, zunächst Grundsätze der Gerechtigkeit für die Ausgestaltung und Regulierung der grundlegenden Institutionen einer Gesellschaft auszuweisen. Daraufhin sollen Grundsätze der Gerechtigkeit und moralische Standards für andere Gegenstände begründet werden, insbesondere für Fragen des Individualverhaltens unter nicht-idealen Bedingungen, zur Regulierung der inter- und transnationalen Beziehungen sowie der Generationenbeziehungen und von privaten Vereinigungen bzw. nicht grundlegenden Institutionen (PL, 369/259 f. und JaF, 33 f./11 f.). Die unterschiedlichen Grundsätze für die verschiedenen Gegenstände sind zugleich durch den methodischen Vorrang der Grundsätze der Gerechtigkeit für die Grundstruktur geordnet. Für die Entscheidungen der Parteien im Urzustand „lassen sich die Gegenstandsbereiche in eine geeignete Reihenfolge bringen, so daß wir uns vorstellen können, die Parteien eines Gesellschaftsvertrages würden sich nacheinander mit ihnen befassen“ (PL, 372/262).

9.3 Weder einziger noch moralisch vorrangiger Gegenstand der Gerechtigkeit

Die Grundstruktur ist demnach nicht der einzige Gegenstand der Gerechtigkeit. Der Pluralismus erster Grundsätze bedeutet, dass für Rawls die Grundsätze der Gerechtigkeit für die Grundstruktur nicht die einzigen Grundsätze der Gerechtigkeit oder Standards moralischer Beurteilung sind. Neben den durch die Grundsätze der Gerechtigkeit für die Grundstruktur ausgewiesenen Regeln für Institutionen und Individuen unterscheidet Rawls weitere Grundsätze der Gerechtigkeit und grundlegende Moralpflichten für ideale und insbesondere nicht-ideale Bedingungen (siehe z. B. TJ, 24 f./7 f., TJ, §§ 18–19, Diagramm TJ, 130/94), darunter die „natürliche Pflicht zur Gerechtigkeit" (TJ, 137/99), welche erklärt, warum wir als Individuen verpflichtet sind, sowohl den für uns im Rahmen einer gerechten Grundstruktur geltenden Regeln zu entsprechen, als auch zur Einrichtung und zum Erhalt einer gerechten Gesellschaft beizutragen. Außerdem kennt Rawls andere Grundsätze der Gerechtigkeit für die internationalen Beziehungen und die „lokale Gerechtigkeit" (JaF, 33 f./11). Wie Rawls auch in *Politischer Liberalismus* betont: Die Grundsätze seiner Gerechtigkeitskonzeption „sind für eine allgemeine Theorie offensichtlich ungeeignet" (PL, 371/261), sei es eine allgemeine Theorie der Moral (PL, 371/261, Fn. 5) oder der Gerechtigkeit (PL, 384/272, Fn. 10), sondern nur für den idealisierten Fall der „die Beziehungen derjenigen ... betrifft, die volle und aktive Gesellschaftsmitglieder und direkt oder indirekt für ihr gesamtes Leben miteinander vereint sind" (PL, 384/272, Fn. 10).

Auch auf ein weiteres mögliches Missverständnis sei bereits hier hingewiesen. Dass die Parteien des Urzustands sich zunächst mit den Grundsätzen der Gerechtigkeit für die Grundstruktur beschäftigen und danach mit den Grundsätzen für andere Gegenstandsbereiche, bedeutet nicht eine moralische Gewichtung dieser Grundsätze. Die Erfüllung der durch die Grundsätze für die Grundstruktur ausgewiesenen Gerechtigkeitsansprüche ist nicht notwendig moralisch wichtiger als die Erfüllung von Grundsätzen der Gerechtigkeit oder von Moralstandards für andere Gegenstände (siehe auch Freeman 2014, 89 f.). Der methodische Vorrang der Grundstruktur als Gegenstand der Gerechtigkeit ist damit vereinbar, dass nach Berücksichtigung der moralischen Erfordernisse anderer Gegenstände die Erfüllung der Grundsätze der Gerechtigkeit für die Grundstruktur an die Erfüllung dieser moralischen Erfordernisse geknüpft wird. Mit Blick auf die Grundsätze internationaler und intergenerationeller Gerechtigkeit scheint dies Rawls' Auffassung zu sein. Die Prinzipien und Pflichten des Völkerrechts und des gerechten Umgangs mit zukünftig Lebenden beschränken das Ausmaß, in dem die Grundsätze der Gerechtigkeit innerhalb einer einzelnen Gesellschaft erfüllt werden dürfen. Um den Preis unfairer internationaler Handelsbeziehungen, der Nicht-Erfüllung der internationalen Hilfspflicht gegenüber sogenannten belasteten Völkern, die nicht ohne Hilfe stabile gerechte Verhältnisse herstellen können (LP, 47 f. und 132/42 f. und 106), oder um den Preis der Verletzung des Grundsatzes gerechten Sparens, dessen Erfüllung Voraussetzung dafür ist, dass zukünftige Generationen unter Bedingungen von Gerechtigkeit leben können, wäre es unzulässig, die Schlechtestgestellten der eigenen Gesellschaft besser zu stellen (JaF, 246 f./159 f.).

9.4 Die Grundstruktur als erster Gegenstand aufgrund ihrer durchdringenden Wirkung auf die Lebensperspektiven der Mitglieder der Gesellschaft

Auch der so verstandene, also bloß methodische Vorrang der Grundstruktur als erster Gegenstand der Gerechtigkeit will begründet sein. Die Überlegungen, die Rawls für diese Idee unterbreitet, verdanken sich seiner Interpretation der Bedeutung dieser Idee für die Erklärung und Darstellung seiner Konzeption der Gerechtigkeit als Fairness. Zwei Überlegungen sind besonders wichtig, einerseits die durchdringende Wirkung der Grundstruktur (§ 5, dieser Abschnitt), andererseits ihre Bedeutung für Hintergrundgerechtigkeit (§ 4, nächster Abschnitt): Die Grundstruktur, das System gesellschaftlicher Institutionen, von denen die Zuweisung grundlegender Rechte und Pflichten und die Verteilung der Erträge sozialer Kooperation abhängt, ist ein besonders wichtiger Gegenstand der Gerechtigkeit aufgrund der durchdringenden Wirkungen dieses Sets von Institutionen auf die Lebenschancen von Individuen unter einer bestimmten normativen Beschreibung. Gemäß seiner Konzeption der Gerechtigkeit als Fairness versteht Rawls die Individuen als Mitglieder einer staatlich gefassten Gesellschaft, in der sie als Freie und Gleiche auf vielfältige Weise und ihr ganzes Leben lang nach Grundsätzen der Gerechtigkeit zusammenleben und kooperieren. Auch für die zweite Überlegung zur Begründung des methodischen Vorrangs der Grundstruktur, dass sie als prozedurale Hintergrundgerechtigkeit stabile gerechte Verhältnisse sichere, ist diese normative Beschreibung entscheidend wichtig, wie im nächsten Abschnitt erläutert wird.

Rawls' Behauptung, die Grundstruktur habe „durchdringende ... Wirkung" (PL, 370/260) auf die „Lebensperspektiven" (PL, 381/270) der Mitglieder der Gesellschaft, gründet in seiner Interpretation der sozialen Natur des Menschen. Die soziale Natur des Menschen bedeutet für Rawls, dass es nicht nur unmöglich ist festzustellen, wieviel besser es Menschen geht, weil sie Mitglieder einer Gesellschaft sind. Es bedeutet auch, dass wir nicht wissen können, wer wir als Personen im Vollzug unseres Lebens wären, wären wir nicht Mitglieder unserer jeweiligen Gesellschaft (PL, 388/276). Die spezifisch menschlichen Fähigkeiten können nur in kooperativer sozialer Interaktion entwickelt werden. Die individuellen Fähigkeiten und Talente sind keine „festgelegte[n] natürliche[n] Gaben" (PL, 381/269), auch wenn ihnen ein bedeutender „genetische[r] Faktor" (PL, 381/269) zugrunde liegen mag. Die Ausbildung der Fähigkeiten und Talente von Individuen hängt nicht nur von sozialen Bedingungen ab, sondern die spezifischen sozialen Bedingungen sind entscheidend dafür, welche Fähigkeiten und

Talente wie entwickelt werden. Entscheidend für diesen Einfluss der Gesellschaft seien die grundlegenden sozialen Institutionen einer Gesellschaft, also ihre Grundstruktur (PL, 380 f./269 f.).

Dass unsere Möglichkeiten als Bürger/innen in erheblichem Maße von der die Rawls'sche Grundstruktur ausmachenden politischen Verfassung unserer Gesellschaft abhängen, ihrer Eigentums- und Wirtschaftsordnung und der Art und Weise, wie Familie organisiert ist, mag deshalb unstrittig sein, weil eine staatlich geordnete Gesellschaft diese Institutionen notwendig aufweist. Aber, so haben Interpreten und Kritiker gefragt, ist es nicht naheliegend zu meinen, andere Einrichtungen könnten auch einen solchen Einfluss haben, und haben andere soziale Einrichtungen, z. B. religiöse oder kirchliche, und das nicht allein durch die Grundstruktur bestimmte Ethos einer Gesellschaft (Cohen 1997) nicht häufig einen erheblichen Einfluss darauf, welche Optionen uns offenstehen und wer wir sind? Verstehen wir die Behauptung des „erheblichen Einflusses auf die Lebenschancen von Menschen" oder der sozialen Bedingtheit der Personen, ihrer Möglichkeiten und ihrer Lebensentwürfe als eine empirische These, dann ist sie offenbar nicht geeignet, die Institutionen der Grundstruktur vor anderen Institutionen, etwa religiösen oder kirchlichen Einrichtungen, im Sinne eines eigenen und ersten Gegenstands der Gerechtigkeit auszuzeichnen.

Kap. VII macht aber deutlich, dass es nicht die empirische Behauptung des Einflusses der Grundstruktur von Gesellschaft auf die Lebenschancen von Menschen ist, die Rawls unabhängig von anderen Überlegungen als Argument zugunsten der Idee der Grundstruktur als erstem Gegenstand der Gerechtigkeit bemüht. Vielmehr argumentiert Rawls für die Idee der Grundstruktur als eine der Hauptideen seiner idealen Theorie der Gerechtigkeit. Dass die Grundstruktur durchdringende Wirkung habe, sei auf normativer Ebene wichtig für Menschen unter einer bestimmten Beschreibung: „Sobald wir die Parteien eines Gesellschaftsvertrages als freie und gleiche (rationale) moralische Personen auffassen, sprechen starke Gründe dafür, die Grundstruktur als den ersten Gegenstand der Gerechtigkeit zu betrachten" (PL, 369/259). D. h., die gerechtigkeitstheoretische Signifikanz der Idee der Grundstruktur ergibt sich für Rawls erst in ihrem systematischen Zusammenhang mit den anderen grundlegenden Ideen (dazu siehe Freeman 2014, insb. 101 f.).

Gerechtigkeit ist für Rawls ein komplexes Ideal, das sich an der moralischen Qualität der Beziehungen zwischen Personen misst. Es geht dabei um Personen, die einander als Freie und Gleiche anerkennen und gemäß Grundsätzen und Regeln miteinander kooperieren. Dieses Ideal bedarf, so Rawls, eines spezifischen Verfahrens der Rechtfertigung und die institutionellen Realisierungsbedingungen dieses Ideals sind für Rawls ebenfalls spezifische. Für die Auszeichnung der Grundstruktur als erstem Gegenstand der Gerechtigkeit plädiert Rawls, weil Gerechtigkeit als Fairness eine spezifische institutionelle

Ausprägung erfordert. Denn die Realisierung der Konzeption von Gerechtigkeit als Fairness kann, so Rawls, nur vollumfänglich im spezifischen Institutionengefüge einer gerechten Grundstruktur gelingen. Spezifische Institutionen oder ein bestimmtes Institutionengefüge sind nicht notwendig, um, wie von den Utilitaristen gefordert, Freuderfahrungen zu maximieren. Anders ist es aber, so Rawls, im Falle der Konzeption von Gerechtigkeit als Fairness. Das Ideal von Personen, die, ausgestattet mit einem Sinn für Gerechtigkeit und der Fähigkeit, eine Konzeption des Guten zu entwickeln und zu verfolgen, einander als Freie und Gleiche anerkennend gemäß für sie nachvollziehbar vernünftigen Grundsätzen und Regeln miteinander kooperieren, erfordert eine spezifische soziale Form, nämlich die gemäß diesen Grundsätzen und Regeln regulierte Grundstruktur. Die sie ausmachenden grundlegenden Institutionen haben dann zu Recht den grundlegenden Einfluss auf die Fähigkeiten, Talente, Wünsche und Interessen der Mitglieder der Gesellschaft, auf ihre Optionen und Lebenschancen. Denn nur weil und wenn sie diesen Einfluss haben, können die Bürger/innen das ihren wesentlichen moralischen Fähigkeiten und Interessen entsprechende Ideal realisieren. Nicht der empirisch nachweisbare Einfluss von Gesellschaft oder Grundstruktur auf die „Lebensperspektiven" als solcher, sondern die Bedeutung des Einflusses der Grundstruktur für die Realisierung des für moralisch wesentlich erachteten Ideals kann, so Rawls, den „gewissen" regulativen Vorrang der Grundstruktur als „erstem" Gegenstand der Gerechtigkeit rechtfertigen.

9.5 Grundstruktur als prozedurale Hintergrundgerechtigkeit

Rawls versteht die gerechte Grundstruktur einer staatlich gefassten Gesellschaft als prozedurale Voraussetzung für den Erhalt von gerechten Verhältnissen unter den Mitgliedern der Gesellschaft. Voraussetzung für Freiheit und Gerechtigkeit ist eine institutionelle Struktur von Regeln, welche die Hintergrundgerechtigkeit der Gesellschaft als ganze wahrt. Stabil gerechte Verhältnisse sind möglich, wenn das System der grundlegenden Institutionen, deren Regeln durch die Rawls'schen Grundsätze der Gerechtigkeit bestimmt sind, Hand in Hand geht mit ebenso ausgewiesenen Regeln für die Transaktionen unter den Mitgliedern der Gesellschaft, die ihre jeweilige Konzeption des guten Lebens autonom verfolgen und sich dabei privat assoziieren (PL, 417/300 f., vgl. JaF, 31/10). Damit ist die nach Grundsätzen der Gerechtigkeit regulierte Grundstruktur selbst Bedingung der Möglichkeit und notwendig für den Erhalt der Hintergrundgerechtigkeit. Diese ist Voraussetzung für die Autonomie der Transaktionen der Individuen und deren Verfolgung partikularer Ziele in privaten Vereinigungen vor dem Hintergrund der Annahme eines vernünftigen Pluralismus von Konzeptionen des guten Lebens.

Da auch libertäre Gerechtigkeitskonzeptionen auf prozeduralen Prinzipien beruhen, bemüht sich Rawls für die Charakterisierung der Grundstruktur als prozeduraler Hintergrundgerechtigkeit um Abgrenzung gegen insbesondere die Auffassung von Robert Nozick. Rawls unterscheidet zwischen vollkommener, unvollkommener und reiner Verfahrensgerechtigkeit. Vollkommene Verfahrensgerechtigkeit hat zwei Merkmale: „Einmal gibt es einen unabhängigen Maßstab dafür, was eine faire Aufteilung ist, der vor und unabhängig von dem Verfahren festgelegt worden ist. Zweitens läßt sich ein Verfahren finden, das mit Sicherheit das gewünschte Ergebnis liefert" (TJ, 106/74). Schon das erste Kriterium ist, so Rawls, für die Frage der Beurteilung der Ergebnisse der Verteilung gemäß seiner Konzeption von Gerechtigkeit als Fairness nicht erfüllt: „Wenn daher abstrakt gefragt wird, ob eine Verteilung eines gegebenen Bestands an Gütern auf bestimmte Individuen mit bekannten Wünschen und Präferenzen gerechter ist als eine andere, dann gibt es schlicht keine Antwort auf die Frage" (PL, 396/282). Hierin stimmt Rawls mit Robert Nozick und anderen libertären Gerechtigkeitstheoretiker/innen überein. Zugleich sind wir auch nicht in einer Beurteilungssituation, die durch das Fehlen eines Verfahrens zur sicheren Erzielung gerechter Ergebnisse (unvollkommene Verfahrensgerechtigkeit) charakterisiert ist (TJ, 107/75). Rawls meint mit seiner Idee der Grundstruktur zeigen zu können, dass es uns an einem Verfahren nicht mangelt. Wir befinden uns deshalb in einer Situation reiner Verfahrensgerechtigkeit, die Rawls folgendermaßen charakterisiert: „reine Verfahrensgerechtigkeit [liegt] vor, wenn es keinen unabhängigen Maßstab für das richtige Ergebnis gibt, sondern nur ein korrektes oder faires Verfahren, das zu einem ebenso korrekten oder fairen Ergebnis führt, welcher Art es auch sei, sofern das Verfahren ordnungsgemäß angewandt wurde" (TJ, 107/75). Nicht nur ist die Wahl der Grundsätze durch die Parteien im Urzustand Ergebnis reiner Verfahrensgerechtigkeit (PL, 149 f./72 f.), sondern diese Grundsätze bestimmen die Regeln des sozialen Prozesses, der gerechte Verteilungen zum Ergebnis hat: „Eine faire Verteilung kann nur durch einen tatsächlich ablaufenden fairen sozialen Prozess erreicht werden, in dem im Einklang mit öffentlich verkündeten Regeln Ansprüche erworben und geachtet werden" (PL, 395 f./282).

Zugleich geht Rawls' Rechtfertigung der Grundstruktur als erster Gegenstand einher mit der Zurückweisung der libertären Rechtfertigung von jedweden Ansprüchen als gerecht, wenn sie als Ergebnis eines historischen Prozesses der gerechten Aneignung und Übertragung von Eigentumstiteln aufgefasst werden können. Libertäre Auffassungen können, so Rawls, weder Kriterien dafür ausweisen, wann Vereinbarungen wirklich als frei und wann die Umstände, unter denen sie getroffen werden, als fair gelten können. Auch sei nicht zu übersehen, dass

„wahrscheinlich die kumulativen Resultate vieler einzelner anscheinend fairer Vereinbarungen, verbunden mit sozialen Tendenzen und historischen Zufälligkeiten, im Lauf der Zeit die Beziehungen und Chancen der Bürger verändern, so daß die Bedingungen für freie und faire Übereinkünfte nicht mehr bestehen [werden]“ (PL, 376/266). Diese Bedingungen von fairer Kooperation unter Freien und Gleichen zu sichern ist Aufgabe der Grundstruktur als prozeduraler Hintergrundgerechtigkeit.

Rawls unterbreitet die Idee einer „institutionelle[n] Arbeitsteilung zwischen der Grundstruktur und den Regeln, die unmittelbar für Individuen und Vereinigungen gelten und von ihnen bei einzelnen Transaktionen beachtet werden müssen“ (PL, 380/268 f.). Die Grundsätze der Gerechtigkeit für die Grundstruktur erlauben die Regeln der „Institutionen, welche die gesellschaftlichen Rahmenbedingungen festlegen“ (PL, 379/268) einschließlich der Institutionen und Maßnahmen zu bestimmen, welche notwendig sind, um „die unvermeidlichen, der Hintergrundgerechtigkeit widerlaufenden Tendenzen“ auszugleichen, Maßnahmen „wie die Besteuerung von Einkommen und Erbschaften, die dazu dient, Besitzstände aneinander anzugleichen“ (PL, 379/268). Außerdem aber dienen die Grundsätze der Gerechtigkeit auch dazu, eine andere Gruppe von Regeln zu bestimmen, nämlich jene, „die für Transaktionen und Vereinbarungen der Individuen und Vereinigungen gelten (das Vertragsrecht usw.). Zu dieser Gruppe gehören diejenigen Regeln, die sich auf Betrug, Nötigung und ähnliches beziehen“ (PL, 379/268). Die Grundsätze der Gerechtigkeit für die Grundstruktur gelten also mittelbar auch für Individuen und Vereinigungen (nicht-staatlichen/nicht grundlegenden Einrichtungen), nämlich vermittelt durch die Bestimmung der Regeln, welchen die Individuen und Vereinigungen in ihren Transaktionen zu folgen haben und die ihnen gegenüber gegebenenfalls mit den Mitteln staatlichen Zwangs durchzusetzen sind. Nur dann und insofern sind die Individuen und Vereinigungen in ihren Transaktionen frei, wenn „anderswo im gesellschaftlichen System die notwendigen Korrekturen zur Bewahrung der Hintergrundgerechtigkeit vorgenommen werden“ (PL, 380/269).

Nur diese beiden Sets von Regeln zusammen, also die Regeln für die grundlegenden Institutionen der Gesellschaft und die Regeln, denen Individuen und Vereinigungen (nicht-staatliche/nicht grundlegende Einrichtungen) in ihren Transaktionen zu folgen haben, können die Bedingungen fairer Kooperation von freien und gleichen Bürgern sichern. Die Personen sollen frei sein in der Entwicklung und Ausführung ihres jeweiligen Lebensplans gemäß ihrer Konzeption des guten Lebens, wobei Rawls bekanntlich einen vernünftigen Pluralismus solcher Konzeptionen annimmt, der nicht mit den Moralforderungen etwa einer klassischen utilitaristischen Position vereinbar ist (siehe z. B. PL, 12 f./xviii f. und LP, 17 f./15). Wohl aber müssen die Individuen in der Verfolgung ihrer Projekte, in ihren zahlreichen Transaktionen, den von ihnen in z. T. nicht-staatlichen Vereinigungen eingegangen Kooperationen und bei ihren Beiträgen zu nicht-grundlegenden Einrichtungen der Gesellschaft, den Regeln einer gemäß Grundsätzen der Gerechtigkeit regulierten Gesellschaft entsprechen. Dann verhalten sie sich fair und tragen zum Erhalt gerechter Verhältnisse bei (PL, 398/284). Wenn die Bürger/innen aus Überzeugung die Regeln einhalten und öffentlich bekannt ist, dass auf diese Weise die Gerechtigkeit der Gesellschaft gewahrt wird, kann die Gesellschaft als wohlgeordnet gelten (PL, 300/201 f.; vgl. JaF, 29 f./8) und bleibt gerecht, auch wenn Bürger/innen immer wieder einmal die Regeln verletzen (LP, 18/15).

9.6 Die Grundstruktur als institutionelle Ausprägung eines komplexen Ideals der Gerechtigkeit

In der Literatur wird viel diskutiert, was mit der Rawls'schen Grundstruktur genau gemeint ist und wie Rawls ihren Vorrang als ersten Gegenstand rechtfertigt. Häufig sollen Beiträge zu dieser Diskussion auch klären, ob die Geltung der Rawls'schen Grundsätze distributiver Gerechtigkeit auf die Grundstruktur von Gesellschaften bzw. Gesellschaften mit Grundstruktur beschränkt ist. Damit beschäftigt sich der nächste Abschnitt. Mit Blick auf die Frage, was mit der Grundstruktur gemeint ist, wird insbesondere auf drei Merkmale hingewiesen: erstens, auf den durchdringenden Einfluss auf die Lebensperspektiven von Menschen, den die Institutionen haben, welche die Grundstruktur ausmachen, und genauer deren Einfluss auf die Optionen, welchen den Mitgliedern der Gesellschaft in Entwicklung und Verfolgung ihrer Lebenspläne offenstehen (siehe z. B. Cohen 1997, Hodgson 2012); zweitens seien es die Institutionen der Grundstruktur, welche die grundlegenden Bedingungen von stabiler sozialer Kooperation schaffen (siehe z. B. Heath 2005); drittens haben die Institutionen der Grundstruktur staatlichen Zwangscharakter (und sind in besonderer Weise rechtfertigungsbedürftig) (siehe z. B. Blake 2002, Nagel 2005). Nicht nur finden sich, wie die vorangehenden Abschnitte zeigen, Belege für jede dieser Charakterisierungen in Rawls' Diskussionen der Grundstruktur. Die in den Abschnitten 2, 4 und 5 vorgestellte Interpretation legt auch nahe, dass mit Rawls keines dieser Merkmale als einzig relevantes ausgewiesen wird. Denn das erste Hauptargument Rawls' zugunsten der Grundstruktur stützt die Interpretation, diejenigen Institutionen machten die Grundstruktur aus, welche zusammengenommen durchdringenden Einfluss auf die Lebensperspektiven von Menschen unter einer bestimmten Beschreibung haben (siehe oben Abschnitt 4 und § 5 des Kapitels). Rawls' zu Beginn zitierte vorläufige Definition der Grundstruktur stützt offenbar die zweite Interpretation. Und das zweite Hauptargument weist auf die Notwendigkeit prozeduraler Hintergrundgerechtigkeit und institutioneller Arbeitsteilung hin (siehe oben Abschnitt 5 und § 4 des Kapitels) und stützt damit insbesondere die dritte Interpretation: Voraussetzung für Freiheit und Gerechtigkeit ist eine institutionelle Struktur von Regeln, welche die Hintergrundgerechtigkeit der Gesellschaft als ganzer wahrt. Rawls legt nahe, dass es der Institutionen des Staates, also der mit den Möglichkeiten staatlichen Zwangs versehenen normativen Autorität bedarf, um diese Hintergrundgerechtigkeit aufrechtzuerhalten (siehe z. B. schon PL, 36/xl, 42 f./xlv f.). Jedenfalls findet sich bei Rawls keine Diskussion darüber, wie sonst sichergestellt sein kann, dass sich dauerhaft hinreichend viele Mitglieder der Gesellschaft regelkonform verhalten.

Die Rechtfertigung der Idee der Grundstruktur als erster Gegenstand in ihrem systematischen Zusammenhang mit den anderen Hauptideen von Rawls ergibt also, dass alle drei Merkmale relevant sind für die Bestimmung der Institutionen der Grundstruktur. Denn die Grundstruktur ist die institutionelle Ausprägung eines komplexen Ideals der Gerechtigkeit. Dieses Ideal wird realisiert von Personen, die mit einander nach Grundsätzen und Regeln fair kooperieren und dabei ihr Leben autonom unter den Bedingungen des Pluralismus der Konzeptionen vom guten Leben gestalten. Die Grundstruktur ermöglicht diese von Rawls als moralisch ausgezeichnet wichtigen Beziehungen zwischen Personen, weil die den Mitgliedern der Gesellschaft offenstehenden Optionen durch die Institutionen der Grundstruktur entscheidend bestimmt werden. Die Institutionen als prozedurale Hintergrundgerechtigkeit gewährleisten, dass die Entscheidungen und Handlungen der Einzelpersonen in Verfolgung ihrer Projekte nicht die Möglichkeit von Kooperation als Freie und Gleiche untergraben.

9.7 Grundstruktur und Reichweite der Geltung von Gerechtigkeitsgrundsätzen

Die Debatte in der Sekundärliteratur zur Grundstruktur betrifft auch die Frage der Reichweite der Geltung von Gerechtigkeitsgrundsätzen. Impliziert oder begründet Rawls' Idee, die Grundstruktur sei erster Gegenstand seiner Theorie der Gerechtigkeit, Aussagen über die Reichweite von distributiven Gerechtigkeitspflichten? Für Rawls, so die hier vorgelegte Interpretation, ist die Grundstruktur konstitutiv für die Geltung seiner Grundsätze (vgl. Abschnitte 2 und 4) und eine gerechte Grundstruktur (also eine durch Grundsätze Rawls'scher Gerechtigkeit strukturierte Gesellschaft) ist zugleich die Bedingung der vollständigen Realisierung Rawls'scher sozialer Gerechtigkeit, ist also instrumentell bedeutsam (vgl. Abschnitt 5). Das heißt aber weder, dass die Rawls'schen Grundsätze nicht mehr oder weniger durchsetzbar sind (unter weniger als idealen Bedingungen, siehe dazu Rawls' Idee der realistischen Utopie: LP, § 1 und JaF, § 5), noch dass andere Grundsätze der Gerechtigkeit nicht für andere Gegenstände gelten (vgl. Abschnitt 3) und durchsetzbar sind.

Rawls scheint in *Das Recht der Völker* zu argumentieren, dass, weil es keine globale Grundstruktur gibt, die Reichweite distributiver Gerechtigkeit auf Einzelgesellschaften mit Grundstruktur beschränkt ist. Ergibt sich etwas, und gegebenenfalls was ergibt sich und warum, für die Reichweite der Rawls'schen Gerechtigkeitspflichten aus der Idee der Grundstruktur als erstem Gegenstand der Gerechtigkeit? Wenigstens drei Interpretationen über den Zusammenhang von Grundstruktur und Reichweite der Geltung von Rawls'schen distributiven Gerechtigkeitspflichten lassen sich unterscheiden (siehe Abizadeh 2007).

Eine mögliche, aber zu kurz greifende Interpretation des Zusammenhangs von der Behauptung über den ersten Gegenstand der Gerechtigkeit und der Reichweite der Geltung Rawls'scher Grundsätze distributiver Gerechtigkeit wäre die folgende: Man könnte meinen, die Existenz der Grundstruktur als solche sei Voraussetzung für die Geltung von Rawls'schen Gerechtigkeitspflichten, und das so verstehen, dass Gerechtigkeitspflichten Geltung nur für eine tatsächlich vorliegende Grundstruktur bzw. Gesellschaften mit einer solchen haben können. Für Rawls' Verständnis seiner Begründung der Behauptung, die Grundstruktur sei erster Gegenstand der Gerechtigkeit, ist aber generell wichtig, dass er sich für die Zwecke seiner Theoriebildung auf die Grundstruktur nicht als empirisch vorliegendes Set von Institutionen, sondern idealisiert als eine Idee der sozialen Ordnung von Gesellschaft bezieht: Es geht nicht um den Einfluss von Institutionen der Gesellschaft auf die Lebensperspektiven von Menschen, sondern um einen solchen Einfluss auf Menschen unter einer bestimmten Beschreibung, die ein moralisches Ideal von Personen als Freie und Gleiche ausdrückt. Es geht nicht um die Existenz von Kooperationsbeziehungen per se, sondern um ein gerechtes System sozialer Interaktion. Auch ist schon in Abschnitt 2 oben deutlich geworden, dass Rawls' Behauptung eines gewissen regulativen Vorrangs der Grundstruktur als Gegenstand der Gerechtigkeit nicht bedeutet, dass in der Ausarbeitung einer generelleren Theorie der Gerechtigkeit nicht auch Grundsätze der Gerechtigkeit für andere Gegenstände auszuweisen sind.

Die Behauptung, die Grundstruktur sei erster oder vorrangiger Gegenstand der Gerechtigkeit, wird zweitens so verstanden, dass die Grundstruktur instrumentell wichtig für die Realisierung von Gerechtigkeit ist. Rawls unterstützt diese Interpretation, wenn er in der *Geschichte der Politischen Philosophie* die folgenden Fragen für die Diskussion jeder Konzeption der Gerechtigkeit unterscheidet: Erstens die Frage nach den vernünftigen oder wahren Prinzipien und deren

Rechtfertigung und zweitens die Frage: „Welche funktionsfähigen und praktikablen politischen und sozialen Institutionen sind dazu angetan, diese Prinzipien besonders effizient in die Tat umzusetzen und die Gesellschaft langfristig stabil zu halten?“ (Rawls 2007, 318/215). Seine Antwort auf diese Frage ist, wie gezeigt: die grundlegenden Institutionen der Grundstruktur der Gesellschaft; die Grundsätze der Gerechtigkeit können optimal nur mittels einer Grundstruktur realisiert werden. So verstanden, gewinnen wir aber wenig für die Begründung der Reichweite der Geltung von Rawls' Konzeption distributiver Gerechtigkeit. Rawls versteht seine Konzeption der Gerechtigkeit als Fairness für die Grundstruktur von Gesellschaft als „Spezialfall einer allgemeineren Gerechtigkeitsvorstellung“, der es darum geht, alle sozialen Werte gleich zu verteilen, es sei denn eine Ungleichverteilung sei zum Vorteil aller (TJ, 83/54). Im Sinne dieser weiteren Konzeption von Gerechtigkeit dürfte Gerechtigkeit weniger als optimal auch ohne eine bestmöglich eingerichtete Grundstruktur realisierbar sein. So meint Rawls, die Idee einer unter der Annahme idealer Bedingungen vollentwickelten Grundstruktur sei notwendig als Formulierung des Ideals, das unter nicht-idealen Bedingungen die Bemühungen um Beseitigung von Ungerechtigkeiten und auch langfristigen Verbesserungen anleiten könne (PL, 398 f./284 f.). Offenbar wird weniger als optimal realisierte Gerechtigkeit am Maßstab vorgestellter optimal realisierter Gerechtigkeit gemessen, deren normative Geltung Voraussetzung der Rechtfertigung von Maßnahmen zur Verbesserung bestehender Verhältnisse ist (TJ, 278/216). Die instrumentelle Interpretation ist nicht falsch, aber, wie schon in Abschnitt 2 erwähnt und wie die dritte Interpretation deutlich macht, notwendig zu ergänzen. Die instrumentelle Interpretation ergibt wenig für die Frage der Reichweite der Geltung Rawls'scher Grundsätze distributiver Gerechtigkeit.

Maßgeblich für die dritte Interpretation ist das Ideal der Gerechtigkeit, das es zu realisieren gilt. Nach Rawls ist es dadurch charakterisiert, dass es Personen erlaubt, miteinander als Freie und Gleiche zu kooperieren. Rawls geht es, wie schon betont, um die Realisierung bestimmter Qualitäten der Beziehungen unter Menschen unter günstigen Bedingungen. Die durchdringende Wirkung der grundlegenden Institutionen einer Gesellschaft sind normativ für Menschen unter einer bestimmten Beschreibung relevant (vgl. Abschnitt 4). Gemäß der dritten Interpretation nehmen wir weder an, dass für die Geltung von Gerechtigkeitsüberlegungen die Existenz einer Grundstruktur vorausgesetzt werde, noch dass die Grundstruktur lediglich instrumentellen Wert für die Realisierung von Gerechtigkeit habe. Vielmehr ist die Grundstruktur konstitutiv für die Geltung bestimmter Gerechtigkeitspflichten und mit Rawls offenbar für die durch die Rawls'schen Grundsätze ausweisbaren Pflichten. Weiters kann es andere Pflichten geben, ob sie nun Gerechtigkeits- oder grundlegende Moralpflichten genannt werden, welche von Individuen verlangen, derart gerechte Verhältnisse zu ermöglichen und zur Einrichtung einer Grundstruktur und deren gerechten Regulierung beizutragen. Wie in Abschnitt 2 erläutert, unterscheidet Rawls neben den durch die Grundsätze der Gerechtigkeit für die Grundstruktur ausgewiesenen Regeln für Institutionen und Individuen weitere Grundsätze der Gerechtigkeit und grundlegende Moralpflichten insbesondere für nicht-ideale Bedingungen, darunter die natürliche Pflicht zur Gerechtigkeit, welche Individuen die Pflicht zuschreibt, zur Einrichtung und zum Erhalt einer gerechten Gesellschaft beizutragen. Die Ausführungen der vorangehenden Abschnitte sprechen für diese dritte Interpretation, insofern sie die Behauptung von Rawls unterstützen, dass die Idee der Grundstruktur mit den anderen Hauptideen seiner Konzeption von Gerechtigkeit systematisch verknüpft ist und in einem engen Rechtfertigungszusammenhang steht.

Die zweite und dritte Interpretation schließen einander nicht aus. Die Grundstruktur ist instrumentell wichtig für die optimale Realisierung von Gerechtigkeit, jedenfalls für Gegenstände, die durch eine Grundstruktur regulierbar sind. Zugleich ist die Grundstruktur konstitutives Element eines Ideals der Gerechtigkeit, dann nämlich, wenn die Grundstruktur nicht nur optimal Gerechtigkeit dauerhaft zu realisieren erlaubt, sondern das Set von Institutionen, welches die Grundstruktur ausmacht, institutionalisierte Ausprägung der moralischen Qualitäten der Kooperationsbeziehungen zwischen Menschen als Freien und Gleichen ist.

Diese Interpretation beschränkt die Reichweite der Geltung der Rawls'schen Grundsätze distributiver Gerechtigkeit auf Gegenstände, die durch eine Grundstruktur optimal gerecht regulierbar sind, denn nur mit Blick auf solche Gegenstände können Personen unter der natürlichen Pflicht der Gerechtigkeit stehen, sie in diesem Sinne gerecht zu regulieren.

Personen können unter dieser Pflicht wohl nur mit Blick auf Beziehungen stehen, an denen sie selbst teilhaben können. Die Möglichkeit der Interaktion besteht aber nicht mit allen Menschen. Aus nicht-kontingenten, also nicht aufhebbaren Gründen können wir mit zukünftigen Nicht-Zeitgenossen, mit denen unsere Lebenszeit nicht überlappt, nicht interagieren, jedenfalls nicht in dem von Rawls als relevant beschriebenen Sinn. Hier kann sich die natürliche Pflicht zur Gerechtigkeit nur auf die Ermöglichung der Realisierung Rawls'scher distributiver Gerechtigkeit durch zukünftig Lebende beziehen. So schlägt Rawls für die intergenerationellen Beziehungen ein Prinzip gerechten Sparens vor, dem, grob gesagt, der Anspruch aller Menschen, gleich wann sie leben, entspricht, unter Bedingungen Rawls'scher distributiver Gerechtigkeit leben zu können. Hier geht es nicht darum, die Plausibilität dieser Idee intergenerationeller Gerechtigkeit zu prüfen (siehe z. B. Heyd 2009), sondern zu zeigen, dass die Interpretation, wonach die Grundstruktur konstitutiv für die Geltung der Rawls'schen distributiven Gerechtigkeit ist, auch für die gerechte Regulierung der intergenerationellen

Beziehungen relevant ist, die selbst nicht durch eine geteilte Grundstruktur regulierbar sind. Ein solches Argument hat Rawls für andere Gegenstände, die selbst nicht durch eine Grundstruktur regulierbar sind, nicht formuliert, also etwa für die Beziehungen zu nicht heilbar schwer geistig behinderten Menschen oder zu Tieren, die normal entwickelten erwachsenen Menschen nicht ähnlich sind. Hier mögen, so Rawls, andere Prinzipien der Gerechtigkeit oder andere Moralstandards gelten, deren Explikation Rawls sich aber nicht gewidmet hat (TJ, 34/15).

Literatur

Abizadeh, A. 2007: Cooperation, Pervasive Impact, and Coercion. On the Scope (not Site) of Distributive Justice, in: Philosophy & Public Affairs 35, 318–358.

Birnbacher, D. 1988: Verantwortung für zukünftige Generationen, Stuttgart.

Blake, M. 2002: Distributive Justice, State Coercion, and Autonomy, in: Philosophy & Public Affairs 30, 257–296.

Cohen, G. A. 1997: Where the Action Is: On the Site of Distributive Justice, in: Philosophy & Public Affairs 26, 3–30.

Daniels, N. 1979: Wide Reflective Equilibrium and Theory Acceptance in Ethics, in: Journal of Philosophy 76, 256–282, wieder abgedruckt in: Ders. 1996: Justice and Justification. Reflective Equilibrium in Theory and Practice, Cambridge, Mass, 21–46.

Freeman, S. 2014: The Basic Structure of Society as the Primary Subject of Justice, in: J. Mandle/D. A. Reidy (Hrsg.): A Companion to Rawls, Oxford, 88–111.

Heyd, D. 2009: A Value or an Obligation? Rawls on Justice to Future Generations, in: A. Gosseries/L. H. Meyer (Hrsg.): Intergenerational Justice, Oxford, 167–188.

Heath, J. 2005: Rawls on Global Distributive Justice. A Defence, in: D. Weinstock (Hrsg.): Canadian Journal of Philosophy Supplementary Volume 31. Global Justice, Global Institutions, 193–226.

Hodgson, L.-P. 2012: Why the Basic Structure?, in: Canadian Journal of Philosophy 42, 303–334.

Nagel, Th. 2005: The Problem of Global Justice, in: Philosophy & Public Affairs 33, 112–147.

Scanlon, T. M. 2002: Rawls on Justification, in: S. Freeman (Hrsg.): The Cambridge Companion to Rawls, Cambridge, Mass, 139–167.

Christoph Horn

10 Zur Rechtfertigung des Vorrangprinzips (Vorlesung VIII)

In seinen verschiedenen Anläufen zur Formulierung einer Gerechtigkeitstheorie wiederholt Rawls ein Theorieelement, das zu den Kernüberzeugungen der liberalen Tradition gehört: das Prinzip eines Vorrangs menschlicher (oder bürgerlicher) Grundrechte und Grundfreiheiten. Ein solches ‚Vorrangprinzip', wie ich es im Folgenden nennen will, findet sich bei allen Theoretikern des politischen Liberalismus, etwa bei J. Locke, J. S. Mill und Isaiah Berlin; generell werden im Liberalismus Freiheitsrechte so verstanden, dass sie gegenüber allen anderen normativen oder wertbesetzten Aspekten des Politischen in einem starken Sinn prioritär sind. Kant spitzt seinen (wie man sagen könnte) ‚deontologischen Liberalismus' sogar dahingehend zu, dass er Freiheit, verstanden als angeborenes Recht, als einzigen normativ relevanten Gesichtspunkt im rechtlich-politischen Feld überhaupt interpretiert; er kennt nicht nur keine anderen Rechte (etwa Sozial- oder Teilhaberechte), sondern weist auch die Idee rechtlich-politischer Güter insgesamt zurück (dazu Horn 2014, 332–341).

Natürlich findet sich in der VIII. Vorlesung des Rawls'schen *Politischen Liberalismus* keine annähernd so starke Position wie bei Kant. Es geht Rawls lediglich (aber doch auch immerhin) um einen „lexikalischen" Vorrang, den von ihm angenommene Grundfreiheiten – verstanden als soziale Primärgüter – gegenüber anderen dieser Güter innehaben sollen. Lexikalisch bedeutet, dass der Inhalt eines prioritären Prinzips erst vollständig abgearbeitet sein muss, bevor man sich dem Inhalt eines nachgeordneten Prinzips zuwenden darf. Der Text des Kapitels, der eine überarbeitete Fassung der ‚Tanner Lectures' von 1981 darstellt, rückt zunächst die von H. L. A. Hart geäußerte Kritik an Rawls' früherer Auffassung der Grundfreiheiten ins Zentrum und konzediert die Berechtigung dieser Kritik – nämlich das Auftreten zweier ‚Lücken' in *Eine Theorie der Gerechtigkeit* – bis zu einem gewissen Punkt. Zudem thematisiert der Text die Frage notwendiger Freiheitseinschränkungen und diskutiert deren Prinzipien; dazu gehört auch das Problem der Ausgestaltung von Grundfreiheiten, etwa durch angemessene Geschäftsordnungen und sinnvolle prozedurale Regeln. Rawls bezieht den Vorrang – was im Folgenden besonders wichtig wird – nunmehr eng auf sein politisch-liberales Personenverständnis und auf die grundlegenden Fähigkeiten, welche er Personen zuspricht. Eine gewisse Bedeutung erlangt dabei auch seine an W. v. Humboldt angelehnte Idee der Gesellschaft als einer sozialen Einheit. Rawls schließt das Kapitel mit der Diskussion konkreter Verfassungsfragen aus der jüngeren Rechtsgeschichte der USA ab.

Im Folgenden werde ich zunächst Rawls' Ansatz in grober Form in einen historischen Rahmen einordnen und dann auch auf seine Auseinandersetzung mit Hart zu sprechen kommen (10.1). Anschließend wende ich mich den Fragen der Regulierung und der Ausgestaltung der Freiheitsrechte bei Rawls zu; dabei lassen sich zahlreiche Aspekte herausarbeiten, die ein bezeichnendes Licht auf Rawls' revidierten Ansatz in *Politischer Liberalismus* insgesamt werfen (10.2). Am Ende zeigen sich, wie ich hoffe, deutlich die Vorteile, aber auch die gravierenden Probleme des Rawls'schen Verständnisses des Vorrangprinzips in der Version des *Politischen Liberalismus* (10.3).

10.1 Optionen aus der Theoriegeschichte und Rawls' revidiertes Modell aus PL

Die Grundfreiheiten sind nach liberaler Auffassung dem politischen Tagesgeschäft entzogen; sie sollen dessen Spielregeln oder Voraussetzungen bilden und in dieser Funktion unantastbar sein. Mehr noch, sie dürfen auch durch das, was politisch entschieden oder gesetzlich festgelegt wird, nicht tangiert oder unterminiert werden. Politisches Handeln muss stets grundlegend auf ihren Erhalt und ihre Förderung gerichtet sein. Damit stellen sie den stabilen, invarianten Kern der liberalen Grundordnung dar. Doch warum eigentlich soll in politischen Ordnungen ein solcher Vorrang der Grundfreiheiten garantiert sein?

Betrachtet man das liberale Vorrangprinzip aus der Perspektive der Theoriegeschichte der politischen Philosophie, so stößt man auf mindestens drei verschiedene Strategien zur Rechtfertigung ihrer Priorisierung: (a) auf die naturrechtliche Begründung unveräußerlicher Freiheiten (etwa mit einer theologischen Legitimation angeborener Gleichheit wie bei Locke), (b) auf die Begründung auf der Basis allgemeiner Handlungsfreiheit (wie in Kants *Rechtslehre* bezogen auf den Begriff der ‚freien Willkür') und (c) auf die Begründung auf der Basis utilitaristischer Prinzipien (wie bei J. S. Mill). Zudem kann man noch (d) an eine Rechtfertigung des Primats unantastbarer Freiheiten auf der Grundlage des Menschenwürdebegriffs denken, (e) an den ‚rationalen' Vorrang negativer gegenüber positiven Freiheiten wegen deren Symmetrie- und Reziprozitätseigenschaften (im Sinn eines Kontraktualismus) und (f) an eine transzendentale Handlungstheorie (in welcher grundlegende Freiheiten als Bedingungen der Möglichkeit aller rationalen Zielverfolgung gedeutet werden). Demgegenüber hat Rawls sowohl in *Eine Theorie der Gerechtigkeit* als auch später, in den *Tanner Lectures* (1981) und schließlich auch im *Politischen Liberalismus*, konstruktivistische Lösungen vorgeschlagen: Einerseits deren Begründung mithilfe einer Theorie der rationalen

Wahl und andererseits eine Begründung mithilfe eines politisch-liberalen Personenbegriffs.

Im ersten Modell wählen die Teilnehmer der *original position* hinter dem ‚Schleier der Unwissenheit' zunächst ein größtmögliches gleiches Freiheitspaket, das nicht für anderweitige soziale und ökonomische Vorteile beschnitten werden darf, im zweiten Modell ein „völlig adäquates (sc. dem politisch-liberalen Personenbegriff entsprechendes) System gleicher Grundfreiheiten", das ebenfalls strikt („lexikalisch") gegenüber ökonomischen Vorteilen und perfektionistischen Werten priorisiert wird. Das Vorrangproblem wird also im ersten Kontext so gelöst, dass der Besitz von Grundfreiheiten als entscheidender rationaler Vorteil beschrieben wird. Grundfreiheiten sind vorrangige Allzweckmittel, die für jeden möglichen Lebensplan eine herausragend wichtige instrumentelle Funktion besitzen. Im zweiten Kontext erfährt das Problem dadurch eine Lösung, dass ein enger Zusammenhang zwischen den Grundfreiheiten und einem Ideal politisch-liberaler Personen sowie einem bestimmten Kooperationsideal gezeigt werden soll.

Betrachten wir zunächst Rawls' Motive für die Änderung seiner Position und wenden uns dann der genauen Bedeutung der etwas rätselhaft formulierten zweiten Lösung, wie sie im *Politischen Liberalismus* vorgenommen wird, zu. Den Ausgangspunkt bildete H. L. A. Harts Kritik an den ‚zwei Lücken' in Rawls' Interpretation des Vorrangprinzips. Hart hatte in seinem Diskussionsartikel „Rawls on Liberty and its Priority" (1973/dt. 1977) auf diese beiden Probleme aufmerksam gemacht. Die erste Lücke besteht in einem *Begründungsproblem*: Rawls, so Hart, könne nicht klarmachen, warum sich die Parteien im Urzustand überhaupt für die Grundfreiheiten entscheiden und sich auf ihren Vorrang einigen sollten. Die zweite Lücke liegt im *Anwendungsproblem*: Es bleibe offen, so Hart, wie nach Rawls die vorrangigen Grundfreiheiten in der Verfassung, der Gesetzgebung und der Rechtsprechung ausgestaltet und aufeinander abgestimmt werden sollten.

Unter dem Eindruck der Hart'schen Kritik nimmt Rawls nun im *Politischen Liberalismus* eine charakteristische Modifikation des ersten Gerechtigkeitsgrundsatzes vor. Aus der Formulierung:

> „Each person is to have an equal right to the most extensive total system of equal basic liberties compatible with a similar system of liberty for all" (TJ, 336/302).

streicht er die Komponente des „umfangreichsten" oder „meist ausgedehnten" Systems gleicher Grundfreiheiten und ersetzt sie durch den Ausdruck „völlig adäquates" System gleicher Grundfreiheiten:

> „Each person has an equal right to a fully adequate scheme of equal basic liberties which is compatible with a similar scheme of liberties for all" (PL, 406/302).

Rawls konzediert damit, dass es ein Fehler des Ansatzes von *Eine Theorie der Gerechtigkeit* war, den Vorrang der Grundvermögen mit den Mitteln der Konzeption rationaler Wahl erläutert zu haben:

> „Tatsächlich ergibt sich jedoch implizit bereits aus der gegebenen Erklärung darüber, wie die erste Lücke geschlossen wird, daß das System der Grundfreiheiten nicht eingerichtet wird, um irgend etwas zu maximieren, schon gar nicht die Entwicklung und Ausführung der moralischen Vermögen." (PL, 452/332)

Von hier aus ist es nur ein kurzer Weg bis zu Rawls' grundlegender Veränderung: eben zur Formulierung eines politisch-liberalen Personenbegriff, welcher sich auf zwei basale moralische Vermögen stützt. Auch hierfür könnte Hart inspirierend gewesen sein, denn dieser betont zusätzlich zu seinen beiden oben genannten Kritikpunkten, dem Begründungs- und dem Anwendungsproblem, in ziemlich hellsichtiger Form:

> „Meiner Meinung nach findet der offenkundig dogmatische Einschlag in Rawls' Argumentation zugunsten der Priorität von Freiheit darin eine Erklärung, dass sich dahinter ein latentes eigenes Ideal verbirgt – auch wenn Rawls es nicht als bloßes Ideal hinstellt, – auf das er sich stillschweigend bezieht [...]." (Hart 1977, 161)

Dieses versteckte Ideal wird in *Politischer Liberalismus* explizit gemacht. Die beiden von Rawls angenommenen moralischen Vermögen sind (a) der Sinn für Recht und Gerechtigkeit, (b) die Fähigkeit zu einer Konzeption des Guten. Mit der Realisierung der beiden moralischen Vermögen verbinden sich ‚höchstrangige Interessen' von Individuen. Im Hintergrund der beiden moralischen Vermögen steht eine „überwölbende fundamentale intuitive Idee", nämlich die, wonach wir die Gesellschaft als „faires System der Kooperation von freien und gleichen Personen" betrachten sollten. Die von Rawls gemeinte Idee sozialer Kooperation enthält zwei Momente: einerseits ein ‚vernünftiges' Moment, bei dem es um faire Kooperationsbedingungen auf der Basis von Reziprozität geht, und andererseits um ein rational-eigeninteressiertes Moment (PL, 416 f./300 f.). Die beiden moralischen Vermögen bilden die notwendigen und hinreichenden Bedingungen für eine volle gleichberechtigte Teilnahme an der Gerechtigkeitsordnung (PL, 418 f./302).

Zu welchem Typ von Persönlichkeitsideal ist Rawls' Modell zu rechnen? Handelt es sich um eine Konzeption von Bürgertugenden wie in der Tradition des Aristoteles oder der des Aristotelismus? Sicher nicht; vielmehr ist es wesentlich enger gefasst. Gegen Rawls' Idee eines politisch-liberalen Personenbegriffs lassen sich denn auch folgende Bedenken richten: (a) Der Gerechtigkeitssinn ist auf Fragen der sozialen Kooperation beschränkt und lässt damit moralische

Normativität beiseite; gemeint ist gerade kein generelles Gerechtigkeitsempfinden des *Michael Kohlhaas*-Typs, sondern ein spezielles Vermögen, die Verteilung der sozialen Primärgüter in einer Gesellschaft angemessen zu beurteilen. Damit wirkt er zu speziell konstruiert. (b) Der Gerechtigkeitssinn enthält ebenfalls keine globale oder kosmopolitische Dimension; er ist allein binnengesellschaftlich ausgerichtet und schließt nicht Fragen der weltweiten Güterverteilung ein. Erneut wirkt er wie ein allzu begrenzt gefasstes Konstrukt. (c) Es ist schwer zu sehen, wie sich das Selbstverständnis im Sinn des politisch-liberalen Personenkonzepts zum ‚umfassenden' Selbstverständnis einer Person verhält (Welchen Anteil hat es? Welche Rolle spielt es? In welchen Fällen ist es zu priorisieren und warum?). Man mag bezweifeln, dass man die Gesellschaft nur als politische Kooperationsgemeinschaft betrachten kann, nicht auch als moralische Gemeinschaft und als Teil der menschheitlichen Gemeinschaft. Ferner lassen sich Zweifel daran hegen, ob Rawls hinreichend klar macht, wie sich sein Konzept zu privaten, weltanschaulich oder religiös geprägten Selbstverständnissen verhält. Rawls betont, seine Konzeption der Person dürfe „nicht als Ideal für den Bereich des persönlichen Lebens (zum Beispiel als Ideal der Freundschaft) mißverstanden werden oder als Ideal für Mitglieder von Vereinigungen, und noch viel weniger als moralisches Ideal, wie etwa das stoische Ideal des Weisen" (PL, 416/300). Müsste man diese Erläuterung ernst nehmen, so würde das Rawls'sche Personenkonzept zum isolierten Bestandteil des individuellen praktischen Selbstverständnisses werden – was fragwürdig ist, weil die Frage danach, was es heißt, ein guter Bürger zu sein, seit Aristoteles mit Recht als genuiner Bestandteil der Frage nach dem guten Menschsein aufgefasst wurde.

Im Hintergrund dieses Personenkonzepts steht, dass Rawls die Grundstruktur einer Gesellschaft als ganze als eine Form der Kooperation betrachten möchte (PL, 417/301). Er unterstellt, die Gesellschaft sei geschlossen; Eintritt und Austritt sollen nur durch Geburt und Tod möglich sein. „Wir konzentrieren uns daher auf Personen, die während ihres gesamten Lebens normale und uneingeschränkt kooperative Gesellschaftsmitglieder sein können" (PL, 418/301). Die Kooperation ist lebenslang und vollzieht sich auf der Grundlage wechselseitiger Achtung. Auch diese Merkmale des Personenkonzepts wirken künstlich und realitätsfern. Rawls schneidet sein Modell unter hohen Kosten darauf zu, die personalen Voraussetzungen desjenigen Bürgers zu benennen, der sich im Kooperationsprozess optimal verhalten würde. Rawls betont gegen Hart, dass für dieses revidierte Modell nicht mehr gelte, es werde den Wählern im Urzustand gleichsam untergeschoben:

> „Nun ist es richtig, wenn Hart sagt, man könne den Vorrang der Freiheit nicht damit begründen, daß man dieses Ideal der Person den Parteien im Urzustand unterschiebe. Auch ist seine Annahme richtig, daß der Begründung für den Vorrang der Freiheit eine in einem

> gewissen Sinn liberale Konzeption der Person zugrunde liegt. Aber diese Konzeption ist die von der seinen völlig verschiedene Konzeption des Bürgers als freier und gleicher Person; und sie wird in der Konzeption der Gerechtigkeit als Fairneß nicht so verwendet, daß sie den Parteien im Urzustand untergeschoben würde. Vielmehr kommt sie durch die den Parteien im Urzustand auferlegten Bedingungen des Vernünftigen sowie durch die überarbeitete Darstellung der Grundgüter ins Spiel." (PL, 497/370)

Angenommen nun, der liberale Personenbegriff wäre von Rawls in der vorliegenden Fassung tatsächlich überzeugend konzipiert: Lässt sich dann plausibel machen, dass er zu einem Vorrang der von Rawls ins Auge gefassten Grundfreiheiten führt? Dazu müsste sich zeigen lassen, dass die Grundfreiheiten zur Realisierung der beiden moralischen Vermögen (also mit Blick auf die höchstrangigen Interessen eines Bürgers) geeignet oder sogar notwendig und hinreichend sind. Rawls sagt, es gehe ihm darum zu überlegen, „welche Freiheiten wesentliche soziale Bedingungen für die angemessene Entwicklung und uneingeschränkte Ausübung der beiden Vermögen während eines ganzen Lebens sind" (PL, 408/293).

Um sein Argumentationsziel zu erreichen, bietet Rawls drei Gründe auf, die mit der Anlage zu einem Gerechtigkeitssinn zu tun haben und die die Entscheidung zugunsten prioritärer Grundfreiheiten erklären sollen (PL, 434–443/316–324). Die Gründe sind: (1) (a) Ein gerechtes und stabiles Kooperationssystem bringe große Vorteile für jedermanns Konzeption des Guten mit sich; (b) die hier vorgeschlagene Gerechtigkeitskonzeption (prioritärer Freiheiten) führe zum stabilsten Kooperationssystem (PL, 434 f./316 ff.). (2) Selbstachtung besitze für jeden Bürger eine fundamentale Bedeutung; vorrangige Grundfreiheiten bestärkten aber die Selbstachtung (dabei meint Selbstachtung einerseits Selbstvertrauen und andererseits Selbstwertgefühl) (PL, 1998: 436 f./318 f.). (3) Eine wohlgeordnete Gesellschaft lasse sich als „soziale Einheit sozialer Einheiten" begreifen; dabei stelle eine nach den beiden Gerechtigkeitsgrundsätzen geordnete Gesellschaft ein umfassenderes Gut dar als das des Individuums, ein Punkt, den Rawls etwa bei W. v. Humboldt in dessen *Ideen*-Schrift (1792) ausgedrückt findet.

Rawls' erster Punkt klingt überraschend deutlich nach einer effizienztheoretischen Überlegung. Sein Argument ist hier nicht, dass der Gerechtigkeitssinn unmittelbar mit unserer rationalen Identität zu tun hat (wir sehen uns dabei als Gleiche unter Gleichen und als rationale Akteure inmitten anderer rationaler Akteure), sondern eine eigentümlich indirekte, dem Bereich der rationalen Entscheidungstheorie entnommene Überlegung. So wünschenswert soziale Stabilität auch ist: Dass der Gerechtigkeitssinn in Freiheitsrechten seinen angemessenen Ausdruck findet, scheint mit Stabilitätserwägungen ungenügend gewürdigt zu sein; es ist sozusagen eine Beschreibung unter Niveau. Der zweite Punkt enthält folgende Schwierigkeit: In der Tat ist Selbstachtung ein zentraler personaler Wert; und tatsächlich hängt Selbstachtung aufs engste damit zusammen, ob jemand als geachtetes Mitglied einer Gemeinschaft behandelt wird oder nicht. Aber für Selbstachtung scheint eben der Aspekt der Anerkennung wichtiger zu sein als der der Rechte, wie etwa Avishai Margalit zutreffend betont hat. Grundfreiheiten eignen sich eher zum *Ausdruck* oder zur *Ausgestaltung* der eigenen Persönlichkeit, während Anerkennung eher als konstitutiv für Selbstachtung gelten kann. Was die „soziale Einheit sozialer Einheiten" und Rawls' Rückgriff auf die Humboldt'sche Konzeption anlangt, so liegt in diesem Punkt eine merkwürdige Ambiguität. Rawls zitiert aus den *Ideen zu einem Versuch, die Grenzen der Wirksamkeit des Staates zu bestimmen*, u. a. die folgenden Sätze (PL, 439/321):

> „Denn auch durch alle Perioden des Lebens erreicht jeder Mensch dennoch nur eine der Vollkommenheiten, welche gleichsam den Charakter des ganzen Menschengeschlechts bilden. Durch Verbindungen also, die aus dem Inneren des Wesens entspringen, muß einer den Reichtum des anderen sich zu eigen machen."

Das Zitat scheint einerseits als Beleg dafür angeführt zu werden, dass es jeder von uns gerne sieht, wenn andere die von ihm nicht realisierten Möglichkeiten gleichsam stellvertretend für ihn selbst ausführen (etwa wenn jemand das Leben eines Künstlers lebt). Zum anderen klingt es wie ein stark perfektionistisches Ideal, hier sogar bezogen auf die Menschheit insgesamt („das ganze Menschengeschlecht"), nicht nur eine bestimmte Gesellschaft. Das zweite Moment kann von Rawls kaum intendiert sein. Das erste wirkt aber ebenfalls zu stark für das, was wir sonst über das politisch-liberale Personenkonzept erfahren: Es enthält die Aufforderung, Bürger sollten einander in ihren Lebensformen als komplementäre Realisierungen einzelner biografischer Optionen begreifen. Ist dies nur ein Toleranzmodell? Oder enthält die Passage sogar einen leicht organizistischen Einschlag?

10.2 Beschränkungen und Ausgestaltungen der Grundfreiheiten

Welche Grundfreiheiten sind es nun, die nach Rawls als vorrangig zu verstehen sind? Er denkt zunächst an Gedankenfreiheit, Gewissensfreiheit und die politischen Freiheiten (z. B. das Recht zu wählen und öffentliche Ämter zu bekleiden: PL, 406/291 f.). Hinzu kommen die Vereinigungsfreiheit, die Freiheiten, die sich aus dem Prinzip der Integrität der Person ergeben, sowie die Freiheiten, die im Rechtsstaatsprinzip enthalten sind (z. B. Schutz vor willkürlicher Verhaftung). Konkrete Freiheiten wie die Meinungsfreiheit oder die Pressefreiheit ergeben sich aus den oben genannten. Es fehlen (a) die allgemeine Handlungsfreiheit („Freiheit als solche") und (b) die Sozialrechte. Beide Punkte lehnt Rawls explizit für seinen Katalog der Grundfreiheiten ab.

Rawls orientiert sich an dem liberalen Rechtsprinzip, wonach Grundfreiheiten nur für andere Grundfreiheiten eingeschränkt oder aufgehoben werden dürfen (vgl. dazu Hart 1977, 137). Daran, dass Grundfreiheiten überhaupt eingeschränkt werden dürfen, zeigt sich für Rawls, dass keine von ihnen absolut gilt. Sie bilden eine ‚Familie'; ihnen kommt nur qua Familie ein Vorrang zu (PL, 481 f./357). Jedoch dürfen Grundfreiheiten ihm zufolge niemals „aus Gründen des öffentlichen Wohls oder aufgrund perfektionistischer Werte" eingeschränkt oder aufgehoben werden (PL, 410/294). Zu unterscheiden ist in jedem Fall zwischen einer Einschränkung einerseits und einer bloßen Regulierung oder Ausgestaltung andererseits.

Damit sind wir beim Anwendungsproblem: Wie also kann die zweite Lücke, die Hart konstatierte, geschlossen werden? Rawls antwortet so, dass es darum gehen müsse, die

> „Grundfreiheiten auf späteren Ebenen so auszulegen und aufeinander abzustimmen, daß sie die adäquate Entwicklung und den uneingeschränkten und informierten Gebrauch der beiden moralischen Vermögen unter den sozialen Umständen erlauben, die für die beiden grundlegenden Fälle in einer wohlgeordneten Gesellschaft charakteristisch sind. Ein solches System von Freiheiten werde ich ein ‚völlig adäquates System' nennen." (PL, 453/333)

Das liberale Personenkonzept begründet also einerseits die Entscheidung für den Primat der Grundfreiheiten; andererseits ist es die Ausgestaltung der Grundfreiheiten, die einen vollen Gebrauch der beiden moralischen Fähigkeiten ermöglichen soll. Zwei Fälle gelten hierbei für Rawls als grundlegend: nämlich die politischen Freiheiten und die Gedankenfreiheit einerseits und die Gewissensfreiheit sowie Vereinigungsfreiheit andererseits.

Rawls verbindet mit dem Gedanken des Vorrangs der Grundfreiheiten also die Idee, das Paket der Freiheiten müsse „völlig adäquat" sein und man müsse diesen Freiheiten einen „fairen Wert" verleihen. Das bedeutet: Man darf es nach Rawls nicht dabei belassen, jedem Bürger nominell Grundrechte zuzusprechen, sondern muss zudem deren konkretes Realisierungsniveau in einer Gesellschaft gewährleisten. Wäre in einer Gesellschaft etwa die Meinungsfreiheit (oder ‚Freiheit der Feder') *auf dem Papier* garantiert, ohne dass *faktisch* kritische Leserbriefe in wichtigen Zeitungen abgedruckt werden könnten, so wäre der faire Wert dieser Grundfreiheit nicht sichergestellt. Aber worauf legt Rawls eine gerechte Ordnung damit fest: etwa auf eine *volle Garantie* aller Grundfreiheiten? Hätte dies nicht zur Konsequenz, dass unter Umständen das Staatsbudget weitgehend für die Grundrechtssicherung ausgegeben werden müsste, ohne dass Geld übrigbliebe für nicht-prioritäre politische Anliegen, sagen wir für die Wirtschaftsförderung, die wissenschaftliche Forschung oder die Kunst? Angenommen, man könnte die Religionsfreiheit in einem weitgehend von einer bestimmten Religion geprägten Land nur mit einem erheblichen finanziellen Aufwand realisieren (indem man für verschiedene Minderheiten konkrete Ausübungsmöglichkeiten ihrer religiösen Praxis eröffnen würde), müsste man dies dann auf Kosten aller nicht-grundrechtlichen Staatsaufgaben tun?

In seiner Rawls-Interpretation bringt Thomas Pogge (1994, 109 f.) zu diesem Punkt den Gedanken einer hinreichenden Realisierungsschwelle ins Spiel. Die „volle" Gewährleistung eines Grundrechts sei demnach bereits dann erreicht, „wenn die Sicherheit eines jeden Grundrechts für jeden Bürger eine bestimmte, bequem erzielbare Schwelle nicht unterschreitet" (Pogge 1994, 109). Pogge wendet sich also gegen ein maximalistisches Verständnis des Vorrangs der Grundrechte und ihrer adäquaten Realisierung – so als ob man für deren Durchsetzung alles Wünschenswerte, das man in einem Staat durch institutionelle Arrangements und finanziellen Aufwand erreichen kann, hintanstellen müsste. Das wirkt auf den ersten Blick wie ein überzeugender Vorschlag, solange man an Fälle denkt, in welchen ein solider Grundrechtsschutz bereits besteht und in welchen für eine minimale weitere Verbesserung der Grundrechtssicherung ein enormer Aufwand betrieben werden müsste. Allerdings gibt es auch zugkräftige Einwände gegen Pogges Vorschlag: Denn wenn man das Vorrangprinzip so relativieren darf, scheint es nichts mehr wert zu sein; man sieht dann nicht mehr, wodurch das Pathos, das für Liberale stets mit der Priorisierung der Grundfreiheiten verbunden ist, noch begründet sein mag. Akzeptiert man die Idee einer hinreichenden Schwelle, so erscheinen Grundrechte bestenfalls als etwas wichtiger als anderes, aber nicht mehr als unverrechenbar und unabwägbar. Es besteht hier, wie es scheint, eine Art Dilemma zwischen einem unplausiblen Maximalismus einerseits und einer Aufweichung und letztlich Preisgabe des Prinzips andererseits.

Pogge selbst schränkt seine Schwellen-Idee mit Recht durch den Hinweis ein, dass der Gefährdungsgrad verschiedener Bürger getrennt betrachtet werden müsse, um zu verhindern, dass ein niedriger Gefährdungsgrad, der für privilegierte Bürger besteht, zu Unrecht verallgemeinert wird. Noch wichtiger ist, dass er sich selbst den Einwand macht, die Schwelleninterpretation von Rawls' Vorrangprinzip löse das Problem in gewisser Weise nicht, sondern verschiebe es nur und rücke zudem das Prinzip insgesamt in ein absurdes Licht:

> „Auch mit der von mir hinzugefügten Idee einer Schwelle bringt die Forderung nach Sicherheit der Grundrechte den Vorrang des ersten Grundsatzes in einige Verlegenheit: Unterhalb dieser Schwelle soll größere Sicherheit der Grundrechte unendlich wichtiger sein als die übrigen Grundgüter, während sie oberhalb der Schwelle keine Rolle mehr spielt – weil, was Sicherheit der Grundrechte anbelangt, ein völlig adäquates Paket bereits

> erzielt ist. Diese Diskontinuität könnte ebenfalls absurd erscheinen, aber ich sehe nicht, wie der Vorrang der Grundrechte ohne eine Sicherheitsschwelle plausibel sein könnte." (Pogge 1994, 110)

Pogge scheint mir recht zu haben: Ohne die Idee einer Schwelle ist die ganze Konzeption fragwürdig maximalistisch. Wenn jedoch die Rede von einem „Vorrang der Grundrechte" und deren „fairem Wert" in Wahrheit nur bedeutet, dass ein Schwellenwert erreicht werden muss, scheint das Prinzip und seine Umsetzungsgarantie faktisch preisgegeben zu sein und alles Grundrechtliche relativierbar und abwägbar zu werden; zudem sieht man nicht, warum man zwar unbedingt alles dafür geben sollte, eine – sagen wir – 80 %-Realisierung der Grundfreiheiten zu gewährleisten, aber nichts Zwingendes mehr für die restlichen 20 %. Im Hintergrund offenbart sich hier eine grundlegende Schwäche des Rawls'schen Ansatzes: Da er keinerlei offene Anleihen bei einem anthropologischen Essentialismus oder Perfektionismus des aristotelischen Typs zulässt, kann man die Idee einer solchen Schwelle nicht einmal begründet formulieren. Die Idee von Erfüllungsgraden mitsamt Unter- und Obergrenzen und mit unteren und oberen Schwellenwerten ist aristotelisch – und hier ganz unvermeidlich. Man sieht dies an für Rawls (in Pogges Deutung) unlösbaren Fragen wie: Warum sollte die relevante Realisierungsschwelle eher bei 85 % als bei 80 % liegen (falls man sie überhaupt numerisch ausdrücken kann)? Was genau kommt in der Schwelle zu seiner relativen (wenn auch nicht kompletten) Erfüllung? Im Grunde scheint Rawls nur antworten zu können, dass die Bürger sich mit weniger als einem Maximum *subjektiv zufrieden geben könnten* und insofern kein für die Stabilität der politischen Grundordnung problematisches Deklassierungsgefühl entsteht. Eine solche Antwort wäre aber doppelt fragwürdig: Zum einen, weil man sich als politischer Philosoph nicht so sehr fragen sollte, wann sich Bürger subjektiv deklassiert fühlen, sondern ob dafür hinreichende objektive Gründe bestehen; und zum anderen, weil ein moralisch-normativer Gesichtspunkt, der Vorrang der Grundrechte, dann in einen funktionalistischen Rahmen gestellt werden würde, indem Stabilitätserwägungen den Maßstab für die Reichweite von Grundrechtsgarantien bilden würden. (Hier berühren wir bereits das Thema der unzulänglichen moralphilosophischen Fundierung des Rawls'schen Ansatzes, auf das ich am Ende zurückkomme.)

Der überzeugende Kern von Rawls' Vorrangprinzip besteht ja gerade in einer *objektiven* Begründung für einen in liberalen Staaten ziemlich weitgehend geteilten Gedanken: Dass sich mein Nachbar mit seinem Geld ein größeres Auto leisten kann, braucht in mir kein Deklassierungsgefühl auszulösen; könnte er sich aber mit seinem Geld einen größeren Einfluss auf die Politik und die Gesetzgebung verschaffen, indem er z. B. fragwürdige Lobbyarbeit betreibt oder größere Wahlkampfspenden bezahlt, so scheint dies nicht hinnehmbar zu sein. Wohlstand und Besitz gehören weniger unmittelbar zu den Konstituentien unseres Selbstverständnisses als etwa politische Rechte. Bereits in der *Theorie* betont Rawls, man müsse in Gesellschaften mit Privatbesitz an Produktionsmitteln „für eine weite Streuung des Eigentums sorgen" (TJ, 256/198), um so einen dominanten wirtschaftlichen Einfluss auf die Politik zu unterbinden. Aus demselben Grund müssten die politischen Parteien „unabhängig von privaten Interessen sein". In *Politischer Liberalismus* erhalten wir eine präzisere Fassung dieser Punkte. So verlangt Rawls in Vorlesung 8, Kap. 12, es müsse eine öffentliche Finanzierung von politischen Kampagnen und Wahlkämpfen geben, und Parteispenden müssten bestimmten Höchstgrenzen unterliegen. Als die drei grundlegenden Bedingungen für die Wahrung des fairen Werts gleicher politischer Freiheiten führt er an (PL, 482 f./357 f.):

(1) Es darf keine inhaltlichen Beschränkungen von Äußerungen geben; keine politische Lehre darf gegenüber einer anderen bevorzugt werden.
(2) Es darf keine übermäßigen Belastungen einzelner politischer Gruppen in der Gesellschaft geben; alle Gruppen müssen gleich belastet werden.
(3) Regulierungen verschiedener politischer Meinungsäußerungen müssen in einer rationalen Form so angelegt sein, dass sie den fairen Wert der politischen Freiheiten realisieren; tendenziell müssen sie etwa möglichst wenig restriktiv sein.

Am ersten Punkt muss man aus europäischer Perspektive aufgrund der historischen Erfahrung totalitärer und extrem aggressiver politischer Ideologien Zweifel hegen; es scheint aus diesem Blickwinkel gerechtfertigt, nicht alle politischen Gruppen, sondern nur die, die sich zu den liberalen Idealen der Grundrechtsgeltung bekennen, unbeschränkt agieren zu lassen. Hier ist Rawls möglicherweise zu defensiv. Der zweite Punkt wirkt hingegen aus amerikanischer wie europäischer Perspektive überraschend anspruchsvoll: Denn selbst beim Bestehen staatlicher Parteienfinanzierung unterliegen private Partei- und Wahlkampfspenden in allen westlichen Ländern faktisch viel geringeren Beschränkungen, als Rawls sie fordert, wenn er eine Gleichbelastung aller Gruppen verlangt. Der dritte Punkt hängt nach Rawls damit zusammen, dass die Grundfreiheiten aufeinander abgestimmt werden müssen, also nur nach einem rationalen Prinzip limitiert werden dürfen; sie sind möglichst einfach und nachvollziehbar zueinander in Beziehung zu setzen. Ihre Formulierung wie auch ihre Einschränkung muss mit Blick auf das gesamte sich ergebende System von Freiheiten gerechtfertigt werden.

10.3 Zweifelhafte Aspekte von Rawls' Deutung des Vorrangprinzips

Eine erste Kritik an Rawls' Interpretation des Vorrangprinzips ergibt sich aus einer Irritation: Der Vorrang der Freiheiten ist strenggenommen gar kein unbedingter; denn Rawls benennt explizit – wenn auch nur *en passant* und offenkundig marginalisierend – einen dritten Gerechtigkeitsgrundsatz, den er den beiden anderen lexikalisch vorordnet. Dieser formuliert ein elementares Subsistenzrecht, wonach die Existenzsicherung aller Bürger zuerst gewährleistet sein muss, bevor die Freiheitsrechte wahrgenommen werden können. Rawls nimmt diese eigentlich äußerst substantielle Korrektur seines bisherigen Ansatzes bereits in der 1. Vorlesung vor und kommt auf sie in der 8. Vorlesung nicht wieder zurück. Daraus ergibt sich aber ein gravierendes Konsistenzproblem für den Text des *Politischen Liberalismus* im Allgemeinen und für die Deutung des Vorrangprinzips im Besonderen. Die recht beiläufige Formulierung aus Kap. 1 lautet:

> „Insbesondere kann dem ersten Grundsatz, der die gleichen Rechte und Freiheiten betrifft, ohne weiteres ein lexikalisch vorrangiger Grundsatz vorangestellt werden, der fordert, daß die Grundbedürfnisse von Bürgern befriedigt werden, jedenfalls insoweit dies die Bedingung dafür ist, daß Bürger diese Rechte und Freiheiten verstehen und nutzbringend ausüben können. Gewiß müssen wir irgendeinen Grundsatz dieser Art bei der Anwendung des ersten Grundsatzes voraussetzen." (PL, 71 f./7)

Natürlich wirkt ein solches *allererstes*, nämlich lexikalisch gegenüber dem ersten Grundsatz vorrangiges (!) Prinzip überraschend. Woher kommt es so plötzlich, und wie verhält es sich zum bisherigen ersten Gerechtigkeitsgrundsatz? Wird es von Rawls nun eigentlich behauptet oder nur als Möglichkeit erwogen (vgl. die Formulierung „kann [...] ohne weiteres [...] vorangestellt werden")? Dass ein weiterer Gerechtigkeitsgrundsatz vorangestellt werden *kann*, heißt dies, dass er nicht vorangestellt werden *muss*? Oder muss er doch? Alles in allem dürfte die Stelle vorsichtig affirmativ gemeint sein. Heißt „ohne weiteres", dass es sich nach Rawls' Überzeugung um eine kosmetische Minimalkorrektur handelt? Sicherlich leuchtet es ein zu behaupten, es müsse – noch bevor Grundfreiheiten von Bürgern wahrgenommen werden könnten – sichergestellt sein, dass deren Existenzgrundlagen (zumindest mit Blick auf die Bedingungen der Freiheitsausübung) gewährleistet seien. Aber was hier wie eine simple *ad hoc*-Ergänzung auftritt, impliziert in Wahrheit eine tiefgreifende Änderung in der Architektonik des Rawls'schen Modells insgesamt. Denn auf diese Weise wird ein Sozialrecht oder doch ein Existenzrecht mit sozialrechtlichen Implikationen ganz an die Spitze des Gerechtigkeitsmodells gestellt. Freiheitsrechte, auch wenn man sie wie Rawls nicht als bloße negative Abwehrrechte versteht, sondern zudem ihren fairen Wert sichern will, haben gegenüber einem Sozialrecht wie dem auf eine Subsistenzgrundlage den (scheinbaren oder tatsächlichen) Vorzug, keine starke Konzeption von Leistungserbringern vorauszusetzen und ebenso keine starke Konzeption menschlicher Grundfähigkeiten zu erfordern, die für die angemessene Wahrnehmung von Freiheiten vorhanden sein müssen und in unterschiedlichen Erfüllungsgraden gegeben sein können. Offenbar taucht hier erneut das Schwellenproblem auf, mit dem wir uns eben mit Blick auf Pogges Interpretation des ‚fairen Werts' auseinandergesetzt haben. Rawls kann auch hier einem nicht-eingestandenen aristotelischen Essentialismus und Perfektionismus nicht entgehen; die rhetorische Marginalisierung kann nicht überzeugen.

Vollends fragwürdig wirkt diese beiläufige Etablierung eines vorgeordneten Prinzips, wenn sich Rawls in der VIII. Vorlesung explizit gegen die Einbeziehung von Sozialrechten in den Katalog primärer Grundfreiheiten wendet. Hier scheint er nicht einmal ein Recht auf die Sicherstellung des Existenzminimums zu den Grundrechten zu zählen. So sagt er etwa:

> „Natürlich halten Unwissenheit und Armut und ganz allgemein das Fehlen materieller Mittel die Menschen davon ab, ihre Rechte wahrzunehmen und Nutzen aus ihnen zu ziehen. Anstatt aber diese und ähnliche Hindernisse als Beschränkungen der Freiheit einer Person anzusehen, betrachten wir sie als Auswirkungen auf den Wert der Freiheit, das heißt auf den Nutzen der Freiheit für die jeweiligen Personen. Nun wird dieser Nutzen – der Konzeption der Gerechtigkeit als Fairneß zufolge – durch eine Liste von Grundgütern definiert, deren Zusammensetzung vom zweiten Gerechtigkeitsgrundsatz festgelegt wird." (PL, 445/325 f.)

Die Stelle impliziert klar, dass die Garantie des Existenzminimums nicht als Bedingung der Wahrnehmung der Freiheitsrechte verstanden werden soll. Soziale Fragen werden damit auf das zweite Gerechtigkeitsprinzip verschoben, also posteriorisiert.

Ein m. E. zutreffender weiterer Einwand besagt, dass Rawls einen Fehler begeht, wenn er die allgemeine Handlungsfreiheit nicht zur Grundlage seiner Theorie der Grundfreiheiten macht. So weist R. Alexy (1997, 278 f.) auf die problematischen Konsequenzen der Rawls'schen Entscheidung hin, die allgemeine Handlungsfreiheit explizit aus der Liste der Grundfreiheiten auszuschließen. Wenn man wie Rawls die Grundfreiheiten in einem engeren Sinn persönlich und politisch deutet, entstehen Lücken, wie sie im *Politischen Liberalismus* für den Fall der Berufsfreiheit oder den der Freiheit der Wissenschaft existieren. (Dies deutet bereits auf meinen abschließenden Einwand voraus: Es scheint mir unbefriedigend, dass Rawls seine Interpretation des Vorrangprinzips von einer allgemeinen moralischen Theorie praktischer Subjektivität und einer normativen Handlungstheorie loslöst.)

Als wichtigste Kritik an Rawls' Idee eines Vorrangs der Grundfreiheiten erscheint mir jenes grundlegende Problem, auf das u. a. Friedo Ricken (1997) aufmerksam gemacht hat: Man kann nicht verstehen, wie Rawls sein Modell des politischen Liberalismus in der Frage nach dessen normativer Basis von jeglicher moralphilosophischer Grundlage abtrennen kann. Der Typ von Normativität, den Rawls im *Politischen Liberalismus* formuliert, bedient sich klarerweise moralischer Anleihen, ohne in einer Konzeption der Moralphilosophie eingebettet zu sein; diese verwirft Rawls vielmehr als „umfassend“ und möchte seine Konzeption unabhängig von der Moralphilosophie als „politisch“ verstehen. Aber kann es eine normative politische Philosophie ohne moralphilosophische Grundlagen geben?

Um meine Kritik an Rawls’ Modell zu verdeutlichen, muss ich zu bestimmen versuchen, worin m. E. der normative Anknüpfungspunkt der politischen Philosophie bei der Moralphilosophie liegen sollte. Hierfür knüpfe ich zunächst an zwei grundlegenden liberalen Intuitionen an. Die erste Intuition besagt, dass das Rechtliche und das Politische in allen gesellschaftlichen Bereichen eine normative und regulative Vorrangstellung einnehmen sollten. So wünschen wir uns etwa, dass die Wirtschaft unter dem Primat der Politik steht und nicht umgekehrt die Politik zu steuern vermag. Wir verlangen, dass sich die Religionsgemeinschaften weltlichen Rechtsauffassungen beugen und keinen autonomen Bereich göttlichen Rechts im Stil gesellschaftlicher Subkulturen zu etablieren versuchen. Wir halten es für sinnvoll, dass im Bereich von Wissenschaft und Bildung politisch erwünschte Forschungsrichtungen begünstigt und gesellschaftliche Grundanliegen, etwa das der Chancengleichheit von Kindern aus sozialschwachen Familien, wahrgenommen werden. Jedes der genannten sozialen Subsysteme – Wirtschaft, Religion, Wissenschaft und Bildung – unterliegt zwar eigenständigen Regeln und eigenen Prinzipien; aber manchmal müssen das Recht und die Politik doch steuernd und regulierend in sie eingreifen. Kurz gesagt, darf es (a) keine Dominanz des Rechtlich-Politischen durch einen der anderen Bereiche geben, (b) keine ‚exemten‘, vom Rechtlich-Politischen ungenügend erfassten Bereiche und (c) kein Übergreifen der Regeln des einen Bereichs auf einen anderen. Die zweite Intuition besagt, dass das Rechtlich-Politische, dem dieser normative Primat zugesprochen wird, seinerseits wiederum am Primat der moralischen Rechte menschlicher Individuen orientiert sein muss. Moralische Rechte sind subjektive Individualrechte; mit ihnen werden grundlegende Ansprüche formuliert, die allen Menschen gleichermaßen und einfach als Menschen zustehen sollen, also unabhängig von Geschlecht, Religion, Nationalität, Beruf usw. Sie sind unantastbar und unveräußerlich. Durch ihre Auflistung (etwa in Menschenrechtskatalogen) und ihre praktische Implementation will man sicherstellen, dass bestimmte Grundinteressen jedes Menschen möglichst überall und möglichst in vollem Umfang gewährleistet sind. Jede staatliche Institution (und ebenso jedes andere menschliche Individuum) muss jedem Menschen die betreffenden Rechte einräumen, vielleicht sogar eine aktive Leistung dazu erbringen. Jeder Mensch kann sie gegenüber jeder Institution und gegenüber jedem anderen Individuum geltend machen. Während man die erste Intuition als ‚Prinzip des normativen Vorrangs von Recht und Politik' bezeichnen könnte, bietet sich für die zweite der Ausdruck ‚Prinzip des normativen Individualismus' an.

Allem Anschein nach hängen die beiden Intuitionen eng miteinander zusammen. Die zweite scheint mir den normativen Kern der ersten zu bilden; der normative Vorrang des Rechtlich-Politischen in der Gesellschaft lässt sich auf den normativen Vorrang des Individuums für das Rechtlich-Politische zurückführen. Wenn dies zutrifft, dann kann man – wie viele Ansätze aus der politischen Philosophie der letzten Jahrzehnte dies versucht haben, die genannten beiden Intuitionen auf eine einzige *Idee der praktischen Subjektivität* zurückbeziehen. Diese besagt, dass es höherstufige Interessen an moralischen Rechten für alle rationale Individuen gibt, die unter solchen Handlungsbedingungen leben, wie Menschen dies tun. Moralische Rechte gewährleisten daher möglichst stabil jene Interessen, die man bei jedem rationalen Akteur – gleichgültig welche Ziele er oder sie im Leben verfolgt – als grundlegende Bedingungen der Zielverfolgung voraussetzen muss. Die Form eines Rechts drückt den Anspruch aus, dass diese Rechte unbedingt (oder doch soweit wie irgend möglich) geschützt werden sollen. Nach einer aktuellen Deutung der Menschenrechtsidee würde man dazu vielleicht folgende sieben Rechtsbereiche zählen: (1) die gegen den Staat gerichteten Abwehrrechte der liberalen Tradition, (2) Schutzrechte, durch welche das Individuum gegen Übergriffe anderer Individuen geschützt wird, (3) politische Teilhaberechte, (4) die sozialen, ein Existenzminimum sichernden Rechte, (5) Verfahrensrechte, die sich auf die reale Durchsetzbarkeit der Punkte (1) bis (4) beziehen, (6) Rechte auf Unterstützung der individuellen Persönlichkeitsentfaltung und (7) kulturelle Rechte eines Individuums.

Das grundlegende Problem des Rawls'schen Ansatzes scheint mir nun zu sein, dass er den skizzierten Weg allenfalls zur Hälfte mitmacht. Meiner Meinung nach ist es zwar richtig, mit Rawls den Vorrang der Grundfreiheiten zu betonen, und ebenso, diese an ein Personenkonzept oder -ideal zu knüpfen. Aber worum es dabei gehen muss, dies wird durch die zwei moralischen Vermögen nur ungenügend abgebildet. Die grundlegende Frage muss m. E. lauten: Welche Rechte müssen gegeben sein, um Freiheit als Ausdruck eines autonomen und rationalen praktischen Selbstverhältnisses zu ermöglichen? Dass die Politik und ihre Normativität alle anderen Lebensbereiche übergreifen, ordnen und limitieren soll, ist eine *philosophische* Idee. Und welche Grundfreiheiten dabei vorrangig gelten sollen, können wir nur nach einem Modell moralischer Grundgüter verstehen, welches sich auf die Idee rationaler Handlungsfähigkeit stützt.

Literatur

Alexy, R. 1997: Theorie der Grundfreiheiten, in: W. Hinsch (Hrsg.): Zur Idee des politischen Liberalismus. John Rawls in der Diskussion, Frankfurt/M., 263–303.

Barry, B. 1973: John Rawls and the Priority of Liberty, in: Philosophy & Public Affairs 2 (3), 274–290.

DeMarco, J. P./Richmond, S. A. 1977: A Note on the Priority of Liberty, in: Ethics 87 (3), 272–275.

Hart, H. L. A. 1977: Freiheit und ihre Priorität bei Rawls, in: O. Höffe (Hrsg.), Über John Rawls' Theorie der Gerechtigkeit, Frankfurt/M., 131–161 (engl. Orig. 1973).

Horn, Ch. 2003: Liberalismus und Perfektionismus – ein unversöhnlicher Gegensatz? in: R. Geiger/N. Scarano/J. C. Merle (Hrsg.), Modelle Politischer Philosophie, Paderborn, 219–241.

Horn, Ch. 2014: Nichtideale Normativität. Ein neuer Blick auf Kants politische Philosophie, Berlin.

Pogge, Th. 1982: The Interpretation of Rawls's First Principle of Justice, in: Grazer Philosophische Studien 15, 119–147.

Pogge, Th. 1984: John Rawls, München.

Pogge, Th. [3]2013: Gleiche Freiheit für alle (zu Kap. 4), in: O. Höffe (Hrsg.): John Rawls. Eine Theorie der Gerechtigkeit, Berlin, 135–152.

Ricken, F. 1997: Ist eine moralische Konzeption der politischen Gerechtigkeit ohne umfassende moralische Lehre möglich? in: W. Hinsch (Hrsg.): Zur Idee des politischen Liberalismus. John Rawls in der Diskussion, Frankfurt/M., 420–437.

Otfried Höffe

11 Ausblick: *Das Recht der Völker*

Lange Zeit waren Völkerrecht und Internationales Recht ausschließlich eine Domäne der Juristen. Die moderne, im 16. und 17. Jahrhundert entstandene Form, wird aber zunächst von philosophisch gebildeten Moraltheologen entwickelt, von den Spaniern Bartolomé de Las Casas über Francisco de Vitoria bis Francisco Suárez. Mit und seit Hugo Grotius wandert das Völkerrecht zwar in den Kompetenzbereich der Juristen. Wegen naturrechtlicher Komponenten bleibt es aber im Einflussbereich von Philosophen, beispielsweise von Christian Wolff und mit seiner Friedenstheorie von Immanuel Kant. In dieser Tradition eines philosophischen Völkerrechts steht die zu einem Buch überarbeitete Oxforder Amnesty-Vorlesung, die John Rawls zum Geburtstag von einem der beiden von ihm als Staatsmänner qualifizierten US-Politiker, Abraham Lincoln, am 12. Februar 1993, gehalten hatte. Es ist die im Jahr 1999 erschienene Monographie *The Law of Peoples*.

Die deutsche Fassung *Das Recht der Völker* (2002; die wörtliche Übersetzung wäre freilich: „Das Völkerrecht") enthält am Ende das der Sache nach zu Rawls' zweitem Hauptwerk, dem Politischen Liberalismus, gehörende längere Kapitel „Nochmals: Die Idee der öffentlichen Vernunft". Der Hintergrund dafür: Zunächst plante Rawls, sein „Völkerrecht" als Schlusskapitel für die Taschenbuchausgabe des *Politischen Liberalismus* zu verwenden. Denn mit seinem „Völkerrecht" wollte Rawls den politischen Liberalismus auf das neue Thema ausweiten, also auf die Frage, wie die Außenpolitik liberaler Völker, kürzer: eine liberale Außenpolitik, zu gestalten ist, dabei sowohl die Politik liberaler Volker untereinander als auch die zu nicht liberalen Völkern. Weil Rawls bald für den Ursprungstext einen größeren Überarbeitungsbedarf spürte, verschob er die Publikation auf eine spätere Einzelveröffentlichung.

11.1 Die ideale Theorie

Als Philosoph leistet Rawls naturgemäß keinen Beitrag zum positiven Völkerrecht oder zu einer liberalen Außenpolitik, wohl aber zu deren rechtsmoralischer Begründung und Ausgestaltung. Mit seiner Kernfrage, unter welchen Bedingungen das Zusammenleben von Völkern friedlich und gerecht ist, einschließlich einer immer wieder aktuellen Frage, unter welchen Umständen Kriege gerechtfertigt sind, nimmt er eine thematische Einschränkung vor. Sie erfolgt allerdings stillschweigend und findet nirgendwo eine Rechtfertigung, weshalb sich kritische Fragen aufdrängen:

Warum gibt sich Rawls mit dem traditionellen, zugleich engen Begriff von Außenpolitik zufrieden? Warum geht er nicht auf alle drei Dimensionen der Globalisierung ein, auf die „globale Gewaltgemeinschaft", die „globale Kooperationsgemeinschaft" und auf die „globale Gemeinschaft von Not und Leid" (Höffe [2]2002, bes. Kap. 1)? Warum nicht zumindest auf die sehr facettenreiche globale Kooperation? Sowohl in den Außenministerien als auch den Botschaften der Länder spielen doch längst Fragen der Außenhandelspolitik, auch des Wissenschafts- und Kulturaustausches, selbst die Sprachenpolitik, nicht zuletzt die in den fremden Metropolen betriebenen Auslandsschulen eine Rolle.

Für sein weit engeres Thema entwirft Rawls eine Theorie, die er ausdrücklich als eine „realistische Utopie" bezeichnet (§ 1). Vielleicht spräche er allerdings treffender, da kein Nirgendwo gemeint ist, von einer „realistischen Vision". Jedenfalls stellt er sich der für eine zeitgenössische politische Theorie zentralen, wenn auch bei ihm thematisch eingeschränkten Aufgabe, Grundsätze für eine globale Rechtsordnung zu entwickeln, die dem Gedanken einer globalen *politischen* Gerechtigkeit genügen. Zugleich sollen sie in zwei Hinsichten realitätsnah sein, nämlich von den Bürgern und Völkern in absehbarer Zeit, etwa in einigen Jahrzehnten anerkannt und ins Werk gesetzt werden können, und zwar von den Bürgern und Völkern, wie sie heute sind, und nicht wie sie sich in einer anderen, moralisch besseren Gestalt verhalten.

Rawls' Völkerrecht besteht aus acht Grundsätzen, die bewusst nicht neu, sondern allvertraut sind, allerdings in Rawls' Liberalität, die wir seit dem *Politischen Liberalismus* kennen, verschiedene Interpretationen zulassen. Unter ihnen dürfen die von Rawls „wohlgeordnet" genannten Völker selber die ihnen wünschenswerte auswählen. Wegen dieser Auswahl-Lizenz stimmt das neue Buch auch darin mit Grundgedanken des *Politischen Liberalismus* überein, dass sein Völkerrecht als „*nicht* säkular" zu qualifizieren ist, da es „religiöse oder andere Werte nicht leugnet" (PL, 104/ 242, FN 30).

Rawls' durchaus plausible Liste der Grundsätze beginnt (1) mit der Freiheit und Unabhängigkeit der Völker und (2) der Pflicht, Verträge zu erfüllen. Sie reicht über (3) das Recht, an bindenden Übereinkünften beteiligt zu sein, (4) die Pflicht der Nichteinmischung und (5) das Recht auf Selbstverteidigung, aber kein Recht, Kriege zu führen, bis zur (6) Pflicht, die Menschenrechte anzuerkennen, (7) Kriege unter Beachtung bestimmter Einschränkungen zu führen, und (8) der Pflicht, Völkern zu helfen, die unter so ungünstigen Bedingungen leben, dass ihnen eine gerechte oder achtbare politische und soziale Ordnung verhindert wird (vgl. LP, 37/41).

Rawls' Titelwort „Völker" bzw. „Volk" ist in unserer Alltagssprache nicht mehr stark präsent, in zwei juristischen Kontexten aber selbstverständlich geblieben: Den Singular kennen wir aus der Verdeutschung des Ausdrucks „Demokratie" als Herrschaft des Volkes" und aus dessen Erläuterungen wie „alle Macht geht vom Volk aus", und der Plural erscheint im Ausdruck „Völkerrecht", womit der lateinische Ausdruck „ius gentium" ins Deutsche übersetzt wird. Im Englischen verhält es sich dagegen anders. Hier wird „ius gentium" in der Regel als „law of nations" oder „law of states" übersetzt. Davon weicht Rawls ausdrücklich ab. Mit seinem für das englischsprachige Publikum erstaunlichen Titel „Law of Peoples" entscheidet er sich bewusst (vgl. § 2) gegen die im Englischen üblichen Bezeichnungen „nations" oder „states". Denn damit verbänden sich zwei Souveränitätsbefugnisse eines Staates, die einer liberalen Gerechtigkeitskonzeption widersprächen: das Recht, als Mittel staatlicher Politik Kriege zu führen, und die Autonomie hinsichtlich der Art, wie man das eigene Volk behandelt. Der Titel „Law of Peoples" wird sich allerdings im Englischen kaum durchsetzen. Deshalb hätte Rawls ebenso die im englischen Ausdruck der Vereinten Nationen, United Nations, anklingende traditionelle Bezeichnung „Law of Nations" beibehalten und deren irreführende, die absolute Souveränität der Staaten meinende Bedeutung zurückweisen können. Andererseits weckt er mit seiner Titelwahl Aufmerksamkeit. Überdies verwirft schon Rawls' Grundthese das überlieferte Souveränitätsverständnis der Staaten, mitlaufend auch das der Mitglieder der Vereinten Nationen.

Weil das Recht der Völker je nach deren politischer Grundstruktur unterschiedlich ausfallen dürfte, beginnt Rawls mit einer klärenden Unterscheidung. Schon in der „Einleitung" zählt er fünf Arten heimischer (*domestic*) Gesellschaften auf. Die beiden ersten Arten, die (1) im Sinne des *Politischen Liberalismus* vernünftigen liberalen und (2) die zwar nichtliberalen, wegen ihrer Nichtaggressivität und der Anerkennung bestimmter Gerechtigkeitsbedingungen, namentlich elementarer Menschenrechte, aber achtbaren (*decent*) Völker bilden zusammen die Gruppe der wohlgeordneten Völker. Ihnen stehen (3) Staaten gegenüber, die sich einem vernünftigen Völkerrecht verweigern. Sie in der deutschen Übersetzung als „Schurkenstaaten" zu bezeichnen, ist freilich missverständlich, da Rawls nicht den mittlerweile berühmten umgangssprachlichen Ausdruck „rogue state" verwendet. Vielmehr spricht er, hier stärker fachsprachlich, von „outlaw regimes", also von Regimen, die wegen ihrer Missachtung der Menschenrechte, auch wegen ihrer Aggressivität und Gefährlichkeit (vgl. § 10.3) sich außerhalb des Rechts („out-law") gestellt haben, und daher zu ächten sind. Schließlich gibt es die (4) durch ungünstige Umstände, etwa durch einen Mangel an politischen und kulturellen Traditionen und materiellen Ressourcen „belasteten Gesellschaften" und (5) jene wohlwollenden, aber absolutistischen Gesellschaften, die zwar die Menschenrechte achten, den Mitgliedern jedoch eine nennenswerte Rolle in den Entscheidungsprozessen verweigern.

Auf der Grundlage dieser Unterscheidungen weitet Rawls in drei Argumentationsschritten seine in der *Theorie der Gerechtigkeit* dargelegte und im *Politi-*

schen Liberalismus fortentwickelte Vertragstheorie auf das Zusammenleben von Völkern aus. Er spricht von einer idealen Theorie (dieser Ausdruck ist schöner als „Idealtheorie") I, idealen Theorie II und einer nichtidealen Theorie III. Für diese Ausweitung argumentiert er im Unterschied zum *Politischen Liberalismus* nicht mit je einem, sondern mit zwei Urzuständen und zwei Gesellschaftsverträgen (§ 3).

Wie schon im ersten Hauptwerk, der *Theorie der Gerechtigkeit* (1971), steht der Gedanke der Gerechtigkeit im Vordergrund, jetzt allerdings von der innerstaatlichen auf die zwischenstaatliche Ebene erweitert. Überdies bleiben die Begriffe des Urzustandes („original position") und des Gesellschaftsvertrages samt Schleier des Nichtwissens in ihrer hypothetischen, nicht historischen Bedeutung wesentlich. Erneut wird der Utilitarismus verworfen und Kant, jetzt mit seinem friedenstheoretischen Gedanken, zum Vorbild genommen. Wie im zweiten Hauptwerk, dem *Politischen Liberalismus*, so spielen auch im *Völkerrecht* der Gedanke des vernünftigen Pluralismus, die Differenz von umfassenden zu freischwebenden Ansichten bzw. Lehren, die Idee des übergreifenden Konsenses und die der öffentlichen Vernunft samt öffentlichen politischen Gerechtigkeitskonzeptionen eine entscheidende Rolle.

Neu sind dagegen, und zwar wegen des neuen Themas, dem Völkerrecht, und der dafür nötigen Ausweitung, die mittels zweier Urzustände und zweier Gesellschaftsverträge vorgenommene „Zwei-Ebenen-Konstruktion" (LP, 86/106). Die mit ihrer Hilfe erweiterte Vertragstheorie ist von Kants Friedensschrift, dem *Gemeinspruch* (3. Teil) und der *Idee zu einer Geschichte in weltbürgerlicher Absicht* (7. Satz) inspiriert. Wie schon in der *Theorie* (§ 58) skizziert, handelt es sich beim zweiten Urzustand nicht mehr wie beim ersten Urzustand um natürliche Personen, sondern um juristische Personen, genauer um Völker, oder um deren Delegierte bzw. Repräsentanten. Nachdem im ersten Urzustand und ersten Gesellschaftsvertrag die Bürger jedes liberalen Volkes über die Grundsätze ihrer liberalen Verfassung entschieden haben, legen im zweiten Urzustand und Gesellschaftsvertrag die Kollektive der Bürger, die Völker oder ihre Vertreter, die Grundsätze ihrer künftigen außenpolitischen Beziehungen fest.

Der erste Argumentationsschritt und „erste Teil der idealen Theorie" (§§ 1–6) geht von der ersten Gesellschaftsart, den liberalen demokratischen Völkern, aus und nimmt plausiblerweise als deren Grundinteressen an: die politische Unabhängigkeit, den Schutz der eigenen politischen Kultur, die territoriale Integrität, den Wohlstand der Bürger und die (bei sinnvoller Arbeit zu findende) Selbstachtung. Auf dieser Grundlage entwickelt Rawls für das Recht der Völker die genannten acht Grundsätze (§ 4).

Unter dem Titel „Demokratischer Friede und seine Stabilität" (§ 5) spricht er sich für einen angemessenen, nämlich von den eigenen Leistungen des jeweiligen Volkes gespeisten Patriotismus aus. Er schließt sich der (empirischen) These an, dass die „bedeutenderen etablierten Demokratien“ keine Kriege gegeneinander geführt haben. Außerdem hält er die gerechte Gesellschaft liberaler Völker deshalb für stabil, weil sie sich durch eine innere Bindung an das Recht der Völker auszeichnen und sich nicht etwa mit einer aus wechselseitigem Opportunismus begründeten, lediglich leidlichen Form des Zusammenlebens, einem bloßen *modus vivendi*, zufriedengeben. Für die Theorie der internationalen Politik verwirft er den politischen Realismus, für den die internationalen Beziehungen nichts anderes als ein steter Kampf um Wohlstand und Macht sind (§ 5.2). Schließlich übernimmt er einen Grundgedanken des *Politischen Liberalismus*, die im Schlusskapitel noch einmal erläuterte Idee der öffentlichen Vernunft, und wendet sie auf die Gesellschaft liberaler Völker an: Die Idee der öffentlichen Vernunft herrsche dann in den internationalen Beziehungen vor, „wenn in den einzelnen Staaten leitende und andere Regierungsbeamte, Gesetzgeber und Kandidaten für öffentliche Ämter von den Grundsätzen des Rechts der Völker motiviert handeln“ (LP, 56/64).

Der zweite, von Rawls selbst als „schwieriger“ charakterisierte Argumentationsschritt, der „zweite Teil der idealen Theorie“ (§§ 7–12), verlässt den Standpunkt der liberalen Völker und weitet die Vertragstheorie auf zwar nichtliberale, aber achtbare Völker aus. Die Ausweitung beginnt mit der „Tolerierung nichtliberaler Völker“ (§ 7) und geht dann zur eigentlichen „Ausweitung“ über (§ 8). Wie Rawls in der „Einleitung“ betont, will er dabei nicht etwa den nichtliberalen, bloß achtbaren Völkern jene Gerechtigkeitsgrundsätze liberaler Völker vorschreiben, die auf die Rechtfertigung aus umfassenden Lehren verzichten und sich mit dem aus dem *Politischen Liberalismus* bekannten übergreifenden Konsens zufriedengeben (vgl. LP, 4 f./2 f.). Falsch wäre es allerdings nicht, wenn Rawls die liberalen Gerechtigkeitsgrundsätze den achtbaren Völkern empfehlen würde. Denn den Grundsätzen liegen im Wesentlichen nicht westliche, sondern allgemeinmenschliche Interessen und Werte zugrunde. Wie Rawls selbst einräumt, kann ein „wohlbegründetes“ Völkerrecht „nicht ohne weiteres als eine liberale oder westliche Idee abgetan werden“ (LP, 93/118; ebenso § 8.2 und § 17.1). In der Tat gibt es bedeutende nichtwestliche Traditionen. Für den für Südostasien wichtigen (Neo-) Konfuzianismus erklärt der zweitwichtigste Klassiker Mong Dsi (latinisiert: Menzius), jeder einzelne Mensch besitze eine ihm angeborene „Würde in sich selbst“ (*Lehrgespräche* 163 f.; vgl. auch Höffe ²2002, Kap. 3.2). Zudem erkennt Rawls insofern ein Recht auf Differenz an (vgl. Höffe ²2002, Kap. 4.4), als er von „seinem“ Völkerrecht sagt, es verlange von den achtbaren Gesellschaften nicht, ihre religiösen Institutionen aufzugeben oder auch nur zu verändern (LP, 121/153).

Trotzdem ist die Bescheidenheit, die Rawls’ Völkerrecht durchzieht, sachgerecht, vor allem die von ihm vertretene Toleranz, die auch nichtliberale Völker im Sinne von bona-fide-Mitgliedern („in gutem Glauben“) als gleichberechtigte

Mitglieder einer „politisch vernünftigen Gesellschaft der Völker“ anerkennt (LP, 63/77). Wegen dieser „völkerrechtlichen Toleranz“ (vgl. § 7) vergewissern sich liberale Gesellschaften, dass ihre Grundsätze der Außenpolitik auch vom Standpunkt achtbarer, hier: auf umfassende Lehren zurückgreifende Staaten aus vernünftig sind.

Unter der Voraussetzung, dass es um achtbare Völker geht, ist auch diese Ansicht von Rawls plausibel: dass eine internationale Organisation, „wie zum Beispiel die idealtypisch verstandenen Vereinten Nationen, ihren Mitgliedsvölkern keine Anreize bieten sollten, liberaler zu werden, denn dies würde zu ernsthaften Konflikten zwischen ihren Mitgliedern führen“ (LP, 84/103). Freilich darf man hier nicht übersehen, dass für Rawls die Konfliktvermeidung kein Zweck an sich, wohl aber dass sie gegenüber achtbaren Völkern vernünftig ist.

Innerhalb von Teil II der idealen Theorie Rawls' verdienen zwei Gesichtspunkte eine besondere Beachtung. Zum einen müssen Völker, um als achtbar gelten zu können, gewissen Kriterien genügen (§ 8): Sie dürfen keine aggressiven Ziele verfolgen und sie müssen eine Liste elementarer Menschenrechte im Sinne einer „Klasse besonders dringlicher Rechte“ anerkennen, „zum Beispiel die Freiheit von Sklaverei und Leibeigenschaft, die Freiheit des Gewissens und die Sicherheit ethnischer Gruppen vor Massenmord und Genozid“ (LP, 79/96; ob diese auffallend knappe Liste genügt, statt etwa auch die Meinungsfreiheit und politische Mitwirkung einzuschließen, lässt sich freilich bezweifeln). Außerdem müssen sie sich gegenseitig als verantwortliche und kooperative Personen betrachten, schließlich Richter und weitere Beamte haben, nach deren aufrichtiger Überzeugung das geltende Recht „von einer Gemeinwohlvorstellung der Gerechtigkeit“ geleitet ist (LP, 65/80). Allerdings stellt sich eine Frage, die man bei Rawls vermisst und die auf ein Legitimationsdefizit hinweist: Wie werden diese Kriterien für achtbare Völker begründet? Da ihnen im Unterschied zu liberalen Gesellschaften auf der ersten, heimischen bzw. innerstaatlichen Ebene das Argument des Urzustandes nicht zur Verfügung steht – es ist nämlich laut Rawls eine liberale Idee (vgl. § 8.4) –, entfällt die bei Rawls sonst übliche Legitimationsstrategie.

Zum anderen skizziert Rawls gewissermaßen zur Exemplifizierung das hypothetische Beispiel eines nichtliberalen islamischen Volkes, Kazanistan genannt, das zwar Kirche und Staat nicht trennt, aber die anderen Gerechtigkeitskriterien erfüllt. Insbesondere werden andere Religionen toleriert, sie sogar „zu einem blühenden kulturellen Leben ... ermutigt“ (LP, 76/92).

In den „Abschließenden Bemerkungen“ (§ 12) legt Rawls auf zwei Dinge wert, zum einen, dass das Völkerrecht seiner Reichweite nach eine universale Geltung hat (§ 12.1), und zum anderen auf eine Korrektur des *Politischen Liberalismus*, nämlich dessen Vorlesung III (PL, 86/237, FN 33). Dort habe er nämlich den Eindruck erweckt, dass „der Inhalt des Vernünftigen und des Rationalen aus

Grundsätzen der praktischen Vernunft abgeleitet wird". Diese Ableitung weist er jetzt entschieden zurück und stellt klar: „An keiner Stelle werden die Grundsätze des Rechten und der Gerechtigkeit, der Achtbarkeit und der Rationalität aus einer zugrunde liegenden Konzeption der praktischen Vernunft hergeleitet" (LP, 86/106). Offensichtlich gilt diese Klarstellung für das Völkerrecht. Dass sie rückwirkend auch für den *Politischen Liberalismus* zutrifft, sagt Rawls nicht, ist aber der Sache nach zu erwarten.

11.2 Politische Urteile

Eine nicht bloß in thematischer, sondern auch motivationaler Hinsicht politische Philosophie begnügt sich nicht mit einer idealen Theorie, sondern geht zu einer nichtidealen Theorie über. So auch Rawls in seinem *Recht der Völker*. Dessen dritter Argumentationsschritt, die „nichtideale Theorie", ist in mancher Hinsicht sogar tagespolitisch spannend. Rawls wendet sich der Theorie des gerechten Krieges (§§ 13–14), den belasteten Gesellschaften (§ 15) und der distributiven Gerechtigkeit zwischen Völkern (§ 16) zu.

Zum Irak-Krieg der USA und ihrer Verbündeten (2003) konnte Rawls nicht mehr Stellung nehmen, da er schon vorher schwer erkrankte und bald starb (2002). Einige seiner Gesichtspunkte dürften aber einer Beurteilung dieses Falls und analoger Kriege helfen: Gegen einen sich selbst vergessenen Pazifismus, der schlechthin jeden Krieg für illegitim erklärt, gibt es nach Rawls durchaus legitime Kriege. Auch scheut er sich nicht, die Konsequenz auszusprechen: Strenge Pazifisten wie in seinem Heimatland die „Quäker, die [aus Gewissensgründen] jeden Krieg ablehnen", dürfen sich deshalb „nicht um die höchsten Ämter in einer liberalen demokratischen Ordnung bewerben können" (LP, 105/130), weil diese Ordnung legitime Kriege anerkennt und für sie die politische Führung braucht.

Rawls hält Kriege aber nur dann für gerechtfertigt, wenn sie – nur im Fall einer „Gesellschaft, die nicht aggressiv ist und die Menschenrechte ehrt"! (LP, 92/117) – der „Selbstverteidigung oder in schwerwiegenden Fällen der Intervention zum Schutz von Menschenrechten" dienen (schon in § 10.2: LP, 79/97). Im Fall liberaler Gesellschaften zählt er zum ersten Rechtfertigungsgrund die „Verteidigung liberaler demokratischer Institutionen und der vielen religiösen und nichtreligiösen Traditionen und Lebensformen der bürgerlichen Gesellschaft" (LP, 91/115). Ob Rawls die in Zeiten des Irak-Krieges neu vertretene Art eines angeblich legitimen Kriegs, den präventiven Krieg, darunter subsumieren würde, ist vielleicht nicht ausgemacht, aber unwahrscheinlich. (Und dass sich die angeblich existierenden hochaggressiven Waffen nicht haben finden lassen, entzieht selbst dem Gedanken eines eventuell doch legitimen Präventivkrieges seine Legitimität.)

Für Rawls gehört zur Selbstverteidigung jedenfalls nicht ein Krieg „für ökonomischen Wohlstand oder für die Erringung natürlicher Ressourcen ... und schon gar nicht für Macht oder ein Weltreich" (LP, 91/115). Denn bei derart geopolitisch motivierten Kriegen achte man nicht länger das Recht der Völker, sondern werde selbst – sagt Rawls kompromisslos klar – zu einem „outlaw regime": zu einem Staat, der wegen einer Missachtung elementarer Rechte eine internationale Ächtung verdient (LP, 91/115).

Überzeugend ist Rawls' generelle Forderung, zwischen der Führungselite, den Soldaten und der Zivilbevölkerung eines „Schurkenstaates" sorgfältig zu unterscheiden (LP, 94/119). Denn häufig in Unwissenheit gehalten und von der staatlichen Propaganda mitgerissen, sei die Zivilbevölkerung nicht verantwortlich.

Der Philosoph, der im Zweiten Weltkrieg selber im Pazifik als US-Soldat diente, traut sich, öffentlich auszusprechen, was der rechtsmoralische *common sense* schon lange wusste: Weil sich die Brandbomben auf Tokio und die Atombomben auf Hiroshima und Nagasaki gegen die Zivilbevölkerung richteten, waren sie schwere Vergehen (im Englischen „very grave wrongs": sehr gravierendes Unrecht: LP, 95/120 und 104/129). Die Bombardierung deutscher Städte seitens Großbritanniens wiederum könnte als Ausnahme einer äußersten Notlage *vielleicht* so lange gerechtfertigt gewesen sein, wie Deutschland militärisch als klar überlegen erschien, also bis zum Herbst 1941. Eventuell könnte man den Zeitraum sogar bis Stalingrad ausdehnen, weiter aber, erklärt Rawls, namentlich bis zur Bombardierung von Dresden, klarerweise nicht. Denn die in dieser Zeit erfolgten höchst verheerenden Bombardierungen deutscher und japanischer Städte betrafen vor allem Zivilisten und die Bomben fielen in einer Zeit, als Deutschland und Japan faktisch bereits geschlagen waren (§ 14.3). Auf der Grundlage seines Ideals eines Staatsmannes (§ 14.2) spricht er deutlich von einem „Versagen der Staatskunst". Er hält die Ansicht, „Deutsche und Japaner pauschal als Barbaren oder Bestien" zu bezeichnen, für „töricht" (LP, 100/125) und erklärt Goldhagens These von einem „angeborenen Antisemitismus" in Deutschland für „falsch" (LP, 100/241, FN 22).

Nur in Klammern: dass laut Rawls Bismarck wegen der von ihm zu verantwortenden Kriege kein Staatsmann war, ist richtig, mit einem Teil seiner Politik, den Sozialversicherungen, könnte er aber Rawls' eigenes Kriterium – der „Politiker schaut auf die nächste Wahl, der Staatsmann auf die nächste Generation" (LP, 97/122) – erfüllen.

Aus zwei Gründen sind nach Rawls in der Art der Kriegsführung auf der Gegenseite die Menschenrechte sowohl der Zivilisten als auch der Soldaten zu achten, einmal, weil das Recht der Völker es gebiete, zum anderen, weil man auf diese Weise den Inhalt und die Bedeutung der Menschenrechte am besten vermittle (LP, 96/120).

Hätte Rawls die zwei Waffentypen gekannt, so hätte er gegen sie vermutlich Einspruch erhoben: Sofern (1) die Angriffe unbemannter Flugzeuge, der sogenannten Drohnen, Zivilisten in Mitleidenschaft ziehen und da (2) Wurfminen so gut wie sicher zahllose Zivilisten treffen, sogar nach einem Friedensschluss, da man diese Minen nicht selber zu räumen pflegt, sind diese Waffentypen schwerlich zu rechtfertigen. Das für den Einspruch einschlägige Kriterium vertritt Rawls nämlich in aller Klarheit: „die wohlfeile Berufung auf Zweck-Mittel-Erwägungen ... rechtfertigt zu schnell zu viel und bietet den dominierenden Kräften in einer Regierung eine Möglichkeit, etwaige störende moralische Skrupel zum Schweigen zu bringen" (LP, 102/127).

Bei zwei weiteren Punkten, der Unterstützung belasteter Gesellschaften (§ 15) und bei der distributiven Gerechtigkeit zwischen den Völkern (§ 16.2–16.3), setzt sich Rawls gegen eine im Westen verbreitete Ansicht ab. Gegen deren merkwürdige Überbetonung der materiellen Seite erklärt er zweierlei, was die Gegenansichten ernster nehmen sollten: Auf der einen Seite, hinsichtlich der belasteten Gesellschaften, seien weder alle belasteten Gesellschaften arm, noch alle wohlgeordneten Gesellschaften wohlhabend (vgl. LP, 106/132). Außerdem sei, um gerechte oder achtbare Institutionen zu schaffen, kein großer Wohlstand nötig. Auf der anderen Seite, hinsichtlich einer internationalen distributiven Gerechtigkeit, komme es für die Geschicke eines Landes auf die politische Kultur, die politischen Tugenden und die Bürgergesellschaft eines Landes an, ferner auf die Redlichkeit, den Fleiß und die Innovationsfähigkeit der Bürger und eben nicht auf den Umfang der Ressourcenausstattung. Daher werfe „die Zufälligkeit der Verteilung natürlicher Ressourcen keine Probleme auf" (LP, 117/145).

Selbstverständlich unterstützt Rawls das Ziel, „liberale oder achtbare Institutionen zu verwirklichen und Grundbedürfnisse zu erfüllen". Im Gegensatz zu der – hier missverständlich so genannten – „kosmopolitischen" Auffassung hält er es aber für falsch, sich letztlich am individuellen Wohlergehen zu orientieren. Es komme vielmehr auf die Gerechtigkeit an und diese gebietet nicht, dass innerhalb der Gemeinwesen gültige Unterschiedsprinzip auf die internationalen Beziehungen zu übertragen und ständig das Wohlergehen der global am wenigsten begünstigten Personen zu verbessern. Über diese Aussagen waren bekanntlich etliche Rawls-Schüler erstaunt, Philosophen wie Thomas Pogge (2001) sogar enttäuscht. Die entsprechende Kritik sollte aber Rawls' vermutlich genauere, zweifellos aber nüchternere Diagnose ernst nehmen: Für die Entwicklung und Erhaltung einer liberalen Gesellschaft genügt ein geringes materielles Niveau; für den kollektiven Wohlstand sind weniger natürlicherweise vorgegebene Ressourcen als Eigenleistungen wichtig.

Hinzu kommt, worauf ich in der von Rawls' *Recht der Völker* unabhängig entstandenen und in etwa zeitgleich erschienenen Studie *Demokratie im Zeitalter der Globalisierung* ([2]2002, bes. Kap. 15) hingewiesen habe: Im Laufe der Jahrhunderte haben sich die Völker mit ihren teils mehr, teils weniger günstigen Umständen arrangieren und sich dabei an so schwierige Verhältnisse wie die der Arktis, der Antarktis, Tibets und mancher Wüsten anpassen können. Ferner darf man nicht verdrängen, dass manches Land trotz seines Ressourcenreichtums eine bitterarme Bevölkerung hat – dank korrupter Führungsgruppen. Allerdings ist auch ein Faktor zu berücksichtigen, den Rawls aber außer Acht lässt: Spätfolgen der Kolonialisierung. Für sie sind aber nicht pauschal die wohlhabenden Länder, sondern die ehemaligen Kolonialmächte verantwortlich. Im übrigen steigt mit wachsendem Abstand zur Kolonialzeit die Eigenverantwortung der dekolonisierten Länder. Ein beliebtes Gegenargument gegen Rawls, er unterschätzte das Gewicht einer globalen Wirtschaftsordnung, die die wohlhabenden Länder privilegiere, die armen dagegen diskriminiere, bedarf einer genauen Überprüfung.

Zum „Abschluss" mahnt Rawls die Philosophie noch einmal zu der schon vom *Politischen Liberalismus* bekannten Bescheidenheit. Die Philosophie habe nicht die Aufgabe, Argumente zu finden, die sich „gegenüber allen anderen Argumenten überzeugend durchzusetzen vermögen". Ohnehin gebe es derartige Argumente nicht. Die Philosophie solle sich damit begnügen, mithilfe von Begriffen des politisch Vernünftigen den Völkern ein sowohl intern, „national" als auch extern, „international" annehmbar gerechtes Miteinander zu ermöglichen. (vgl. § 17.2)

Der allerletzte Paragraph von Rawls' *Recht der Völker* führt unter dem Titel „Versöhnung mit unserer sozialen Welt" vier grundlegende Tatsachen an, fast Binsenwahrheiten für die reale Möglichkeit einer den Grundsätzen des Völkerrechts folgenden Weltgemeinschaft (§ 18.1). Es sind die Fakten (a) eines vernünftigen Pluralismus, (b) der demokratischen Einheit in der Vielheit, (c) der öffentlichen Vernunft und (d) des liberalen demokratischen Friedens. Schließlich endet Rawls zu Recht mit einer pathetischen Frage, die der ansonsten allem moralischen Pathos abholde Weltbürger aus Königsberg aufwirft: „Wenn eine annehmbare gerechte Gesellschaft der Völker ... nicht möglich ist, und Menschen im Großen und Ganzen amoralisch ... sind, müßte man sich mit Kant fragen, ob es sich für Menschen lohnt, auf Erden zu leben" (LP, 128/163).

11.3 Judikative Kritik

In der Umgangssprache hat sich der Ausdruck „Kritik" mit Ausnahme guter Literatur-, Musik- und Kunstkritik auf die negative Seite des Anklagens und Verurteilens verkürzt. Philosophen ziehen die ursprüngliche, paradigmatisch von Kant in seinen drei Kritiken praktizierte Bedeutung, die der judikativen, also richterlichen Kritik vor (vgl. Höffe 1989). In diesem Sinn seien zusätzlich zu den zustimmenden Bemerkungen in der vorangehenden Darstellung einige überzeugende Elemente von Rawls' Völkerrechtsstudie hervorgehoben.

Überzeugend ist Rawls' Ausweitung der Gerechtigkeitsfrage auf die internationalen Beziehungen und die darin eingeschlossene Kritik am Selbstverständnis der Staaten, absolut souverän zu sein. Denn in normativer Hinsicht haben sie sich den von Rawls aufgestellten Grundsätzen des Völkerrechts zu beugen.

Diese genannte Ausweitung wird von Rawls allerdings nur praktiziert, während die dafür zuständige philosophische Grundfrage keine Behandlung zu verdienen scheint, warum man eine Gerechtigkeitskonzeption auf internationale Fragen nicht bloß anwenden kann, sondern auch anwenden darf, sogar soll. Eine gründliche Philosophie lässt sich auf diese Frage ein, wobei sich ihr zwei Argumente nahelegen. Nach dem Hauptargument haben Recht und Gerechtigkeit einen thematisch universalen Anspruch, der an den Grenzen eines Gemeinwesens nicht halt macht, vielmehr müssen auch zwischen den Gemeinwesen Recht und Gerechtigkeit herrschen. Nach dem Nebenargument kann die nach § 1 von Rawls' *Theorie* gegebene Unverletzlichkeit, die jeder aus Gerechtigkeitsgründen besitzt, in den internationalen Beziehungen bedroht sein. Diese Bedrohung existiert in beiden internationalen Dimensionen, die zwar Rawls' Vorbild, Kant, aber Rawls selber nicht unterscheidet. Zumindest nimmt er es nicht ausdrücklich vor; in seiner Ablehnung eines exklusiven Souveränitäts- und Autonomieanspruchs der Staaten (vgl. § 2.2) klingt es jedoch an: Das Völkerrecht in Kants Sinn, das die Beziehungen der Staaten als öffentlich-rechtlicher Personen untereinander regelt, schützt mit dem Schutz der Freiheit und Unabhängigkeit der Völker zugleich die andernfalls im eigenen Land bedrohte Freiheit jedes Einzelnen. Und das Weltbürgerrecht schützt die Bürger, sofern sie ins Ausland reisen oder sich dort aufhalten.

Ebenfalls überzeugend ist Rawls' Aufzählung und nähere Erläuterung von vier Rechten menschenrechtlicher Dignität, die „politisch nicht provinziell" sind: die Rechte auf Leben, auf Freiheit, auf Eigentum und auf formale Gleichheit. Allerdings fällt erneut ein philosophisches Defizit auf: Rawls führt weder für die besondere Bedeutung dieser Rechte noch für deren nähere Interpretation Argumente an. Diese sind umso dringlicher, als Rawls hier über seinen *Politischen Liberalismus* hinausgeht, trotzdem nach Ansicht von Kritikern eine zu enge, „minimalistische" Menschenrechtskonzeption vertritt. (Für einen Literaturbericht zur Debatte um Rawls' Völkerrecht s. Brock 2010.) Nicht zuletzt verdient die Ansicht wenn nicht Zustimmung, so zumindest Respekt, dass der politische Liberalismus zu dem für eine gerechte Kriegsführung vertretenen Verbot ziviler Opfer in äußerster Notlage eine Ausnahme erlaubt.

Wiederholen sich aber einige der von mir gegen den politischen Liberalismus vorgetragenen Bedenken (s. Beiträge 1 und 6 in diesem Band)? Nach einem ersten dort geäußerten Bedenken fehlt eine Aufgabe der klassischen politischen Philosophie: die Rechtfertigung der Herrschaft von Menschen über Menschen. Für das Recht der Völker wiederholt sich die Frage. Darf dieses Recht, vielleicht sogar: muss dieses Recht zwar nicht in naher Zukunft, aber doch auf Dauer sich nicht mit der für das Recht charakteristischen Zwangsbefugnis verbinden? Dagegen könnte der Gedanke der Souveränität der Staaten sprechen, die Rawls aber konsequenterweise für eingeschränkt hält (§ 2.2). Allerdings geht er nicht so weit, wie es ein Recht im vollen Sinn des Begriffs verlangt und zumindest die neuere Entwicklung des internationalen Strafrechts anerkennt, nämlich Völkermord überall auf der Welt zu verfolgen. Beispielsweise verurteilt Anfang 2014 ein deutsches Gericht einen Täter wegen Beihilfe zum Völkermord in Ruanda. Rawls fordert nicht, dass in einer das Völkerrecht anerkennenden Welt die Rechtsansprüche und Gerechtigkeitsgrundsätze notfalls auch gegen Widerstand durchzusetzen sind.

Ein anderes Themendefizit: Die unter dem Stichwort „Migration" diskutierten globalen Wanderungsbewegungen werden von Rawls etwas zu rasch als ein Problem abgetan, das durch seine realistische Utopie als ernstes Problem aufgelöst werde („Einleitung", LP, 8 f./6 f.).

Einen weiteren Punkt habe ich schon andernorts vorgetragen, meine Bedenken gegen die Friedfertigkeit von Demokratien (u. a. Höffe ^{2}2002, Kap. 9.3). Das Bedenken ist davon unabhängig, ob es in der betreffenden Demokratie eine allgemeine Wehrpflicht oder eine Berufsarmee gibt. Rawls' Beobachtung trifft zwar zu: „keiner der berühmteren Kriege der Geschichte wurde zwischen etablierten liberalen demokratischen Völkern ausgefochten" (LP, 52/58). Trotzdem widerspricht zumindest die Statistik, also eine empirische Betrachtung, der verbreiteten Ansicht der internationale Friede sei schon durch eine weltweite Demokratisierung zu erreichen, denn seit Ende des Zweiten Weltkrieges führen Großbritannien, Frankreich und die Vereinigten Staaten die meisten Kriege (Höffe ^{2}2002, 288). Bürgertugenden wie der Rechtssinn und der Gerechtigkeitssinn, auf die Rawls Wert legt, fördern zwar die Friedfertigkeit, ebenso die immer engeren Verflechtungen von Wirtschaft, Wissenschaft und Kultur. Sobald es zu gravierenden Wirtschafts- und Sozialproblemen kommt, könnte sich aber das jetzt schon zwischen Demokratien bestehende Konfliktpotenzial noch ausweiten (Höffe ^{2}2002, 291 f.).

Für systematisch gewichtiger halte ich die neueren medizinethischen Kontroversen. Wenn meine Diagnose zutrifft, es komme dabei auf Elemente von umfassenden und zugleich konkurrierenden Lehren an, so dass es den in Rawls' politischem Liberalismus vorausgesetzten übergreifenden Konsens hier nicht gäbe, so steht Rawls' Konzept des politischen Liberalismus infrage und muss einem „halbierten Liberalismus" weichen (s. in diesem Band, Beitrag 6.4). Denn bei diesen Kontroversen, bei denen es immerhin um Leben und Tod geht, steht der Begriff der Person auf dem Spiel, der daher nicht Rawls' Kriterium für seinen politischen Liberalismus erfüllt: Der Begriff erweist sich als nicht weltanschauungsfrei.

Muss nun, wer dieses Bedenken gegen Rawls teilt, es als außenpolitisch irrelevant erachten? Zu den klassischen Themen der Außenpolitik gehört diese Frage fraglos nicht. Allerdings hat die Außenpolitik sich längst um neue Themen bereichert wie etwa Fragen des Klimaschutzes, der Entwicklungshilfe und des internationalen Finanzwesens, auch der Kooperation bei Steuerfragen, so dass eine erneute Ausweitung, jetzt auf medizinethische Fragen, nicht a priori ausgeschlossen ist.

Kommt die Ausweitung zustande, so tauchen unterschiedliche außenpolitische Mittel auf, um einem sogenannten Medizintourismus in Länder mit weniger strengen Regeln entgegenzuwirken. Beispielsweise verlange man vom fremden Gemeinwesen, den eigenen Bürgern die der eigenen Gesetzgebung zuwiderlaufenden Maßnahmen zu verweigern. Damit griffe man zwar in fremde Souveränität ein. Dass gewisse Dinge, am deutlichsten: das aktive und passive Wahlrecht, fremden Bürgern, zumal bloßen Touristen, versperrt sind, ist freilich nicht unüblich. Ein etwaiges Verbot von Medizintourismus steht jedenfalls nicht notwendig im Widerspruch zu einem in Rawls' Sinn liberalen Völkerrecht.

Literatur

Brock, G. 2010: Recent Work on Rawls' Law of Peoples: Critics versus Defenders, in: American Philosophical Quarterly 47, 85–101.

Höffe, O. 1989: Wann ist eine Forschungsethik kritisch? Plädoyer für eine judikative Kritik, in: J.-P. Wils/D. Mieth (Hrsg.), Ethik ohne Chance? Erkundungen im technologischen Zeitalter, Tübingen 1989, 109–129.

Höffe, O. [2]2002: Demokratie im Zeitalter der Globalisierung, München.

Mong Dsi (Meng Zi) 1982: Die Lehrgespräche des Meisters Meng K'o, Köln.

Pogge, Th. 2001: Priorities of Global Justice, in: Metaphilosophy 32, 6–24.

Auswahlbibliographie

1 Texte von John Rawls

1950: A Study in the Grounds of Ethical Knowledge: Considered with Reference to Judgements on the Moral Worth of Character, Diss. Princeton; s. Dissertation Abstracts 15 (1955), 608–609.

1951: Outline of a Decision Procedure for Ethics, in: The Philosophical Review 60, 177–197; dt. Ein Entscheidungsverfahren für die normative Ethik, in: D. Birnbacher/N. Hoerster (Hrsg.), Texte zur Ethik, München 1976, 124–138.

1951a: Rezension zu S. Toulmin, An Examination of the Place of Reason in Ethics, in: The Philosophical Review 60, 572–580.

1955: Two Concepts of Rules, in: The Philosophical Review 64, 3–32; dt. Zwei Regelbegriffe, in: O. Höffe (Hrsg.), Einführung in die utilitaristische Ethik, Tübingen [5]2013, 133–164.

1955a: Rezension zu A. Hägerstrom, Inquiries into the Nature of Law and Morals, in: Mind 64, 421–422.

1957: Justice as Fairness, in: The Journal of Philosophy 54, 653–662.

1958: Justice as Fairness, in: The Philosophical Review 67, 164–194; dt. Gerechtigkeit als Fairneß, in: Rawls 1977, 34–83.

1961: Rezension zu R. Klibansky (Hrsg.), Philosophy in Mid-Century: A Survey, in: The Philosophical Review 70, 131–132.

1963: Consitutional Liberty and the Concept of Justice, in: C. J. Friedrich/J. W. Chapman (Hrsg.), Nomos VI: Justice, New York, 98–125.

1963a: The Sense of Justice, in: The Philosophical Review 72, 281–305; dt. Der Gerechtigkeitssinn, in: Rawls 1977, 125–164.

1964: Legal Obligation and the Duty of Fair Play, in: S. Hook (Hrsg.), Law and Philosophy, New York, 3–18.

1965: Rezension zu R. B. Brandt (Hrsg.), Social Justice, in: The Philosophical Review 74, 406–409.

1967: Distributive Justice, in: P. Laslett/W. G. Runciman (Hrsg.), Philosophy, Politics, and Society, Third Series, London, 58–82; dt. Verteilungsgerechtigkeit, in: C. Horn/N. Scarano (Hrsg.), Philosophie der Gerechtigkeit, Frankfurt/M. 2002, 355–386.

1968: Distributive Justice: Some Addenda, in: Natural Law Forum 13, 51–71; dt. Distributive Gerechtigkeit – Zusätzliche Bemerkungen, in: Rawls 1977, 84–124.

1969: The Justification of Civil Disobedience, in: H. A. Bedau (Hrsg.), Civil Disobedience: Theory and Practice, New York, 240–255; dt. Die Rechtfertigung bürgerlichen Ungehorsams, in: Rawls 1977, 165–191.

1971: A Theory of Justice, Cambridge, Mass.; dt. (auf Grundlage eines revidierten Textes) Eine Theorie der Gerechtigkeit, Frankfurt/M. 1975.

1971a: Justice as Reciprocity, in: S. Gorovitz (Hrsg.), Utilitarianism: John Stuart Mill, with Critical Essays, New York, 242–268.

1972: Reply to Lyons and Teitelman, in: The Journal of Philosophy 69, 556–557.

1973: Distributive Justice, in: E. S. Phelps (Hrsg.), Economic Justice, London, 319–362.

1974: Some Reasons for the Maximin Criterion, in: The American Economic Review 64, 141–146.

1974a: Reply to Alexander and Musgrave, in: Quarterly Journal of Economics 88, 633–655.

1975: The Independence of Moral Theory, in: Proceedings and Addresses of the American Philosophical Association 48, 5–22.

1975a: A Kantian Conception of Equality, in: The Cambridge Review, 94–99; auch als A Well-Ordered Society, in: P. Laslett/J. Fishkin (Hrsg.), Philosophy, Politics, and Society, Fifth Series, New Haven 1979, 6–20.
1975b: Fairness to Goodness, in: The Philosophical Review 84, 536–554.
1977: Gerechtigkeit als Fairneß, hrsg. von O. Höffe, Freiburg/München.
1977a: Vorwort, in: Rawls 1977, 7–15.
1978: The Basic Structure as Subject, in: A. I. Goldman/J. Kim (Hrsg.), Values and Morals, Dordrecht, 47–71; dt. Die Grundstruktur als Gegenstand, in: Rawls 1992, 45–79.
1980: Kantian Constructivism in Moral Theory, in: The Journal of Philosophy 77, 515–572; dt. Kantischer Konstruktivismus in der Moraltheorie, in: Rawls 1992, 80–158.
1981: Foreword, in: Henry Sidgwick, The Methods of Ethics, Indianapolis, v–vi.
1982: Social Unity and Primary Goods, in: A. K. Sen/B. Williams (Hrsg.), Utilitarianism and Beyond, Cambridge, 159–185.
1982a: The Basic Liberties and Their Priority, in: S. McMurrin (Hrsg.), The Tanner Lectures on Human Values 1982, Salt Lake City/Cambridge, 3–87; dt. Der Vorrang der Grundfreiheiten, in: Rawls 1992, 159–248.
1985: Justice as Fairness: Political not Metaphysical, in: Philosophy & Public Affairs 14, 223–251; dt. Gerechtigkeit als Fairneß: politisch und nicht metaphysisch, in: Rawls 1992, 255–292.
1987: On the Idea of an Overlapping Consensus, in: Oxford Journal of Legal Studies 7, 1–25; dt. Der Gedanke eines übergreifenden Konsenses, in: Rawls 1992, 293–332.
1987a: Préface de l'édition française, in: Théorie de la justice, Paris, 9–16.
1988: The Priority of Right and Ideas of the Good, in: Philosophy & Public Affairs 17, 251–276; dt. Der Vorrang des Rechten und die Ideen des Guten, in: Rawls 1992, 364–397.
1989: The Domain of the Political and Overlapping Consensus, in: New York University Law Review 64, 233–255; dt. Der Bereich des Politischen und der Gedanke eines übergreifenden Konsenses, in: Rawls 1992, 333–363.
1989b: Themes in Kant's Moral Philosophy, in: E. Förster (Hrsg.), Kant's Transcendental Deductions, Stanford, 81–113.
1991: Roderick Firth: His Life and Work, in: Philosophy and Phenomenological Research 51, 109–118.
1992: Die Idee des politischen Liberalismus. Aufsätze 1978–1989, hrsg. von W. Hinsch, Frankfurt/M.
1993: Political Liberalism, New York (2., erw. Aufl. 1996); dt. Politischer Liberalismus, Frankfurt/M. 1998.
1993a: The Law of Peoples, in: S. Shute/S. Hurley (Hrsg.), On Human Rights, New York, 41–82 u. 220–230; dt. Das Völkerrecht, in: S. Shute/S. Hurley (Hrsg.), Die Idee der Menschenrechte, Frankfurt/M. 1996, 53–103.
1995: Reply to Habermas, in: The Journal of Philosophy 93, 132–180 (entspricht Lecture IX der 2. Aufl. von Political Liberalism); dt. Erwiderung auf Habermas, in: Philosophische Gesellschaft Bad Homburg/Hinsch 1997, 196–262.
1995a: 50 Years after Hiroshima, in: Dissent, 323–327; dt. Hiroshima nach 50 Jahren, in: Lettre International 30, 104–105.
1997: The Idea of Public Reason Revisited, in: University of Chicago Law Review 64, 765–807; dt. Nochmals. Die Idee der öffentlichen Vernunft, in: J. Rawls, Das Recht der Völker, Berlin/New York 2002, 165–216.
1999: A Theory of Justice. Revised Edition, Cambridge, Mass. (der für die deutsche Übersetzung überarbeitete Text ist erstmals 1999 auf englisch erschienen); dt. Eine Theorie der Gerechtigkeit, Frankfurt/M. 1975.

1999a: Collected Papers, hrsg. v. S. Freeman, Cambridge, Mass.
1999b: The Law of Peoples. With The Idea of Public Reason Revisited, Cambridge, Mass.; dt. Das Recht der Völker, Berlin/New York 2002.
2000: Lectures on the History of Moral Philosophy, Cambridge, Mass.; dt. Geschichte der Moralphilosophie. Hume – Leibniz – Kant – Hegel, Frankfurt/M. 2002.
2000a: Burton Dreben: A Reminiscence, in: J. Floyd/S. Shieh (Hrsg.), Future Pasts: Perspectives on the Place of the Analytic Tradition in Twentieth-Century Philosophy, New York.
2001: Justice As Fairness: A Restatement, Cambridge, Mass.; dt. Gerechtigkeit als Fairneß. Ein Neuentwurf, Frankfurt/M. 2003.
2007: Lectures on the History of Political Philosophy, hrsg. v. S. Freeman, Cambridge, Mass; dt. Geschichte der politischen Philosophie, Frankfurt/M. 2008.
2010: A Brief Inquiry into the Meaning of Sin and Faith, hrsg. u. mit einer Einleitung versehen von Th. Nagel, Cambridge, Mass; dt. Über Sünde, Glaube und Religion, Frankfurt/M. 2010.

2 Sammelbände

Arneson, R. (Hrsg.) 1989: Symposium on Rawlsian Theory of Justice. Recent Developements, in: Ethics 99, 695–944.
Blocker, H. G./Smith, E. H. (Hrsg.) 1980: John Rawls' Theory of Social Justice. An Introduction, Athens.
Canterbery, E. R./Johnson, H. G. (Hrsg.) 1978: Justice, Nozick, and Rawls: A Symposion. Eastern Economic Journal 4.
Corlett, J. A. (Hrsg.) 1991: Equality and Liberty. Analyzing Rawls and Nozick, London.
Daniels, N. (Hrsg.) 1975: Reading Rawls. Critical Studies on Rawls' A Theory of Justice, New York.
Davion, V./Wolf, C. (Hrsg.) 1999: The Idea of Political Liberalism. Essays on Rawls, Lanham, MD.
Dupuy, J. P./Audard, C./Sève, R. (Hrsg.) 1988: Individu et justice social. Autour de John Rawls, Paris.
Freeman, S. (Hrsg.) 2003: The Cambridge Companion to Rawls, Cambridge.
Griffin, S./Solum, L. 1994: Symposium on John Rawls's Political Liberalism, in: Chicago-Kent Law Review 69, 549–842.
Höffe, O. (Hrsg.) 1977: Über John Rawls' Theorie der Gerechtigkeit, Frankfurt/M.
Höffe, O. (Hrsg.) [3]2013 : John Rawls. Eine Theorie der Gerechtigkeit, Berlin (Klassiker Auslegen, Bd. 15).
Ladrière, J./Van Parijs, Ph. (Hrsg.) 1984: Fondements d'une théorie de la justice. Essais critiques sur la philosophie politique de John Rawls, Louvain-la-Neuve.
Mandle, J. (Hrsg.): 2014. A Companion to Rawls, Chichester.
Martin, R./Reidy, D. A. (Hrsg.) 2006: Rawls's Law of Peoples. A realistic utopia? Malden, Mass.
Philosophische Gesellschaft Bad Homburg/Hinsch, W. (Hrsg.) 1997: Zur Idee des politischen Liberalismus. John Rawls in der Diskussion, Frankfurt/M.
Pies, I./Leschke, M. (Hrsg.) 1995: John Rawls' politischer Liberalismus, Tübingen.
Reath, A./Herman, B./Korsgaard, Ch. (Hrsg.) 1997: Reclaiming the History of Ethics: Essays for John Rawls, Cambridge, Mass.
Richardson, H./Weithman, P. (Hrsg.) 1999: The Philosophy of Rawls: A Collection of Essays, 5 Bde, New York.
Salles M./Weymark, J. (Hrsg.) 1988: Justice, Political Liberalism, and Utilitarianism: Proceedings of the Caen Conference in Honor of John Harsanyi and John Rawls, Cambridge, Mass.

3 Bibliographien

Wellbank, J. H./Snook, D./Mason, D. T. 1982: John Rawls and his Critics. An Annotated Bibliography, New York/London.
auch: Daniels 1975, 348–350; Höffe 1977, 297–303; Koller 1987, 246–292; Corlett 1991, 237–241 und 330–396; und die thematisch geordnete Bibliographie in Freeman 2003, 521–556.

4 Einführungen zu John Rawls' Werk

Audard, C. 2007: John Rawls, Montreal.
Freeman, S. 2007: John Rawls, New York.
Kersting, W. 1993: John Rawls zur Einführung, Hamburg.
Pogge, Th. W. 1994: John Rawls, München.
Lehning, P. B. 2009: John Rawls. An Introduction, Cambridge u. New York.

5 Monographien und Abhandlungen zum Politischen Liberalismus

Ackerman, B. 1994: Political Liberalisms, in: The Journal of Philosophy 91, 364–386.
Alejandro, R. 1996: What is political about Rawls's Political Liberalism?, in: Journal of Politics 58, 1–24.
Alejandro, R. 1998: The Limits of Rawlsian Justice, Baltimore.
Baier, K. 1989: Justice and the Aims of Political Philosophy, in: Ethics 99, 771–790.
Barry, B. 1994: In Defense of Political Liberalism, in: Ratio Juris 7, 325–330.
Barry, B. 1995: John Rawls and the Search for Stability, in: Ethics 105, 874–915.
Bausch, Th. 1993: Ungleichheit und Gerechtigkeit: eine kritische Reflexion des Rawlsschen Unterschiedsprinzips in diskursethischer Perspektive, Berlin.
Beggs, D. 1999: Rawls's Political Postmodernism, in: Continental Philosophy Review 32, 123–141.
Bidet, J. 1995: John Rawls et la Theorie de la justice, Paris.
Bormann, J. 2010: Was verlangt die öffentliche Vernunft? Überlegungen zu einem Grundlagenstreit innerhalb des Liberalismus; in: M. Kühnlein (Hrsg.), Kommunitarismus und Religion, Berlin, 71–88.
Brighouse, H. 1994: Is there any such thing as Political Liberalism?, in: Pacific Philosophical Quarterly 75, 318–332.
Brighouse, H. 1998: Civic Education and Liberal Legitimacy, in: Ethics 108, 719–745.
Charney, E. 1998: Political Liberalism, Deliberative Democracy, and the Public Sphere, in: American Political Science Review 92, 97–110.
Cohen, J. 1993: Moral Pluralism and Political Consensus, in: D. Copp/J. Hampton/J. Roemer (Hrsg.): The Idea of Democracy, Cambridge, 270–291.
Cohen, J. 1994: A more democratic Liberalism, in: Michigan Law Review 92, 1503–1546.
Cohen, J. 1994a: Pluralism and Proceduralism, in: Chicago-Kent Law Review 69, 589–618.
Daniels, N. 1996: Reflective Equilibrium and Justice as Political, in: Ders., Justice and Justification, Cambridge, Mass.
Dehnert, I. 1997: Die deutschsprachige Rawls-Diskussion: Systematisierung der Ziele, Argumente und Vergleich, Stuttgart.

Dombrowski, D. A. 2001: Rawls and Religion: The Case for Political Liberalism, Albany.
Dworkin, G. 1995: Contracting Justice, in: Philosophical Books 36, 19–26.
Estlund, D. 1996: The Survival of Egalitarian Justice in John Rawls's Political Liberalism, in: Journal of Political Philosophy 4, 68–78.
Estlund, D. 1998: The insularity of the Reasonable: Why Political Liberalism must admit the truth, in: Ethics 108 (2), 252–275.
Fischer, M. 1997: Associations and the Political Conception of Justice, in: Journal of Social Philosophy 28, 31–42.
Freeman, S. 1994: Political Liberalism and the Possibility of a Just Democratic Constitution, in: Chicago-Kent Law Review 69, 619–668.
Galston, W. 1989: Pluralism and Social Unity, in: Ethics 99, 711–726.
Gaus, G. F. 1996: Justificatory Liberalism. An Essay on Epistemology and Political Theory, New York u. Oxford.
Gaus, G. F. 1999: Reasonable Pluralism and the Domain of the Political: How the Weaknesses of John Rawls's Political Liberalism can be overcome by a Justificatory Liberalism, in: Inquiry 42, 259–284.
Gaut, B. 1995: Rawls and the Claims of Liberal Legitimacy, in: Philosophical Papers 24, 1–22.
Griffen, S. M. 1994: Political Philosophy versus Political Theory. The Case of Rawls, in: Chicago-Kent Law Review 69, 691–708.
Habermas, J. 1995: Reconciliation through the Public Use of Reason: Remarks on John Rawls's Political Liberalism, in: Journal of Philosophy 92, 109–131.
Hampton, J. 1989: Should Political Philosophy be done without Metaphysics?, in: Ethics 99, 791–814.
Hampton, J. 1994: The Common Faith of Liberalism, in: Pacific Philosophical Quarterly 75, 186–216.
Hinsch, W. 2002: Gerechtfertigte Ungleichheiten. Grundsätze sozialer Gerechtigkeit, Berlin u. New York.
Hittinger, R. 1994: John Rawls, Political Liberalism, in: Review of Metaphysics 47, 585–602.
Höffe, O. [4]2003: Politische Gerechtigkeit. Grundlegung einer kritischen Philosophie von Recht und Staat, Frankfurt/M., bes. Kap. 2, 10 u. 14.
Kersting, W. 2006: Gerechtigkeit und öffentliche Vernunft: über John Rawls' politischen Liberalismus, Paderborn.
Klosko, G. 1993: Rawls's ‚Political' Philosophy and American Democracy, in: American Political Science Review 87, 348–359.
Klosko, G. 1997: Political Constructivism in Rawls's Political Liberalism, in: American Political Science Review 91, 635–646.
Koller, P. 1987: Neue Theorien des Sozialkontrakts, Berlin, bes. Teil I.
Larmore, Ch. 1990: Political Liberalism, in: Political Theory 18, 339–360.
Larmore, Ch. 1999: The Moral Basis of Political Liberalism, in: Journal of Philosophy 96, 599–625.
Lloyd, S. A. 1994: Revitalizing Rawls, in: Chicago-Kent Law Review 69, 709–735.
Mandle, J. 1999: The Reasonable in Justice as Fairness, in: Canadian Journal of Philosophy 29, 75–107.
Mandle, J. 2000: What's Left of Liberalism: An Interpretation and Defence of Justice as Fairness, Lanham, MD.
Martin, R. 1994: Rawls's New Theory of Justice, in: Chicago-Kent Law Review 69, 737–762.
McCabe, D. 2000: Knowing about the Good: A Problem with Antiperfectionism, in: Ethics 110, 211–238.

Michelman, F. 1994: The Subject of Liberalism, in: Stanford Law Review 46, 1807–1833.
Mouffe, Ch. 1994: Political Liberalism: Neutrality and the Political, in: Ratio Juris 7, 314–324.
Munoz-Darde, V. 2000: La justice sociale: le liberalisme egalitaire de John Rawls, Paris.
Neal, P. 1997: Does he mean what he says? (Mis)Understanding Rawls's Practical Turn, in: Ders., Liberalism and its Discontents. New York.
Nickel, J. W. 1994: Rethinking Rawls's Theory of Liberty and Rights, in: Chicago-Kent Law Review 69, 763–786.
O'Neill, O. 1998: Political Liberalism and Public Reason: A Critical Notice of John Rawls's Political Liberalism, in: Philosophical Review 106, 411–428.
Papadopoulou, Th. 2005: Deliberative Demokratie und Diskurs: eine Debatte zwischen Habermas und Rawls, Tübingen.
Pogge, Th. W. 1989: Realizing Rawls, Ithaca.
Raz, J. 1998: Disagreement in Politics, in: The American Journal of Jurisprudence 43, 25–52.
Romanus, E. 2008: Soziale Gerechtigkeit, Verantwortung und Würde: der egalitäre Liberalismus nach John Rawls und Ronald Dworkin, Freiburg/München.
Rorty, R. 1991: The Priority of Democracy to Philosophy, in: Ders., Objectivity, Relativity and Truth, New York, 175–196.
Sandel, M. 1994: Political Liberalism, in: Harvard Law Review 107, 1765–1794.
Schaub, J. 2009: Gerechtigkeit als Versöhnung: John Rawls' politischer Liberalismus. Frankfurt/M.
Schaub, J. 2010: Rawls' politischer Liberalismus und die Kritik des Privaten, in: P. Niesen/S. Seubert (Hrsg.), Die Grenzen des Privaten, Baden-Baden.
Scheffler, S. 1994: The Appeal of Political Liberalism, in: Ethics 105, 4–22.
Simmons, J. A. 1999: Justification and Legitimacy, in: Ethics 109, 739–771.
Solum, L. 1994: Introduction: Situating Political Liberalism, in: Chicago-Kent Law Review 69, 549–588.
Waldron, J. 1994: Disagreements about Justice, in: Pacific Philosophical Quarterly 75, 372–387.
Weinstock, D. 1994: The Justification of Political Liberalism, in: Pacific Philosophical Quarterly 75, 165–185.
Weithman, P. J. 2010: Why political liberalism? On John Rawls political turn, Oxford.
Wilkins, B. 1997: A Third Principle of Justice, in: Journal of Ethics 1(4), 355– 374.
Wolin, S. S. 1996: The Liberal/Democratic Divide: On Rawls's Political Liberalism, in: Political Theory 24, 97–119.
Young, I. M. 1995: Rawls's Political Liberalism, in: Journal of Philosophy 3(2), 181–190.

Personenverzeichnis

Sachverzeichnis

Hinweise zu den Autoren

Dirk Brantl lehrt Philosophie an der Universität Graz. *Buchveröffentlichung*: Ökonomische Theorie des Gesellschaftsvertrags. James Buchanans Konstitutionelle Politische Ökonomie (2013). *Herausgeber*: Politik und Religion. Klassische Modelle von der Antike bis zur Gegenwart (2013; zusammen mit R. Geiger u. S. Herzberg).

Wilfried Hinsch ist Professor für Philosophie an der Universität zu Köln. *Buchveröffentlichungen (Auswahl)*: Erfahrung und Selbstbewußtsein (1986); Gerechtfertigte Ungleichheiten. Grundsätze sozialer Gerechtigkeit (2002). Menschenrechte militärisch schützen. Ein Plädoyer für humanitäre Interventionen (2006). *Herausgeber*: Die Idee des politischen Liberalismus. Aufsätze von John Rawls (1992); Zur Idee des politischen Liberalismus. John Rawls in der Diskussion (1997); Handbuch der Politischen Philosophie und Sozialphilosophie – HPPS – (2008).

Otfried Höffe ist Professor (em.) und Leiter der Forschungsstelle Politische Philosophie an der Universität Tübingen. *Buchveröffentlichungen (Auswahl)*: Praktische Philosophie. Das Modell des Aristoteles (1971, ^{3}2008); Strategien der Humanität (1975, ^{2}1985); Ethik und Politik. Grundmodelle und -probleme der praktischen Philosophie (1979, ^{6}2008), Immanuel Kant (1983, ^{8}2014); Politische Gerechtigkeit (1987, ^{4}2003), Kategorische Rechtsprinzipien. Ein Kontrapunkt der Moderne (1990, ^{3}1995); Aristoteles (1996, ^{4}2014); Demokratie im Zeitalter der Globalisierung (1999, ^{2}2002); Staatsbürger – Wirtschaftsbürger – Weltbürger (2004); Ist die Demokratie zukunftsfähig? (2009); Thomas Hobbes (2010); Kants Kritik der praktischen Vernunft. Eine Philosophie der Freiheit (2012); Die Macht der Moral im 21. Jahrhundert (2014); Kritik der Freiheit. Das Grundproblem der Moderne (2015). *Herausgeber* u. a. der Reihe „Denker“ und „Klassiker Auslegen“.

Christoph Horn ist Professor für Philosophie an der Universität Bonn. *Buchveröffentlichungen (Auswahl)*: Plotin über Sein, Zahl und Einheit (1995); Augustinus (1995); Antike Lebenskunst (1998); Einführung in der politische Philosophie (2003, ^{3}2012); Nichtideale Normativität. Ein neuer Blick auf Kants politische Philosophie (2014). *Herausgeber*: Augustinus, De Civitate Dei (1997); Philosophie der Gerechtigkeit (2002; zusammen mit N. Scarano); Gründe und Zwecke. Texte zur aktuellen Handlungstheorie (2010; zusammen mit G. Löhrer); Platon, Symposion (2011); Platon, Gesetze-Nomoi (2013).

Peter Koller ist Professor für Rechtsphilosophie, Rechtstheorie und Rechtssoziologie an der Universität Graz. *Buchveröffentlichungen (Auswahl)*: Neue Theorien des Sozialkontrakts (1987); Theorie des Rechts (1992, [2]1997). *Herausgeber*: Aktuelle Fragen politischer Philosophie. Gerechtigkeit in Gesellschaft und Weltordnung (1997); Gerechtigkeit im politischen Diskurs der Gegenwart (2001); Die globale Frage. Empirische Befunde und ethische Herausforderungen (2006). Zahlreiche Aufsätze zu Themen der Rechts- und Sozialphilosophie, der Ethik und Rechtssoziologie.

Charles Larmore ist Professor für Philosophie an der Brown University (Providence, USA). *Buchveröffentlichungen (Auswahl)*: Patterns of Moral Complexity (1986); The Romantic Legacy (1996); The Morals of Modernity (1996); Les Pratiques du moi (2004); The Autonomy of Morality (2008); Vernunft und Subjektivität (2012). Zahlreiche Aufsätze zur politischen und zur Moralphilosophie.

Lukas H. Meyer ist Professor für Philosophie an der Universität Graz. *Buchveröffentlichungen (Auswahl)*: Historische Gerechtigkeit (2005). *Herausgeber*: Intergenerational Justice (2012), Legitimacy, Justice and Public International Law (2009). Zahlreiche Aufsätze zu Themen der politischen, Rechts- und Moralphilosophie.

Elif Özmen ist Professorin für praktische Philosophie an der Universität Regensburg. *Buchveröffentlichungen (Auswahl)*: Politische Philosophie zur Einführung (2013); Moral, Rationalität und gelungenes Leben (2005). *Herausgeberin*: Über Menschliches. Anthropologie zwischen Natur und Utopie (2015; zus. mit M.-D. Cojocaru); Welt der Gründe. Deutsches Jahrbuch Philosophie Bd. 4 (2011; zusammen mit J. Nida-Rümelin); Philosophie der Gegenwart in Einzeldarstellungen (2007; zusammen mit J. Nida-Rümelin).

Alessandro Pinzani ist Professor für Ethik und politische Philosophie an der UFSC Florianópolis (Brasilien), seit 2008 leitet er das dortige *Centro de Investigações Kantianas* (Kant-Forschungszentrum). *Buchveröffentlichungen (Auswahl)*: Diskurs und Menschenrechte (2000); Jürgen Habermas (2007); An den Wurzeln moderner Demokratie (2009). Zahlreiche Aufsätze zu Fragen der politischen Philosophie.

Denilson L. Werle ist Professor für Ethik und politische Philosophie an der UFSC Florianópolis (Brasilien). *Buchveröffentlichungen (Auswahl)*: Justiça e democracia. Ensaios sobre John Rawls e Jürgen Habermas (2008). *Herausgeber*: Cidadania e Multiculturalismo. A teoria social no Brasil contemporaneo (2000); Democracia Deliberativa (2007).

Bei Fragen zur Produktsicherheit wenden Sie sich bitte an:
If you have any questions regarding product safety,
please contact:

Walter de Gruyter GmbH
Genthiner Straße 13
10785 Berlin
productsafety@degruyterbrill.com